CARTAS PERSAS

Montesquieu

TEXTO INTEGRAL

TRADUÇÃO E NOTAS
MÁRIO BARRETO

Dados Internacionais de Catalogação na Publicação (CIP)
(Câmara Brasileira do Livro, SP, Brasil)

Montesquieu, Charles de Secondat, Baron de,
1689-1755.
Cartas persas : Charles de Secondat, Baron de Montesquieu ; [tradução e notas Mário Barreto]. -- São Paulo : Martin Claret, 2009. -- (Coleção a obra-prima de cada autor ; 276)

Título original : Lettres persenes.
"Texto integral"
ISBN 978-85-7232-757-2

1. Romance francês I. Título. II. Série.

08-11681 CDD-843

Índices para catálogo sistemático:

1. Romances : Literatura francesa 843

COLEÇÃO A OBRA-PRIMA DE CADA AUTOR

CARTAS PERSAS

Montesquieu

TEXTO INTEGRAL

MARTIN CLARET

CRÉDITOS

Lettres Persanes (1721)

IDEALIZAÇÃO E COORDENAÇÃO
Martin Claret

ASSISTENTE EDITORIAL
Rosana Gilioli Citino

CAPA
Ilustração
Marcellin Talbot

MIOLO
Tradução e notas
Mário Barreto

Revisão
Waldir Moraes

Projeto Gráfico
José Duarte T. de Castro

Direção de Arte
José Duarte T. de Castro

Digitação
Graziella Gatti Leonardo

Editoração Eletrônica
Editora Martin Claret

Fotolitos da Capa
OESP

Papel
Off-Set, 70g/m²

Impressão e Acabamento
Paulus Gráfica

Editora Martin Claret Ltda. – Rua Alegrete, 62 – Bairro Sumaré
CEP: 01254-010 – São Paulo – SP
Tel.: (0xx11) 3672-8144 – Fax: (0xx11) 3673-7146

www.martinclaret.com.br / editorial@martinclaret.com.br

Agradecemos a todos os nossos amigos e colaboradores — pessoas físicas e jurídicas — que deram as condições para que fosse possível a publicação deste livro.

Impresso em 2009.

A história do livro e a coleção "A Obra-Prima de Cada Autor"

MARTIN CLARET

Que é o livro? Para fins estatísticos, na década de 1960, a UNESCO considerou o livro "uma publicação impressa, não periódica, que consta de no mínimo 56 páginas, sem contar as capas".

O livro é um produto industrial.

Mas também é mais do que um simples produto. O primeiro conceito que deveríamos reter é o de que o livro como objeto é o veículo, o suporte de uma informação. O livro é uma das mais revolucionárias invenções do homem.

A *Enciclopédia Abril* (1972), publicada pelo editor e empresário Victor Civita, no verbete "livro" traz concisas e importantes informações sobre a história do livro. A seguir, transcrevemos alguns tópicos desse estudo didático.

O livro na Antiguidade

Antes mesmo que o homem pensasse em utilizar determinados materiais para escrever (como, por exemplo, fibras vegetais e tecidos), as bibliotecas da Antiguidade estavam repletas de textos gravados em tabuinhas de barro cozido. Eram os primeiros "livros", depois progressivamente modificados até chegarem a ser feitos — em grandes tiragens — em papel impresso mecanicamente, proporcionando facilidade de leitura e transporte. Com eles, tornou-se possível, em todas as épocas, transmitir fatos, acontecimentos históricos, descobertas, tratados, códigos ou apenas entretenimento.

Como sua fabricação, a função do livro sofreu enormes modificações dentro das mais diversas sociedades, a ponto de constituir uma mercadoria especial, com técnica, intenção e utilização determinadas. No moderno movimento editorial das chamadas sociedades de consumo, o livro pode ser considerado uma mercadoria cultural, com maior ou menor significado no contexto socioeconômico em que é publicado. Enquanto mercadoria, pode ser comprado, vendido ou trocado. Isso não ocorre, porém, com sua função intrínseca, insubstituível: pode-se dizer que o livro é essencialmente um instrumento cultural de difusão de idéias, transmissão de conceitos, documentação (inclusive fotográfica e iconográfica), entretenimento ou ainda de condensação e acumulação do conhecimento. A palavra escrita venceu o tempo, e o livro conquistou o espaço. Teoricamente, toda a humanidade pode ser atingida por textos que difundem idéias que vão de Sócrates e Horácio a Sartre e McLuhan, de Adolf Hitler a Karl Marx.

Espelho da sociedade

A história do livro confunde-se, em muitos aspectos, com a história da humanidade. Sempre que escolhem frases e temas, e transmitem idéias e conceitos, os escritores estão elegendo o que consideram significativo no momento histórico e cultural que vivem. E, assim, fornecem dados para a análise de sua sociedade. O conteúdo de um livro — aceito, discutido ou refutado socialmente — integra a estrutura intelectual dos grupos sociais.

Nos primeiros tempos, o escritor geralmente vivia em contato direto com seu público, que era formado por uns poucos letrados, já cientes das opiniões, idéias, imaginação e teses do autor, pela própria convivência que tinham com ele. Muitas vezes, mesmo antes de ser redigido o texto, as idéias nele contidas já haviam sido intensamente discutidas pelo escritor e parte de seus leitores. Nessa época, como em várias outras, não se pensava na enorme porcentagem de analfabetos. Até o século XV, o livro servia exclusivamente a uma pequena minoria de sábios e estudiosos que constituíam os círculos intelectuais (confinados aos mosteiros durante o começo da Idade Média) e que tinham acesso às bibliotecas, cheias de manuscritos ricamente ilustrados.

Com o reflorescimento comercial europeu, nos fins do século XIV, burgueses e comerciantes passaram a integrar o mercado livreiro da época. A erudição laicizou-se e o número de escritores aumentou, surgindo também as primeiras obras escritas em línguas que não o latim e o grego (reservadas aos textos clássicos e aos assuntos considerados dignos de atenção). Nos séculos XVI e XVII, surgiram diversas literaturas nacionais, demonstrando, além do florescimento intelectual da época, que a população letrada dos países europeus estava mais capacitada a adquirir obras escritas.

Cultura e comércio

Com o desenvolvimento do sistema de impressão de Gutenberg, a Europa conseguiu dinamizar a fabricação de livros, imprimindo, em cinqüenta anos, cerca de 20 milhões de exemplares para uma população de quase 10 milhões de habitantes, cuja maioria era analfabeta. Para a época, isso significou enorme revolução, demonstrando que a imprensa só se tornou uma realidade diante da necessidade social de ler mais.

Impressos em papel, feitos em cadernos costurados e posteriormente encapados, os livros tornaram-se empreendimento cultural e comercial: os editores passaram logo a se preocupar com melhor apresentação e redução de preços. Tudo isso levou à comercialização do livro. E os livreiros baseavam-se no gosto do público para imprimir, principalmente obras religiosas, novelas, coleções de anedotas, manuais técnicos e receitas.

Mas a porcentagem de leitores não cresceu na mesma proporção que a expansão demográfica mundial. Somente com as modificações socioculturais e econômicas do século XIX — quando o livro começou a ser utilizado também como meio de divulgação dessas modificações e o conhecimento passou a significar uma conquista para o homem, que, segundo se acreditava, poderia ascender socialmente se lesse — houve um relativo aumento no número de leitores, sobretudo na França e na Inglaterra, onde alguns editores passaram a produzir obras completas de autores famosos, a preços baixos. O livro era então interpretado como símbolo de liberdade, conseguida por conquistas culturais. Entretanto, na maioria dos países, não houve nenhuma grande modificação nos índices porcentuais até o fim da Primeira Guerra Mundial (1914/18), quando surgiram as primeiras grandes tiragens de um só livro, principalmente romances, novelas e textos didáticos. O número elevado de cópias, além de baratear o preço da unidade, difundiu ainda mais a literatura. Mesmo assim, a maior parte da população de muitos países continuou distanciada, em parte porque o livro, em si, tinha sido durante muitos séculos considerado objeto raro, atingível somente por um pequeno número de eruditos. A grande massa da população mostrou maior receptividade aos jornais, periódicos e folhetins, mais dinâmicos e atualizados, e acessíveis ao poder aquisitivo da grande maioria. Mas isso não chegou a ameaçar o livro como símbolo cultural de difusão de idéias, como fariam, mais tarde, o rádio, o cinema e a televisão.

O advento das técnicas eletrônicas, o aperfeiçoamento dos métodos fotográficos e a pesquisa de materiais praticamente imperecíveis fazem alguns teóricos da comunicação de massa pensarem em um futuro sem os livros tradicionais (com seu formato quadrado ou retangular, composto de folhas de papel, unidas umas às outras por um dos lados). Seu conteúdo e suas mensagens (racionais ou emocionais) seriam transmitidos por outros meios, como por exemplo microfilmes e fitas gravadas.

A televisão transformaria o mundo todo em uma grande "aldeia" (como afirmou Marshall McLuhan), no momento em que todas as sociedades decretassem sua prioridade em relação aos textos escritos. Mas a palavra escrita dificilmente deixaria de ser considerada uma das mais importantes heranças culturais, entre todos os povos.

Através de toda a sua evolução, o livro sempre pôde ser visto como objeto cultural (manuseável, com forma entendida e interpretada em função de valores plásticos) e símbolo cultural (dotado de conteúdo, entendido e interpretado em função de valores semânticos). As duas maneiras podem fundir-se no pensamento coletivo, como um conjunto orgânico (onde texto e arte se completam, por exemplo, em um livro de arte) ou apenas como um conjunto textual (onde a mensagem escrita vem em primeiro lugar — em um livro de matemática, por exemplo).

A mensagem (racional, prática ou emocional) de um livro é sempre intelectual e pode ser revivida a cada momento. O conteúdo, estático em si, dinamiza-se em função da assimilação das palavras pelo leitor, que pode discuti-las, reafirmá-las, negá-las ou transformá-las. Por isso, o livro pode ser considerado instrumento cultural capaz de liberar informação, sons, imagens, sentimentos e idéias através do tempo e do espaço. A quantidade e a qualidade de idéias colocadas em um texto podem ser aceitas por uma sociedade, ou por ela negadas, quando entram em choque com conceitos ou normas culturalmente admitidos.

Nas sociedades modernas, em que a classe média tende a considerar o livro como sinal de *status* e cultura (erudição), os compradores utilizam-no como símbolo mesmo, desvirtuando suas funções ao transformá-lo em livro-objeto. Mas o livro é, antes de tudo, funcional — seu conteúdo é que lhe dá valor (os livros de ciências, filosofia, religião, artes, história e geografia, que representam cerca de 75% dos títulos publicados anualmente em todo o mundo).

O mundo lê mais

No século XX, o consumo e a produção de livros aumentaram progressivamente. Lançado logo após a Segunda Guerra Mundial (1939/45), quando uma das características principais da edição de um livro eram as capas entreteladas ou cartonadas, o livro de bolso constituiu um grande êxito comercial. As obras — sobretudo *best sellers* publicados algum tempo antes em edições de luxo — passaram a ser impressas em rotativas, como as revistas, e distribuídas nas bancas de jornal. Como as tiragens elevadas permitiam preços muito baixos, essas edições de bolso popularizaram-se e ganharam importância em todo o mundo.

Até 1950, existiam somente livros de bolso destinados a pessoas de baixo poder aquisitivo; a partir de 1955, desenvolveu-se a categoria do livro de bolso "de luxo". As características principais destes últimos eram a abundância de coleções — em 1964 havia mais de duzentas, nos Estados Unidos — e a variedade de títulos, endereçados a um público intelectualmente mais refinado. A essa diversificação das categorias adiciona-se a dos pontos-de-venda, que passaram a abranger, além das bancas de jornal, farmácias, lojas, livrarias, etc. Assim, nos Estados Unidos, o número de títulos publicados em edições de bolso chegou a 35 mil em 1969, representando quase 35% do total dos títulos editados.

Proposta da coleção "A Obra-Prima de Cada Autor"

"Coleção" é uma palavra há muito tempo dicionarizada e define o conjunto ou reunião de objetos da mesma natureza ou que têm alguma relação entre si. Em um sentido editorial, significa o conjunto não limitado de obras de autores diversos, publicado por uma mesma editora, sob um título geral indicativo de assunto ou área, para atendimento de segmentos definidos do mercado.

A coleção "A Obra-Prima de Cada Autor" corresponde plenamente à definição acima mencionada. Nosso principal objetivo é oferecer, em formato de bolso, a obra mais importante de cada autor, satisfazendo o leitor que procura qualidade.*

Desde os tempos mais remotos existiram coleções de livros. Em Nínive, em Pérgamo e na Anatólia existiam coleções de obras literárias de grande importância cultural. Mas nenhuma delas superou a célebre biblioteca de Alexandria, incendiada em 48 a.C. pelas legiões de Júlio César, quando estas arrasaram a cidade.

A coleção "A Obra-Prima de Cada Autor" é uma série de livros a ser composta por mais de 400 volumes, em formato de bolso, com preço altamente competitivo, e pode ser encontrada em centenas de pontos-de-venda. O critério de seleção dos títulos foi o já estabelecido pela tradição e pela crítica especializada. Em sua maioria, são obras de ficção e filosofia, embora possa haver textos sobre religião, poesia, política, psicologia e obras de auto-ajuda. Inauguram a coleção quatro textos clássicos: *Dom Casmurro*, de Machado de Assis; *O Príncipe*, de Maquiavel; *Mensagem*, de Fernando Pessoa, e *O lobo do mar*, de Jack London.

Nossa proposta é fazer uma coleção quantitativamente aberta. A periodicidade é mensal. Editorialmente, sentimo-nos orgulhosos de poder oferecer a coleção "A Obra-Prima de Cada Autor" aos leitores brasileiros. Nós acreditamos na função do livro.

---

* Atendendo a sugestões de leitores, livreiros e professores, a partir de certo número da coleção começamos a publicar, de alguns autores, outras obras além da sua obra-prima.

Cartas Persas

CARTA I
Usbek ao seu amigo Rustan
Em Ispahan[1].

Não nos detivemos em Com mais que um dia. Depois de termos feito as nossas orações no túmulo da virgem[2] que deu à luz doze profetas, pusemo-nos de novo a caminho, e ontem chegamos a Táuris, vinte e cinco dias depois de havermos partido de Ispahan.

Somos Rica e eu talvez os primeiros persas que, levados da sede de aprender, saímos do nosso país, abandonando as doçuras de uma vida sossegada por afadigar-nos em buscar a sabedoria.

Nascemos num florente reino; não cremos contudo que aos seus limites houvéssemos de restringir os nossos conhecimentos, nem que só a luz oriental houvesse de ilustrar-nos.

Manda-me contar o que dizem da nossa viagem, e não me escondas nada, que bem creio que poucos a aprovaram. Dirige a tua resposta para Erzerum[3], onde permanecerei algum tempo. Adeus, meu caro Rustan. Fica certo de que hei de ser teu fiel amigo, em qualquer parte do mundo em que me encontre.

Táuris, 15 da lua de Safar[4], 1711.

---

[1] *Ispahan* era então (1721) a capital do reino da Pérsia: foi saqueada no ano seguinte pelos afganos e não voltou a ter desde então o seu anterior esplendor. Agora a capital é Teerã.

[2] Fátima, filha única de Maomé, esposa de Ali.

[3] Erzerum, capital da Armênia turca.

[4] O ano lunar dos maometanos compreende 354 dias e 9 horas. Os meses

Carta II
Usbek ao primeiro eunuco negro

No serralho de Ispahan.

És o guarda fiel das mais formosas mulheres da Pérsia; de ti fiei o que eu possuía mais caro no mundo, pondo-te nas mãos as chaves das fatais portas que só a mim se abrem. Enquanto velas sobre o inestimável tesouro do meu coração, descansa este e goza completo sossego, porque estás de sentinela assim no bulício do dia como na mudez da noite, e os teus infatigáveis cuidados amparam a virtude, quando esta vacila. Se as mulheres a quem guardas quisessem faltar às suas obrigações, logo lhes tirarias essa esperança, que és flagelo do vício e coluna da fidelidade.

Ora as mandas, ora lhes obedeces, e executando cegamente todas as suas vontades, tu força-as a que guardem à risca as leis do serralho. Glorias-te de servi-las nos mais vis ministérios; submetes-te com temor e respeito às suas legítimas ordens, e as serves como escravo dos seus escravos. Mandas, porém, como senhor absoluto, como eu próprio, quando receias que derroguem as leis do pudor e da modéstia.

Lembra-te sempre do nada de que te fiz sair, colocando-te no posto que ocupas, e confiando-te as delícias do meu coração, quando eras o último dos meus escravos: conserva-te em profunda humildade junto das que têm parte em meu amor, mas faze ao mesmo passo que elas reconheçam a sua absoluta dependência. Proporciona-lhes todos os prazeres inocentes; acalma-lhes as inquietações; diverte-as com músicas, com danças e com deliciosas bebidas; persuade-as a que se visitem amiúde. Se quiserem ir ao campo, podes levá-las; manda, porém, passar à espada quantos homens diante delas se apresentarem. Exorta-as ao asseio, que é o espelho da limpeza da alma; fala-lhes às vezes de mim. Anseio por tornar a vê-las nesse deleitoso lugar em que elas embelecem. Adeus.

Táuris, 18 da lua de Safar, 1711.

---

são: 1º Maharram; 2º Safar; 3º Rebiab 1; 4º Rebiab 2; 5º Gemmadi 1; 6º Gemmadi 2; 7º Rhegeb; 8º Chahban; 9º Rhamazan; 10º Chalval; 11º Zilcadé; 12º Zilhagé.

Aviso ao leitor: quando, no decurso desta obra tão original e tão curiosa, que Villemain definiu "o mais profundo dos livros frívolos", as notas forem do autor, declará-lo-emos entre parênteses, distinguindo-as por esta forma das do seu indigno tradutor.

CARTA III
Zachi a Usbek
Em Táuris.

Ordenamos ao chefe dos eunucos que nos trouxesse ao campo, e ele te dirá que nada nos aconteceu. Quando foi mister deixar as nossas liteiras para atravessar o rio, metemo-nos, segundo o costume, dentro de caixas, que dois escravos levaram aos ombros, e frustramos assim os olhares de todos.

Como podia eu viver, querido Usbek, no teu serralho de Ispahan, naqueles lugares que, recordando-me sempre os meus passados prazeres, ateavam cada dia os meus desejos com nova violência? Andava eu vagando de aposento em aposento, sempre em busca de ti sem encontrar-te nunca, e topando em toda parte amargas recordações de minha perdida felicidade. Ora eu me via no lugar onde a primeira vez de minha vida te apertei entre os braços; ora naquele onde decidiste a famosa contenda de tuas mulheres. Cria cada uma de nós ser superior às outras em beleza. Apresentamo-nos perante ti, depois de termos esgotado quantas galas e adereços podia oferecer a imaginação: viste com prazer as maravilhas da nossa arte; pasmaste, contemplando até que ponto nos levara o desejo de agradar-te. Em breve, porém, os adornos aparentes cederam a mais naturais graças; destruíram as tuas mãos quanto havíamos feito, despojando-nos de ornatos que te incomodavam, e contemplando-nos na simplicidade da natureza. Em nada tive o pudor, pensei somente na minha glória. Feliz Usbek! que de encantos se expuseram aos teus olhos! Largo espaço te vimos errante de um a outro feitiço: largo espaço flutuou a tua alma sem fixar-se, a cada graça nova pagavas novo tributo; em um instante, cobriste-nos todas de beijos; levaste os teus olhares esquadrinhadores aos recantos mais secretos; colocaste-nos, num instante, em mil diferentes posturas; sempre novas ordens correspondidas com sempre nova obediência. Confesso-te, Usbek, que uma paixão, mais forte ainda que a ambição, me inspirou o desejo de agradar-te. Vi-me a pouco e pouco senhora do teu coração; quiseste-me, deixaste-me, voltaste a mim, e eu soube encadear-te; foi completo o meu triunfo e ficaram desesperadas as minhas rivais; pareceu-nos que estávamos sós no mundo, e tudo quanto nos rodeava não mereceu o nosso apreço. Oxalá as minhas êmulas tivessem podido presenciar todas as provas de amor que de ti recebi! Se tivessem visto os meus arrebatamentos, teriam conhecido bem a diferença que vai do meu amor ao delas, e que, se podiam disputar-me a palma da beleza, não assim a do amor e da ternura...

Mas onde estou? Aonde me levará este conto vão? Se é desventura não ser amada, é ofensa deixar de sê-lo. Deixas-nos, Usbek, para ires peregrinar por terras bárbaras. Como! em nada estimas a glória de ser amado?! Ai! nem sequer sabes quanto perdes. Solto suspiros que de ninguém são ouvidos; correm as minhas lágrimas e tu não as enxugas; parece que o amor respira no serralho e sempre te leva para longe dele o teu desamor. Ah, querido Usbek, se souberas ser feliz!

Do serralho de Fátima, 21 da lua de Maharram, 1711.

CARTA IV
Zefis a Usbek
Em Erzerum.

Está determinado a desesperar-me este monstro negro. Quer à viva força privar-me da minha escrava Zélida, Zélida que com tanto afeto me serve e cujas mãos hábeis tanta graça sabem dar aos meus ornatos. Não satisfeito com a dor de semelhante separação, quer que seja também afrontosa, supondo o miserável serem criminosos os motivos da minha confiança; e porque se aborrece por detrás da porta, onde o mando estar sempre, atreve-se a fingir que viu e ouviu coisas que nem sequer posso imaginar. Que desgraça é esta minha! Nem a minha solidão, nem a minha virtude podem livrar-me das suas extravagantes suspeitas: um vil escravo quer-me guerrear até dentro do teu coração, e eu tenho que me defender. Não, que de sobra me respeito a mim mesma para me abaixar a dar satisfações e escusas, nem quero outro fiador do meu proceder que a ti mesmo, teu amor e o meu, e, se nada hei de dissimular, querido Usbek, as minhas lágrimas.

Do serralho de Fátima, em 29 da lua de Maharram, 1711.

Carta V
Rustan a Usbek
Em Erzerum.

És assunto de todas as conversações em Ispahan, e só se fala da tua viagem, que uns atribuem à leviandade e outros, a algum pesar; os teus amigos são os únicos que te defendem, mas a ninguém convencem, porque ninguém pode compreender como pudeste abandonar as tuas mulheres, os parentes, os amigos e a pátria, para ires a terras remotas, ignoradas dos persas. A mãe de Rica está inconsolável e pede-te o filho que diz que tu lhe roubaste. Quanto a mim, meu caro Usbek, naturalmente me inclino a aprovar tudo quanto fazes. A tua ausência, porém, não ta posso perdoar, e, quaisquer que sejam as razões que para ela me alegues, não as aceitará nunca o meu coração.

Adeus. Ama-me sempre.

De Ispahan, em 28 da lua de Rebiab 1, 1711.

Carta VI
Usbek ao seu amigo Nessir
Em Ispahan.

A um dia de caminho de Erivan, deixamos a Pérsia e entramos nas terras sujeitas aos turcos. Doze dias depois chegamos a Erzerum, onde estaremos três ou quatro meses.

Confessar-te-ei, Nessir, que senti um pesar secreto quando perdi de vista a Pérsia e me achei no meio dos pérfidos osmanlis. À maneira que no país destes profanos eu me adentrava, parecia-me que eu próprio me ia profanando. Apresentaram-se-me ao espírito a pátria, a família, os amigos; despertou-se em mim a ternura; não sei que desassossego me turbou o coração, e vi que tinha tentado uma empresa que me ia privar da tranqüilidade.

O que porém mais me aflige o coração são as minhas mulheres, e não posso pensar nelas sem um imenso pesar, não porque as ame, Nessir, que, respectivamente a isto, a minha insensibilidade é tal que nem para os desejos deixa caminho. Tendo vivido num vasto serralho, sempre me antecipei ao amor, e o destruí por seus próprios deleites; mas esta mesma frieza produz os ciúmes que me ralam. Contemplo uma chusma de mulheres entregues quase aos seus próprios caprichos, e só umas almas vis me respondem por elas. Custar-me-ia muito a viver descansado se fossem fiéis os meus escravos; que sucederá então se o não são? Que tristes novas me podem vir daí às terras estranhas e longínquas que vou percorrer! Nem podem os meus amigos remediar este mal, que é em lugar cujos funestos mistérios não hão de saber. E que poderiam fazer? Não preferiria eu mil vezes uma escondida impunidade a um castigo manifesto e ruidoso? Deposito no teu peito, amado Nessir, todos os meus desgostos, que é o único consolo que me resta no estado em que me encontro.

De Erzerum, em 10 da lua de Rebiab 2, 1711.

Carta VII
Fátima a Usbek

Em Erzerum.

Há dois meses que te partiste[1], meu querido Usbek, e tão profundamente abatida estou ainda, que quase não o creio. Vago desatinada por todo o serralho, como se nele estiveras, e não me desengano. Que outra coisa queres que seja de uma mulher que te ama e estava acostumada a estreitar-te nos braços, que só em dar-te provas da sua ternura aplicava todos os seus cuidados, livre pela prerrogativa do seu berço, escrava pela violência do seu amor?

Quando me desposaste, os meus olhos nunca tinham visto o rosto a um homem, e és ainda o único que me deixaram ver[2], pois que por homens não tenho estes horrorosos eunucos, cuja menor imperfeição é não serem homens. Quando confronto a formosura do teu rosto com a deformidade do deles, não posso deixar de me considerar feliz: nem me oferece a imaginação idéia mais agradável e sedutora que os fascinadores encantos de tua pessoa. Juro-te, Usbek, que ainda mesmo quando me fosse dado sair desta reclusão onde a necessidade de minha condição me tem metida; ainda quando me fosse possível escapar da guarda que me rodeia; ainda quando me

---

[1] Nos *Lusíadas* é freqüente a forma reflexa *partir-se* no sentido de "ausentar-se": I, 41, 72; V, 30, etc.

[2] As persas estão muito mais estreitamente guardadas que as mulheres da Turquia e da Índia. (Nota de Montesquieu.)

fosse permitido escolher entre todos os homens que vivem nesta capital das nações, juro-te, Usbek, que não escolheria senão a ti. Outro não pode haver no mundo que mereça amor.

Não cuides que com a tua ausência descurei uma formosura que tu desejas. Posto que me não haja de ver ninguém, e que os meus enfeites e galas sejam inúteis para a tua felicidade, procuro todavia conservar o hábito de agradar; nunca me deito sem me defumar com as mais deliciosas essências. Lembro-me daquele ditoso tempo em que te tive em meus braços; mostra-me um sonho brando o doce objeto do meu amor que me acaricia, e engolfa-se a minha imaginação em seus desejos, como em suas esperanças se deleita. Às vezes penso que, aborrecido de tua penosa viagem, voltas para junto de nós; nestes sonhos, nem bem desperta, nem bem adormecida, passa-se-me a noite; procuro-te a meu lado, e parece-me que foges de mim; afinal o próprio fogo que me consome desfaz o encanto, e torno ao meu juízo. Tão excitada, tão inflamada me acho então... não o podes crer, Usbek, mas não é possível viver neste estado: corre-me fogo pelas veias. Como posso expressar tão mal o que tão bem sei sentir? Como sinto tão bem o que tão mal expresso? Nestes instantes, Usbek, eu daria o império do mundo por um só beijo teu. Que desgraça a de uma mulher quando sacudida de tão violentos desejos se vê privada do único que poderia satisfazer-lhos; quando entregue a si própria, nada tendo que a possa distrair, lhe é forçoso viver entre contínuos suspiros e entre os furores de uma paixão exaltada; quando, longe de ser feliz, nem sequer pode contribuir para a felicidade alheia: inútil adorno de um serralho, guardada, não para satisfazer os gostos e vontades de um marido, senão para conservar a honra dele!

Que cruéis sois os homens! Tendes grande prazer em despertar em nós desejos que não podemos satisfazer; tratais-nos como se fôssemos insensíveis, e muito vos pesaria que o fôssemos; credes que, excitados com a longa privação, os nossos desejos aumentarão com a vossa presença. Custosa coisa é fazer-se amar; mais fácil é alcançar da desesperação dos nossos sentidos o que não vos atreveis a esperar do vosso mérito.

Adeus, querido Usbek, adeus. Acredita que vivo só para te adorar: está a minha alma toda embebida em ti, e a tua ausência, em vez de contribuir para que eu de ti me esqueça, acenderia o meu amor, se este pudesse ser mais violento.

Do serralho de Ispahan, 12 da lua de Rebiab 1, 1711.

Carta VIII
Usbek ao seu amigo Rustan

Em Ispahan.

Em Erzerum, onde me encontro, foi-me entregue a tua carta. Eu bem suspeitara que a minha viagem seria objeto de comentários, mas não me importo com isso. Que queres que eu oiça, a prudência dos meus inimigos ou a minha?

Apresentei-me na Corte desde a mais verde mocidade.

Posso asseverar que se não corrompeu o meu coração, e até dizer que concebi um alto intento, o de atrever-me a ser virtuoso. Assim que conheci o vício, desviei-me dele, mas logo dele me acerquei outra vez para lhe tirar a máscara. Anunciei a verdade até aos pés do trono, falei uma língua até então desconhecida no paço; envergonhei e confundi a lisonja, e assombrei, ao mesmo tempo, os idólatras e o ídolo.

Vendo, porém, que a minha sinceridade me grangeara inimigos, que incorrera no ódio dos ministros sem acarear o valimento do príncipe, e que numa corte corrompida só o fraco apoio da virtude me sustentava, determinei deixá-la. Afetei suma inclinação às ciências; e, a poder de fingi-la, vim a tê-la realmente. Não mais me envolvi em negócio nenhum, e retirei-me a uma casa de campo. Esta resolução, porém, tinha outros inconvenientes: deixava-me exposto à malignidade dos meus inimigos, e privava-me dos meios de lhes aparar os golpes. Alguns avisos secretos obrigaram-me a que pensasse em pôr-me em salvo: resolvi sair da pátria e apresentei como plausível pretexto o meu próprio afastamento da vida da Corte. Fui ter com o rei, manifestei-lhe a vontade que tinha de me instruir nas ciências do Ocidente, e, insinuando-lhe que poderia colher proveito das minhas viagens, encontrei favor ante os seus olhos, ausentei-me, e livrei uma vítima dos meus inimigos.

Aí tens, Rustan, a vera causa da minha viagem. Deixa falar a gente de Ispahan, e não tomes a minha defesa senão junto dos que me querem bem. Deixa os meus inimigos com as suas interpretações maldosas: muita ventura tenho de ser esse o único mal que me podem fazer.

Falam agora de mim; de mim talvez que muito breve se esqueçam, e os meus próprios amigos... Não, Rustan, não quero absorver em tão tristes pensamentos; hão de me querer sempre, e creio que serão tão constantes como tu.

De Erzerum, 20 da lua de Gemmadi 2, 1711.

Carta IX
O primeiro eunuco a Ibi

Em Erzerum.

Acompanhas o teu amo nas suas viagens; corres províncias e reinos; as tristezas não te podem fazer mossa; a cada passo vês coisas novas, e quanto vês tudo te recreia e faz que o tempo passe sem o sentires.

Não se dá o mesmo comigo. Fechado em horroroso cárcere, cercam-me sempre os mesmos objetos e devoram-me os mesmos pesares. Gemo vergado ao peso de cinqüenta anos de cuidados e trabalhos, e posso afirmar que no decurso de uma dilatada vida não gozei nem um dia de serenidade, nem um momento de sossego.

Quando o meu primeiro senhor formou o cruel projeto de me confiar a custódia das suas mulheres, e com seduções acompanhadas de mil ameaças me obrigou a separar-me para sempre de mim próprio; cansado de servir nos mais penosos ministérios, cuidei que tinha sacrificado as minhas paixões à minha fazenda e à minha tranqüilidade. Desgraçado de mim! o meu espírito preocupado deixava-me ver o resgate, e ocultava-me a perda; esperava livrar-me das flechas do amor com a impotência de o satisfazer. Ai, se extinto estava em mim o efeito das paixões, não o estava a causa, e em vez de encontrar alívio, vi-me cercado de objetos que as excitavam sem cessar! Entrei no serralho, onde tudo inflamava o sentimento do que eu tinha perdido; parecia que mil atrativos naturais se desvelavam aos meus olhos só por contristar-me, e para coroa das minhas desditas sempre estava vendo outro homem feliz. Nunca, naquela quadra agitada, levei uma mulher ao leito de meu amo, nunca a despi, que não voltasse para o meu aposento com o coração cheio de raiva, e a alma, de desespero.

Foi assim que se passou a minha miserável mocidade, sem ter outro confidente que a mim próprio. Carregado de pesares e cheio de tédio, tinha que abafá-los no claustro do meu peito; aquelas mesmas mulheres que com olhos tão ternos eu ansiava por olhar, só as encarava com severidade: estava perdido se me tivessem entendido. Como se teriam valido do descobrimento!

Lembro-me de que um dia que eu metia uma no banho, tão fora de mim me senti, que perdi de todo o juízo, e me atrevi a pôr a mão num sítio temível. Assim que tornei em mim, compreendi que era aquele o dia derradeiro da minha vida. Tive contudo a fortuna de escapar da morte; mas a bela a quem fizera confidente da minha fraqueza vendeu-me muito caro o silêncio: perdi com ela toda a minha autoridade, e obrigou-me desde então a condescendências que mil vezes me puseram em risco de morrer.

Por fim o fogo da mocidade apagou-se; já estou velho, e a este respeito me acho em sossego. Olho para as mulheres com indiferença, e retribuo-lhes todos os desprezos e tormentos que me fizeram padecer. Lembro-me sempre de que nasci para mandá-las, e afigura-se-me que recupero o ser de homem quando ainda mando nelas. Desde que as contemplo friamente, e a razão me deixa conhecer todas as suas fraquezas, aborreço-as. Conquanto as guarde para outro, recebo uma secreta satisfação no gosto de fazer que me obedeçam; quando de tudo as privo, parece-me que sofrem por mim, e daí sempre me vem certo contentamento indireto: acho-me no serralho como num império pequeno e satisfaz-se alguma coisa a ambição, única paixão que ainda me resta. Vejo com prazer que tudo de mim depende e que de mim necessitam a cada passo, e de bom grado carrego com o peso do ódio de todas estas mulheres, que me consolida no posto em que estou. Nesta parte não lhes fico a dever nada; impeço-lhes as diversões mais inocentes; apresento-me sempre a elas como uma barreira inabalável; formam planos, e no mesmo instante lhos frustro; armo-me de recusas, ouriço-me de escrúpulos; só tenho na boca as palavras dever, virtude, modéstia, pudor. Exaspero-as falando-lhes, sem descontinuar, da fraqueza do sexo e da autoridade de seu amo; queixo-me depois de me ver obrigado a ser tão severo, e parece que as quero persuadir de que me não animam outros motivos que o seu próprio interesse e a muita afeição que lhes consagro.

Isto não quer dizer que, por meu turno, eu não receba um sem conto de dissabores e que diariamente estas mulheres vingativas não procurem pagar-me com usura os que lhes eu causo: têm terríveis reviravoltas, e há entre nós um como fluxo e refluxo de mando e submissão. Sempre me empregam nos mais baixos e vis misteres; tratam-me com um desprezo sem exemplo, e, sem guardar considerações com a minha velhice, obrigam-me de noite, por puros nadas, a levantar-me dez vezes da cama; sobrecarregam-me de ordens, mandados, encargos, caprichos; parece que se revezam para me apurar a paciência, e que as suas fantasias se sucedem umas às outras. Muitas vezes se entretêm em multiplicar os meus cuidados; mandam-me comunicar segredos supostos; ora me dizem que viram um mancebo rondar em volta destes muros; outra vez que ouviram rumor, ou que hão de entregar uma carta; tudo isto me põe desassossegado, e elas riem-se do meu desassossego, contentes de ver como eu próprio me atormento. Outras vezes me têm atado atrás da porta de seu aposento, imóvel noite e dia, simulando doenças, desmaios, pavores, que pretexto nunca lhes falta para me obrigarem a tudo o que lhes dá na veneta. Requer-se, nestas ocasiões, cega obediência e condescendência ilimitada, que seria coisa inaudita um não na boca de um homem como eu, e se vacilasse em lhes obedecer, teriam direito a castigar-me. Eu antes quereria perder a vida, meu caro Ibi, que padecer tamanho opróbrio.

Não param aqui as tristezas do meu ofício de eunuco: nunca tenho certeza de estar na graça de meu amo, com tantas inimigas no seu coração, que só tratam de perder-me; e há quartos de hora em que não me dão ouvidos, quartos de hora em que nada se lhes nega, quartos de hora em que nunca tenho razão. Levo à cama de meu senhor mulheres irritadas: pensas que não trabalhem contra mim, ou que a minha razão triunfe? Tenho tudo que temer das suas lágrimas, dos seus suspiros, das suas carícias, e dos seus mesmos deleites: estão no lugar da sua vitória; os seus encantos são para mim terríveis: num instante os seus serviços presentes apagam todos os meus serviços passados; quem me pode responder por um amo que não é senhor de si próprio?...

Quantas vezes me sucedeu deitar-me em valimento, e amanhecer em desfavor! Que delito cometera eu no dia em que tão indignamente me azorragaram em roda do serralho? Deixo nos braços de meu amo uma das suas mulheres; assim que o vê inflamado, verte copioso choro, queixa-se, e sabe graduar tão bem os seus queixumes, que aumentam em proporção do amor que inspira. Como me havia eu de defender em momento tão crítico? Vi-me perdido quando menos o esperava; fui a vítima de uma negociação do amor e de um tratado selado com suspiros. Esta é, meu querido Ibi, a situação cruel em que sempre vivi.

Que feliz que tu és! Os teus cuidados limitam-se todos à pessoa de Usbek. Para ti é coisa fácil agradar-lhe, e manter-te na sua graça até o dia final.

Do serralho de Ispahan, último da lua de Safar, 1711.

Carta X
Mirza ao seu amigo Usbek
Em Erzerum.

O único que me podia indenizar da perda de Rica eras tu, e Rica o único que me podia consolar da tua perda. Fazes-nos falta, Usbek, tu que eras a alma da nossa sociedade. Que violento é romper laços formados pelo coração e pelo espírito!

Aqui disputamos muito; quase todas as nossas discussões versam acerca da moral. Ontem ventilamos a questão de se eram felizes os homens pelos prazeres e satisfações sensuais, ou pela prática da virtude. Repetidas vezes te ouvi dizer que os homens tinham nascido para serem virtuosos, e que a justiça é uma qualidade tão própria deles como a existência. Peço-te que me expliques o que querias dizer.

Falei com *mollahs* que me fazem perder a paciência com as suas citações do Alcorão; porque não os consulto como fiel crente, senão como homem, como cidadão, e pai de famílias[1]. Adeus.

De Ispahan, último da lua de Safar, 1711.

Carta XI
Usbek a Mirza
Em Ispahan.

Renuncias à tua razão para pores à prova a minha; desces a consultar-me, e julgas-me capaz de te instruir. Uma coisa há, meu amado Mirza, que me lisonjeia ainda mais que o bom conceito que de mim formas, e vem a ser a tua amizade, a que o devo.

Para me desempenhar do que me mandas, julguei que não me havia de valer de raciocínios muito abstratos. Verdades há que não basta persuadir e que é força fazer que interessem, e desta natureza são as da moral. Talvez que faça mor impressão em ti o seguinte trecho de história do que uma sutil filosofia.

---

[1] Temos as formas *pai de família*, e *de famílias*, das quais a segunda se encontra nos seguintes exemplos: "..., à maneira de um pai *de famílias*, que, havendo de ausentar-se, entrega a seu filho ou mordomo todas as chaves da casa, para que a governe" (M. Bernardes, N. Flor.,V, 87); " ... um pai *de famílias*, homem de bem,..." (Castilho, O outono, p. 57).

Havia na Arábia um povo pequeno, denominado troglodita, o qual descendia dos antigos trogloditas que, a darmos crédito aos historiadores, se assemelhavam a brutos mais que a homens[1]. Não eram os modernos tão disformes; não tinham pêlo como ursos, não assobiavam, tinham dois olhos; mas eram tão ferozes e perversos, que se não conhecia entre eles nenhum princípio de eqüidade nem de justiça.

Governava-os um rei de origem estrangeira, o qual, querendo emendar a má índole deles, os tratava com severidade; mas conjuraram-se contra ele, mataram-no e exterminaram toda a família real. Cometido este atentado, juntaram-se para formar um governo; e, ao cabo de muitas dissensões, nomearam magistrados. Ainda bem não os tinham elegido, quando, não podendo suportá-los, os trucidaram a todos.

Livre o povo do novo jugo, só os impulsos de sua selvática índole consultava. Todos os particulares concordaram não obedecer a ninguém e não cuidar cada um senão dos próprios interesses, sem se importar com os alheios: resolução unânime que agradava imenso a todos os indivíduos. Dizia cada qual: "Por que me hei de matar a trabalhar para pessoas que me são indiferentes? Pensarei em mim só, e viverei feliz. Que me faz a mim que os restantes o sejam? Diligenciarei conseguir tudo quanto necessite, e, contanto que o tenha, nada se me dá que sejam miseráveis os demais trogloditas".

Chegou o mês em que se semeiam os campos, e cada um disse: "Não quero lavrar mais terra que a que baste para dar o trigo de que preciso para manter-me; tudo o mais seria inútil para mim, e não quero trabalhar debalde".

As terras do país não eram da mesma qualidade: umas eram áridas e montanhosas, outras em terreno baixo e serpeadas de arroios. O ano foi de muita seca, de maneira que as terras altas não produziram nada, absolutamente nada; as dos vales, pelo contrário, foram fertilíssimas; e assim os habitantes das montanhas morreram quase todos de fome, pela crueldade dos outros, que não lhes quiseram dar parte das colheitas.

No ano seguinte choveu muito: os lugares elevados foram de extraor-

[1] Efetivamente, nisso como no mais, a imaginação dos gregos, exagerando o desconhecido, fizera dos primeiros trogloditas uma povoação inteiramente fabulosa. — A palavra *troglodita* vem do grego, e é composta de *troglê*, caverna, buraco, e *dynô*, entrar, meter-se debaixo.

dinária fertilidade, e alagaram-se os terrenos baixos. A metade do povo gritava lazeira, mas os desventurados encontraram homens de coração tão duro como eles o tinham sido.

Tinha um dos principais moradores uma mulher lindíssima; um vizinho seu enamorou-se dela, e roubou-lha: armou-se renhida contenda, e, depois de muitos insultos e pancadas, convieram em conformar-se com o parecer e decisão de um troglodita, o qual ganhara boa fama no tempo da república. Foram a ele, e quis cada um expor-lhe as suas razões. "A mim que me importa", disse-lhes o homem, "que a mulher seja de um ou de outro? Tenho de lavrar o meu campo, e não quero gastar o tempo em resolver as vossas pendências, nem ocupar-me de vossos negócios, descurando os meus. Peço-vos que me deixeis em paz e que me não importuneis com as vossas disputas". Em tal ponto os deixou e foi lavrar as suas terras. O raptor, que era o mais forte, jurou que morria mas não entregava a mulher; e o outro, traspassado o coração com sem-razão do vizinho e a dureza do juiz, voltava desesperado para casa, quando no caminho encontrou com uma mulher nova e formosa, que vinha da fonte. Tinha perdido a mulher, e esta agradou-lhe, e agradou-lhe muito mais ainda quando soube que era a daquele a quem tinha querido tomar por árbitro e que tão pouco se condoera da sua desdita. Roubou-a e levou-a consigo para casa.

Havia um homem que possuía um campo bastante fértil e que cultivava com muito esmero: coligaram-se contra ele dois dos seus vizinhos, puseram-no fora, e ocuparam o campo; fizeram liga para se defender de todos os que quisessem usurpar-lho, e com efeito se mantiveram no que haviam roubado por espaço de alguns meses. Mas um dos dois, aborrecido de repartir com o outro o que sozinho podia desfrutar, matou o seu companheiro, e ficou senhor do agro. Não foi de muita dura o seu domínio: assaltaram-no outros dois trogloditas, e não tendo força suficiente para se defender, foi degolado.

Viu um troglodita, que andava quase nu, lã que estava para vender, e perguntou quanto custava. O mercador disse interiormente: "A minha lã não vale mais que o dinheiro que me falta para eu comprar duas medidas de trigo, mas quero-a vender por quatro vezes mais, para comprar oito medidas". Foi forçoso contentá-lo e pagar-lhe o preço que exigia. "Muito me alegro", disse o negociante, "agora posso comprar trigo". "Que estais a dizer?", replicou o comprador, "precisais de trigo? Tenho-o para vender; talvez o preço vos estranhe, mas deveis saber que o trigo anda caríssimo, e que há uma fome quase universal: restituí-me, porém, o meu dinheiro, e dar-vos-ei uma medida de trigo, porque não vo-la hei de vender mais barata, ainda que tenhais de morrer à pura míngua".

Neste meio tempo, cruelíssima doença devastava a região. Veio um médico perito de um país comarcão, e administrou tão oportunos remédios, que guareceram[2] todos os enfermos que se puseram nas suas mãos. Quando cessou a enfermidade, o facultativo pediu a paga de seus serviços aos que tinha tratado; só recebeu recusas, e voltou para seu país, pobre e quebrantado das fadigas de tão longa viagem. Em breve soube que a mesma doença grassava de novo nesta terra ingrata e com mores estragos que a primeira vez. Foram desta feita buscá-lo os trogloditas, e não esperaram que o doutor fosse à terra deles. "Ide-vos embora", lhes disse, "homens injustos; tendes na alma peçonha mais letal que a da doença de que quereis sarar; não mereceis ocupar um lugar na casca do planeta, porque nem sois humanos nem conheceis as regras da eqüidade, e reputo ofensa aos deuses que vos castigam opor algum embargo à sua justa cólera".

De Erzerum, 3 da lua de Gemmadi 2, 1711.

Carta XII
Usbek ao mesmo
Em Ispahan.

Viste, meu caro Mirza, como por sua própria perversidade deixaram de existir os trogloditas, e foram vítimas da sua injustiça. De tantas famílias que havia, só ficaram duas, que escaparam das desgraças da nação. Havia no país dois homens em extremo singulares: tinham humanidade; conheciam a justiça; prezavam a virtude, e não menos

---

[2] *Guarecer*: forma freqüentativa de *guarir* (cfr. o italiano *guarire*, curar, o francês *guérir*, curar, etc. Segundo Frederico Diez, *guarir* provém do gótico *varjan. Guarecer* é termo antigo, mas Camilo Castelo Branco, que exumou riquezas de linguagem e escavou pedras finas, as mais ricas jóias de Sousa, Barros e Lucena, encravou o arcaísmo na página de uma das suas novelas: "Esta enfermidade cerebral, efeito das trevas, da insulação e tormentos da santa-casa, *guareceu-a* lentamente o correr do tempo." (O *judeu*, vol. II, cart. 3ª, cap. V, p. 47.)

estreitamente unidos pela retidão de seu coração do que pela corupção do dos outros, eram testemunhas da geral assolação, e somente por sua compaixão a sentiam, motivo para eles de nova união. Trabalhavam com igual solicitude para o interesse comum; não tinham outras desavenças que as que de uma terna e suave amizade provinham, e no recanto mais remoto do país, separados de seus compatriotas, que não eram dignos da sua presença, levavam vida feliz e tranqüila, e a terra, cultivada por tão virtuosas mãos, parecia dar frutos voluntariamente.

Amavam as suas mulheres e delas eram amados com ternura. Punham todo o seu cuidado em criar os filhos na prática da virtude. Contavam-lhes constantemente as desventuras dos seus compatriotas, pondo-lhes ante os olhos o seu funesto exemplo; faziam-lhes principalmente sentir que o interesse dos particulares se acha sempre no interesse comum; que o que dele se quer separar quer perder-se; que a virtude não é coisa que custe cuidados; que não a devemos olhar como um penoso exercício, e que a justiça para com os outros é caridade com nós mesmos[1].

Em breve gozaram o consolo dos pais virtuosos, que é o terem filhos que se lhes assemelhem. O povo novel, que sob as vistas deles crescia, aumentou com ditosos casamentos; multiplicou-se o número de homens, a sua união foi sempre a mesma, e longe de enfraquecer-se a virtude com a multidão, foi-se fortificando com mais e mais reiterados exemplos.

Quem poderia pintar aqui a ventura destes trogloditas? Tão justo povo devia ser mimoso dos deuses. Assim que abriu os olhos para os conhecer, aprendeu a temê-los; e a religião veio suavizar o que nos seus costumes a natureza havia deixado de demasiado rude.

Instituíram festas em honra dos deuses. As donzelas, enfeitadas com flores, e os mancebos celebravam-nas com danças e com as harmonias de uma música campestre; davam em seguida banquetes, nos quais não reinava menos a alegria do que a frugalidade. Nestas assembléias a natureza falava com ingenuidade; aprendia ali a juventude a dar e receber o dom do coração; ali o virginal pudor deixava, corando, cair dos lábios um sim que em breve confirmava o consen-

---

[1] Quando a *nós* e *vós* se ajunta *outro*, *mesmo*, e outros nomes, a preposição *com* deixa de mudar *nós* e *vós* em *nosco* e *vosco*: *com nós outros*, *com nós mesmos*. — "Filhos meus, queridos filhos, lhes disse eu, sinto que tenho aqui dentro para com vós todos um coração de pai." (A. F. de Castilho, *Colóquios aldeões*, p. 23.)

timento paterno; ali as mães carinhosas se compraziam antevendo um doce e fiel enlace.

Iam ao templo implorar o favor dos deuses, não riquezas, nem uma onerosa abundância; que não eram dignos semelhantes desejos dos venturosos trogloditas, nem as queriam nunca, a não ser que fossem para os seus concidadãos. Prostravam-se aos pés dos altares para implorar a saúde dos pais, a união dos irmãos, a ternura das esposas, o amor e obediência dos filhos. Levavam as donzelas o seu coração em sacrifício aos deuses, e não lhes pediam outra graça que a de aditarem um troglodita.

Ao cair da noite, quando os rebanhos voltavam dos prados, e os lassos bois arrastavam o arado, eles congregavam-se; e, num repasto frugal, cantavam a injustiça e as desventuras dos primeiros trogloditas, a virtude e a felicidade que renasciam com um novo povo. Celebravam a grandeza dos deuses, o seu favor sempre propício ao homem que os implora, e a sua inevitável cólera com o que não os teme; descreviam em seguida as delícias da vida rural, e a venturosa condição dos que sempre exorna a inocência[2]. Entregavam-se depois ao sono, nunca interrompido pelos cuidados nem pelos pesares.

A natureza não provia menos a seus desejos que a suas necessidades. Neste ditoso país era ignorada a cobiça; faziam-se mútuos donativos, e quem mais dava acreditava sempre levar vantagem. O povo troglodita considerava-se uma só família: quase sempre andavam misturados os rebanhos, e o único trabalho a que se forravam era o de reparti-los.

De Erzerum, 6 da lua de Gemmadi 2, 1711.

---

[2] Toda esta descrição pode ser comparada com a bela passagem do *Telêmaco*, liv. VIII, em que Fénelon refere as maravilhas da Bética, descreve a doçura do clima e mais belezas do país, cujos povos viviam sossegados com a singeleza dos seus costumes. Das *Aventuras de Telêmaco* há uma boa versão portuguesa de Manuel de Sousa e do inimitável Francisco Manuel do Nascimento, retocada e correta por José da Fonseca (Paris, 1855, 1 vol.). O lexicólogo José da Fonseca fez também, em português, para uso dos meninos, um extrato do livro de Fénelon.

Carta XIII
Usbek ao mesmo

Eu não cansaria de te falar da virtude dos trogloditas. Um dia dizia um deles: "Amanhã há de ir meu pai arar o campo; levantar-me-ei duas horas antes dele, e quando for ao campo, já o achará todo lavrado".

De si consigo dizia outro: "Parece-me que minha irmã se namorou de um jovem troglodita, parente nosso; pois hei de falar com meu pai e decidi-lo a consentir nesse casamento".

A outro vieram dizer-lhe que uns ladrões lhe haviam roubado o rebanho: "Sinto isso muito", respondeu, "porque havia uma novilha toda branca que eu fazia tenção de sacrificar aos deuses".

Ouvia-se dizer a outro: "Tenho que ir ao templo render graças aos deuses, por meu irmão, que tão amado é de meu pai e a quem eu tanto quero, haver recobrado a saúde".

Ou então: "Há um campo que linda com o de meu pai, e os lavradores estão expostos à torreira do sol, por todo o dia; preciso lá ir plantar duas árvores, para que aqueles coitados possam ir algumas vezes descansar à sombra delas".

Um dia que estavam reunidos vários trogloditas, um ancião falou de um rapaz que ele suspeitava ter cometido uma ação má, e censurou-lha severamente. "Cremos que não cometeu esse crime", disseram os outros moços; "se, porém, o cometeu, oxalá que seja o último a morrer de sua família!".

Vieram dizer a um troglodita que uns estrangeiros lhe tinham saqueado a casa, e levado tudo. "Se não fossem injustos", replicou, "desejara que os deuses lhe outorgassem mais dilatada posse que a mim".

Tanta prosperidade excitou a inveja alheia: juntaram-se os povos comarcãos, e com fúteis pretextos resolveram roubar-lhes os rebanhos. Noticiosos desta determinação, os trogloditas mandaram-lhes embaixadores que falaram nesta substância:

"Que vos fizeram os trogloditas? Tiraram as vossas mulheres, roubaram-vos as reses, talaram os vossos campos? Bem sabeis que não, pois somos justos e tememos os numes. Que quereis, pois, de nós? Quereis lã para dela vos vestirdes? Quereis leite dos nossos rebanhos, ou frutos das nossas terras? Deponde as armas, vinde para nós, e dar-vos-emos tudo. Mas juramos, por tudo quanto há mais sagrado, que, se como inimigos entrais no nosso país, vos consideraremos um povo sem justiça, e vos trataremos como as bestas-feras".

Não deram ouvidos a estas razões aqueles povos selvagens, e entraram em som de guerra pelo país dos trogloditas, imaginando que estes só da sua inocência fiavam a sua defesa.

Mas estavam bem preparados para defender-se. Colocaram no meio de si os filhos e as mulheres. Ficaram assombrados, não da multidão dos seus inimigos, mas da injustiça deles. Inflamava-lhes os peitos um novo ardor: um queria morrer pelo pai, outro pela mulher e filhos, este pelos irmãos, aquele pelos amigos, todos pelo povo troglodita; o posto do que expirava, ocupava-o imediatamente outro, que, além da causa comum, tinha uma morte particular que vingar.

Tal foi a peleja da injustiça com a virtude. Aqueles povos cobardes que somente tinham o fito no saque, não se correram de fugir, e cederam à virtude dos trogloditas, sem que esta lhes fizesse impressão nos ânimos.

De Erzerum, 9 da lua de Gemmadi 2, 1711.

Carta XIV
Usbek ao mesmo

Crescia cada dia a população, tanto que os trogloditas julgaram ser ocasião de escolherem um rei: acordaram deferir o diadema ao que mais justo fosse, e todos puseram os olhos num ancião venerável pela idade e pela constância da virtude, o qual não tinha querido assistir a esta assembléia, e se retirara para casa, com o coração apertado de tristeza.

Quando lhe mandaram deputados que lhe comunicaram a eleição que nele havia recaído: "Não permita Deus", disse ele, "que eu faça aos trogloditas o agravo de que possam dizer que não há entre eles nenhum mais justo que eu. Dais-me a coroa, e, se nisso pondes empenho, força será que eu a aceite; sabei, porém, que morrerei do pesar de ter visto, quando nasci, livres os trogloditas e de vê-los hoje vassalos". Assim, falando, derramou uma torrente de lágrimas. "Oh! dia infeliz!", exclamava, "por que vivi tanto?".

Depois com voz mais severa: "Bem entendo o que isso é, trogloditas", continuou; "a virtude começa-vos a pesar. Na situação em que vos achais, não tendo chefe, é preciso que ainda mau grado vosso sejais virtuosos; sem isso não poderíeis subsistir, e cairíeis nas desgraças dos vossos antepassados. Este jugo, porém, parece-vos demasiado duro, e preferis sujeitar-vos a um príncipe e obedecer às suas leis menos rígidas que os vossos costumes, sabendo que então podereis satisfazer a vossa ambição, adquirir riquezas e languescer em cobardes deleites, e que não precisareis da virtude, contanto que não cometais delitos horrorosos". Aqui parou um momento, e as lágrimas correram-lhe mais copiosas que antes. "Mas que quereis que eu faça? Como é possível que eu reja um troglodita? Quereis que ele pratique virtuosas ações porque eu lhas ordene, a ele, que as praticaria de igual modo, seguindo só o seu pendor natural? Oh, trogloditas, cheguei ao termo da minha jornada, gela-se-me o sangue nas veias; vou em breve habitar com os vossos sacrossantos maiores. Por que quereis que os atormente, obrigando-me a contar-lhes que vos deixei sujeitos a outro jugo que o da virtude?[1]"

De Erzerum , 10 da lua de Gemmadi 2, 1711.

Carta XV
O primeiro eunuco a Jaron, eunuco negro

Em Erzerum.

Oro ao Céu que te traga a estas terras e que te preserve de todos os perigos.

Se bem que eu nunca soube que coisa são esses liames a que chamam amizade, e que todo me concentrei dentro de mim mesmo,

---

[1] Este quadro de um povo virtuoso e a quem o infortúnio fizera prudente e sensato não é mais que uma alegoria, mas uma alegoria cheia de encanto e naturalidade. Montesquieu subordina a sua fábula às leis da verossimilhança e da razão. "On sent", diz Villemain, "que, dominé par un esprit juste et observateur, lors même qu'il se livre à des écarts d'imagination, il ne peut oublier la réalité des événements et des moeurs qu'il a longtemps étudiés. Pour peindre la perfection idéale de la vie humaine, il n'essaie pas, comme Rousseau, d'exagérer l'abrutissante liberté de la vie sauvage; il trace le tableau embelli de l'homme en société; et ce tableau, malgré l'éclat des couleurs, ressemble à quelques années de bonheur et de vertu que 1'on trouverait éparses dans les annales des républiques naissantes". (*Discours et mélanges littéraires,* Paris, 1886.) A história dos trogloditas é uma das belas páginas da língua francesa.

todavia me fizeste sentir que eu ainda possuía entranhas, e, tendo um coração de bronze com todos os escravos que sob as minhas ordens viviam, vi com gosto crescer a tua infância.

Chegou a época em que meu amo pôs a vista em ti, e muito tempo faltava ainda para que em ti falasse a natureza, quando da natureza te separou o ferro. Não posso dizer-te se dó tive de ti, ou gosto em te ver de nível comigo. Acalmei-te os gritos e as lágrimas, e cri que nascias pela segunda vez, e que saías de uma escravidão em que sempre havias de obedecer, para entrares noutra em que havias de mandar. Olhei por tua educação. A severidade, sempre inseparável dos ensinamentos, fez que, por muito tempo, não visses quanto eu te queria. Amava-te, não obstante, e dissera-te que te queria como um pai quer ao filho, se os nomes de pai e filho pudessem convir ao nosso estado.

Vais percorrer as terras habitadas pelos cristãos, sempre incrédulos. É impossível que se não manche a tua alma. Como é que o Profeta há de poder contemplar-te no meio de tantos milhões de inimigos seus? Eu quisera que, à volta, fizesse meu amo a romaria de Meca: alimpar-vos-íeis todos na terra dos Anjos. Adeus.

Do serralho de Ispahan, 10 da lua de Gemmadi 2, 1711.

Carta XVI
Usbek ao mollah Mehmet Ali
Guarda dos três túmulos[1]
Em Com.

Por que vives nos túmulos, divino *mollah*? Mais própria era de ti a mansão das estrelas. Ocultas-te sem dúvida com receio de escureceres o sol: não tens máculas como este astro; mas, como ele, tu te escondes nas nuvens.

A tua ciência é abismo mais profundo que o Oceano; o teu entendimento, mais penetrante que Zufagar, a espada de Ali, que tinha duas pontas; sabes o que se passa nos nove coros das potências celestes; lês o Alcorão no peito do nosso divino Profeta; e, quando topas alguma obscureza, um anjo, por ordem dele, abre as velozes asas, e desce do trono a revelar-te o mistério.

[1] Os três túmulos são o de Fátima e os de dois reis da Pérsia, Sefi I e Abbas II.

Por tua via eu poderia manter íntima correspondência com os serafins: por que afinal, décimo tércio emamo, não és tu o centro onde vão parar o céu e a terra, e o ponto de comunicação entre o abismo e o empíreo?

Permite que eu, que me acho no meio de um povo profano, me purifique contigo; deixa-me voltar o rosto para os lugares sagrados onde resides; extrema-me dos maus, como, ao luzir da aurora, se separa o filete branco do preto[2]; ajuda-me com os teus conselhos; ampara a minha alma, inebria-a com o espírito dos Profetas; alimenta-a com a ciência do Paraíso, e permite-me que te ponha aos pés as suas chagas.

Dirige as tuas sagradas cartas para Erzerum, onde me deterei alguns meses.

De Erzerum, 11 da lua de Gemmadi 2, 1711.

Carta XVII
Usbek ao mesmo

Não posso, divino *mollah*, acalmar as minhas inquietações, nem cabe nas minhas forças esperar por tua sublime resposta; torturam-me dúvidas, que é mister dissipar: vejo que se me extravia a razão; fá-la voltar ao caminho direito; vem alumiar-me, fonte de luz; fulmina com a tua divina pena as dificuldades que te vou propor; faze-me ter compaixão de mim mesmo, e corar da pergunta que te vou fazer.

Donde provém que o nosso legislador nos veda a carne de porco, e todas as viandas, a que chama imundas? Por que nos proíbe tocar num cadáver, e, para purificar a alma, nos ordena que sem cessar lavemos o corpo? Parece-me que as coisas em si não são nem puras nem impuras, e não posso conceber qualidade nenhuma inerente ao sujeito que as possa tornar tais. A lama só nos parece suja por nos repugnar à vista ou a algum dos nossos sentidos; mas, em si mesma, não é mais suja que o oiro e o diamante. A idéia da mancha que com o contacto de um morto se contrai vem-nos de certa repugnância natural que este excita em nós. Se os corpos dos que se não lavam não nos ofendessem o olfato nem a vista, como teria sido possível imaginar-se que eram impuros?

---

2 Expressão do Alcorão, II, 183.

Assim pois, divino *mollah*, terão de ser os sentidos os únicos juízes da pureza ou impureza das coisas. Como, porém, os objetos não fazem a mesma impressão nos homens, e o que em uns produz grata sensação produ-la intolerável em outros, segue-se que neste caso não pode servir de regra o testemunho dos sentidos, a não ser que se diga que cada qual pode à sua vontade sentenciar na matéria e distinguir, com respeito a si, as coisas puras das que o não são.

Isso mesmo, porém, sagrado *mollah*, não dá por terra com as distinções que estabeleceu o nosso divino Profeta, e com pontos fundamentais da Lei, escrita pela mão dos próprios Anjos[1]?

De Erzerum, 20 da lua de Gemmadi 2, 1711.

Carta XVIII
Mehmet Ali, servo dos profetas, a Usbek
Em Erzerum.

Fazei-nos continuamente perguntas que fizeram milhentas vezes[1] ao nosso santo Profeta. Por que não ledes as Tradições dos doutores? Por que não bebeis nesta fonte pura de toda inteligência? Ali desataríeis todas as vossas dúvidas.

Infelizes, que, sempre absorvidos nas terrenas coisas, não contemplastes nunca atentamente as do Céu, e que reverenciais a vida dos *mollahs,* sem vos atreverdes a abraçá-la e segui-la!

Profanos, que nunca penetrais os altos juízos do Eterno! As vossas luzes assemelham-se às trevas do abismo, e os argumentos da vossa razão parecem-se com a poeira que de sob os pés se levanta quando o sol se acha no ponto mais alto do seu curso diurno, no mês ardente de Chahban.

Por isso o zênite do vosso espírito nunca chega ao nadir do ínfimo dos emamos. A vossa vã filosofia é o relâmpago precursor de tempestade e escuridade: estais no meio da procela e flutuais ao sabor dos ventos.

---

[1] A *Lei* foi trazida a Maomé pelo anjo Gabriel (Alcorão, II, 91).

[1] Por analogia de *quarenta*, *cinqüenta*, etc., fez-se o numeral *milhenta* (mil): "A la fé de cavaleiro, não darei uma; darei milhentas palavras". (A. Herculano, *Lendas e Narr.*, II, 9.)

É mui fácil resolver a vossa dificuldade: basta para isso narrar-vos o que sucedeu um dia ao nosso santo Profeta, quando, tentado pelos cristãos e posto à prova pelos judeus, deixou igualmente confusos uns e outros.

Perguntou-lhe o judeu Abdias Ibsalão[2] por que proibira Deus o comer a carne de porco. "Não foi sem razão", respondeu Maomé, "porque é animal imundo, e vou convencer-vos disso". Formou na mão, com lama, a figura de um homem, e atirou-a ao chão, gritando-lhe: "Levanta-te!". Ato contínuo, levantou-se um homem, e disse: "Sou Jafet, filho de Noé". "Tinhas os cabelos tão brancos quando morreste?", perguntou-lhe o santo Profeta. "Não", respondeu ele; "mas, quando me despertaste, cuidei que era chegado o dia do juízo, e foi tão grande o pavor que concebi, que me encaneceram de repente os cabelos".

"Ora vamos, conta-me", disse-lhe o enviado de Deus, "toda a história da arca de Noé". Obedeceu Jafet, e relatou miudamente e com exatidão os sucessos dos primeiros meses; depois do que falou deste teor:

"Pusemos as imundícies de todos os animais a um canto da arca, com o que pendeu tanto que tivemos mortal medo, especialmente as nossas mulheres, que se lamentavam sobremaneira. Havendo ido nosso pai Noé ao conselho do Eterno, foi-lhe mandado por Deus que pegasse no elefante e lhe voltasse a cabeça para onde a arca pendia. Desatou-se-lhe o ventre a este animal, fazendo tanta imundície, que daí nasceu um porco".

Crês agora, Usbek, que desde então nos abstivemos dele, e o houvemos por animal imundo?

Como, porém, o porco remexia cotidianamente a espurcícia, encheu-se a arca de tal graveolência, que ele próprio não pôde deixar de espirrar, e saiu-lhe do nariz um rato que ia roendo tudo quanto topava: coisa que Noé não pôde suportar, e julgou que convinha consultar outra vez a Deus, o qual lhe mandou que desse uma pancada na testa do leão. Fê-lo assim Noé; espirrou também o leão e saiu-lhe das ventas um gato. Crês que estes animais sejam também imundos? Que te parece?

Assim, quando não vedes a causa da impureza de certas coisas, é porque ignorais outras muitas e não sabeis o que se passou entre Deus, os anjos e os homens. Não conheceis a história da eternidade, nem lestes os livros escritos no céu; o que vos foi revelado não é

---

[2] Tradição dos maometanos. (Nota de Montesquieu)

senão uma mínima parte da biblioteca divina, e os que, como nós, se aproximam mais dela, enquanto vivem neste mundo, estão sepultados na obscuridade e nas trevas. Adeus. Maomé[3] seja em teu coração.

De Com, último da lua de Chahban, 1711.

Carta XIX
Usbek ao seu amigo Rustan

Em Ispahan.

Durante a nossa viagem fizemos alto em Tocat oito dias somente, e chegamos a Esmirna depois de trinta e cinco dias de caminho.

De Tocat até Esmirna, não se encontra uma única cidade digna de menção. Vi com assombro a fraqueza do império dos osmanlis; corpo enfermo que se não sustenta com um moderado e bom regime, mas sim com violentos remédios, que o esgotam e consomem continuamente.

Os paxás, que só a poder de dinheiro obtêm os empregos, chegam arruinados às províncias e as assolam como se fossem países conquistados. Uma insolente milícia só por seus caprichos se guia. As praças estão desmanteladas, as cidades ermas, os campos devastados e a agricultura e o comércio abandonados de todo em todo.

Neste governo severo reina a impunidade, e estão expostos a mil violências os cristãos que cultivam a terra e os judeus que arrecadam os impostos. A propriedade das terras não está garantida, e, conseguintemente, ninguém cuida de lhes dar valor: não há título nem posse que valha contra o capricho dos que governam.

De tal modo abandonaram estes bárbaros as artes, que até a da guerra negligenciaram. Enquanto cada dia se pulem as nações européias, jazem eles na antiga ignorância, sem pensar em adotar os seus novos inventos senão depois que milhares de vezes serviram contra eles.

---

[3] No século XVI, Mafoma era a forma popular; Mafamede, a forma erudita. mas ambas com f: o *h* arábico, ou melhor, o som do alfabeto respectivo que se faz corresponder ao nosso h, acha-se representado em português por *f*. E' o que mostram estes exemplos: *atahona*, atafona; *al-mihadda*, almofada; *al-mihaça*; almofaça; *rehen*, refém; *Mahomete*, Mafamede. Nos *Lusíadas*, de Camões, *Mafamede* alterna com *Maomede*, *Mafoma*, *Maoma*, *Maomet*, *Maomete*: I, 99, 102; II, 50, 108; III, 113; IV, 48; VIII, 19, 47, etc.

Do mar não têm nenhuma prática, nem habilidade para manobrar. Dizem que um punhado de cristãos, que saem de um rochedo[1], fazem suar os otomanos e fatigam o seu império.

Ineptos para o comércio, consentem com dificuldade que venham negociar os europeus, sempre laboriosos e empreendedores, e crêem fazer favor a estes estrangeiros com permitir que os enriqueçam.

Em toda a larga extensão de terra que atravessei, Esmirna é a única cidade a que se pode chamar rica e poderosa. São os europeus que fazem que o seja, e não depende dos turcos o não assemelhar-se ela a todas as demais.

Eis aí, meu caro Rustan, um debuxo verdadeiro deste império, que, antes que sejam passados dois séculos, será teatro dos triunfos de um conquistador[2].

De Esmirna, 2 da lua de Rhamazan, 1711.

CARTA XX
Usbek a Zachi, sua mulher
No serralho de Ispahan.

Ofendeste-me, Zachi, e sinto no coração impulsos que deverias recear, se a minha ausência não te deixasse tempo para que mudasses de proceder e aplacasses os violentos ciúmes que me atormentam.

Acabo de saber que te encontraram só com o eunuco branco Nadir, o qual pagará com a vida a sua infidelidade e aleivosia. Como te descomediste até o extremo de não veres que te não era lícito receber no teu quarto um eunuco branco, tendo negros que te sirvam? Em vão me dirás que os eunucos não são homens e que a virtude te sobrepõe às idéias que de uma imperfeita semelhança se poderiam originar; não basta isto para ti, nem para mim: para ti porque fizeste uma coisa proibida pelas leis do serralho; nem para mim, porque me tiras a honra, expondo-te a olhares; que digo, a olhares? talvez aos assaltos de um pérfido que te terá profanado com os seus crimes, e mais ainda com o seu pesar e a desesperação da sua impotência.

Dir-me-ás talvez que me foste sempre fiel. E como podias não o

---

[1] Parece que fala da ilha de Malta. (Nota de Montesquieu.)

[2] Profecia de rara precisão: volvidos dois séculos sobre a data desta carta, em 1912-1913, a Turquia era teatro "dos triunfos" da liga balcânica.

ser? Como havias de iludir a vigilância dos eunucos negros, que tão pasmados estão da maneira como vives? Como havias de quebrar as portas e ferrolhos que te têm fechada? Gabas-te de uma virtude que não é livre, e acaso te tiraram mil vezes os teus impuros desejos o mérito e o prêmio de uma fidelidade de que tanto te jactas.

Concedo que não tenhas cometido tudo quanto há motivo para eu suspeitar; consinto que não haja posto em ti as suas mãos sacrílegas aquele pérfido; quero que te hajas negado a recrear-lhe os olhos com as delícias do seu amo; suponho que, coberta com os teus vestidos, tenhas deixado tão frágil barreira entre ti e ele; admito que, tomado de sagrado respeito, tenha abaixado os olhos, e, faltando-lhe a ousadia, haja tremido lembrando-se do castigo que o espera; ainda mesmo quando fosse verdade tudo isso, não é menos certo que fizeste coisa contrária ao teu dever. E se transgrediste a tua obrigação sem motivo e sem que te incitassem os teus desordenados apetites, que não farias para os satisfazer? Que farias se pudesses sair desse lugar sagrado, que para ti é duro cárcere, como para as tuas companheiras é asilo favorável contra as acometidas do vício, um templo sagrado onde se desvanece a fraqueza do teu sexo, e é invencível, não obstante as tentações da natureza? Que farias se, abandonada a ti própria, não tivesses outra defesa que o amor que me tens e que tão gravemente ofendeste, e o teu dever que tão indignamente violaste? Que santos são os costumes do país onde vives e que te defendem dos atentados dos mais vis escravos! Devias render-me graças pela sujeição em que te obrigo a viver, visto que só por ela é que mereces ainda existir.

Não podes tolerar o chefe dos eunucos, porque tem sempre postos os olhos no teu procedimento e te dá prudentes conselhos. Dizes que tamanha é a fealdade dele, que o não podes ver sem repugnância, como se para semelhantes postos se requeressem objetos formosos. O que te aflige é, sem dúvida, o não achar-se em seu lugar o eunuco branco que te desonra.

Mas que te fez a tua primeira escrava? Disse-te que as familiaridades que tinhas com a jovem Zélida não eram convenientes, e esse é o motivo do teu ódio[1].

---

[1] Usbek, que é o principal personagem deste livro e que empreendeu uma viagem à Europa em companhia de seu amigo Rica, deixando o seu serralho em Ispahan ao cuidado de um eunuco negro a quem recorda de tempos a tempos as suas severas recomendações — Usbek está aqui enganado. Segundo a carta IV, a repreensão devia ser feita a Zefis.

Eu devia ser, Zachi, um juiz severo, mas sou um esposo que se esforça por te achar inocente. O amor que tenho a Roxana, minha nova esposa, deixou-me todo o que te devo a ti, que não és menos linda. O meu amor divide-se entre ambas, e Roxana não tem outra prerrogativa senão a que a virtude pode ajuntar à beleza.

De Esmirna, 12 da lua de Zilcadé, 1711.

Carta XXI
Usbek ao primeiro eunuco branco

Treme ao abrir esta carta, ou antes devias tremer quando consentiste na aleivosia de Nadir. Tu que, não obstante a tua velhice gelada e valetudinária, não poderias sem culpa levantar os olhos diante dos terríveis objetos do meu amor; tu, a quem nunca foi permitido pôr os teus sacrílegos pés no limiar do lugar tremendo que os oculta de todos os olhares; tu toleras que aqueles cuja direção te foi confiada tenham a temeridade de o executar, e não vês o raio que vos impede, a eles e a ti?

Quem sois vós senão vis instrumentos que posso despedaçar a meu bel-prazer; que só existis enquanto sabeis obedecer; que viveis no mundo simplesmente para cumprirdes as minhas ordens, ou para morrerdes quando eu o mande; que só respirais, porque a minha felicidade, o meu amor, ou os meus ciúmes necessitam da vossa baixeza; e que finalmente outra sorte não podeis ter que a submissão, nem outra alma que a minha vontade, nem mais esperança que a minha felicidade?

Bem sei que algumas das minhas mulheres se sujeitam com dificuldade às austeras leis do dever; que as aborrece a contínua presença de um eunuco preto; que as fatigam os horrorosos objetos que, para não perderem a memória de seu marido, têm sempre diante: bem o sei. Tu, porém, que te submetes a estas desordens, sofrerás um castigo que faça tremer a quantos abusarem da minha confiança.

Juro-te por todos os profetas do Céu e por Ali, o maior de todos, que, se vos afastais das vossas obrigações, não farei caso da vossa vida mais que da dos vis insetos que piso.

De Esmirna, 12 da lua de Zilcadé, 1711.

Carta XXII
Jaron ao primeiro eunuco
No serralho de Ispahan.

À proporção que Usbek se distancia do serralho, volta a cabeça para as suas sagradas mulheres, exala suspiros, verte lágrimas, exacerba-se-lhe a dor e crescem-lhe as suspeitas. Quer aumentar o número dos seus guardas. Vai-me enviar para o serralho com todos os negros que o acompanham, e, sem temor nenhum no tocante à sua pessoa, teme pelo que lhe é mil vezes mais caro que a sua própria vida.

Vou, portanto, viver sob as tuas ordens e compartir dos teus cuidados. Grandes Deuses, quantas coisas são precisas para fazer feliz a um homem!

Parece que a natureza, depois de haver feito dependentes as mulheres, as tinha posto em liberdade, e que a desordem entre os dois sexos resultava da reciprocidade de suas respectivas obrigações. Constituímos parte do plano de uma harmonia nova: entre nós e as mulheres colocamos o ódio, e entre as mulheres e os homens, o amor.

Vou ficar carrancudo; lançarei olhares torvos; a alegria me fugirá dos lábios, e tranqüilo na aparência terei o peito cheio de inquietações, e não aguardarei as rugas da velhice para aparentar a sua austeridade.

Ter-me-ia sido agradável acompanhar meu amo ao Ocidente, mas ele é árbitro da minha vontade. Quer que eu guarde as suas mulheres, e guardá-las-ei com fidelidade. Bem sei como devo proceder com este sexo, que, se lhe permitem que seja vão, se torna altivo e que é mais fácil destruir que humilhar. Prostro-me ante os teus olhos.

De Esmirna, 12 da lua de Zilcadé, 1711.

Carta XXIII
Usbek ao amigo Ibben
Em Esmirna.

Chegamos a Livorno depois de quarenta dias de navegação. Esta cidade é moderna, e é a prova da habilidade dos duques de Toscana, que converteram uma aldeia pantanosa na mais florescente cidade de Itália.

Gozam aqui as mulheres de muita liberdade: podem ver os homens através de certas janelas a que chamam gelosias; podem sair todos os dias com umas velhas que as acompanham e só levam um véu[1]; podem visitá-las os cunhados, tios e sobrinhos, e rara vez o levam a mal os seus maridos.

Para um maometano é espetáculo de pasmar o ver pela primeira vez uma cidade cristã. Não falo agora das coisas que logo saltam à vista, como a diferença dos edifícios, da roupa, dos principais costumes, mas até nas mais miúdas ninharias há o que quer que seja de singular, que sinto e não sei dizer.

Amanhã partiremos para Marselha, onde não será longa a nossa estada. A intenção de Rica e minha é chegarmos quanto antes a Paris, que é a capital do império europeu. Os viajantes buscam sempre as grandes cidades, que são uma espécie de pátria comum de todos os estrangeiros. Adeus. Fica certo do meu constante afeto.

De Livorno, 12 da lua de Safar, 1712.

Carta XXIV
Rica a Ibben

Em Esmirna.

Estamos em Paris há um mês, e sempre em contínuo movimento. É uma fadigosa lida, antes que a gente encontre onde aposentar-se, antes que se achem as pessoas a quem se vem recomendado, e que nos provejamos das coisas necessárias, que todas faltam simultaneamente.

Tão grande é Paris como Ispahan, e tão altas são as casas, que se dissera serem astrólogos todos os moradores. Bem avalias que uma cidade edificada nos ares, com seis ou sete casas umas em cima das outras, está sobremaneira povoada, e qual seja a confusão quando todos saem à rua.

Talvez não o acredites: há um mês que aqui estou e inda não vi ninguém andar. Ninguém se aproveita mais da máquina do corpo que os franceses, que correm e voam: fá-los-iam cair em delíquio as lentas carruagens da Ásia e o passo mesurado dos nossos camelos. Quanto a mim, que não estou avezado a esta azáfama e que muitas vezes

---

[1] As persas levam quatro. (Nota de Montesquieu.)

vou a pé sem mudar de passo, enraiveço-me às vezes como um cristão. Passe que me salpiquem de lama dos pés até a cabeça; mas o que não posso tolerar são as cotoveladas que me dão regular e periodicamente. Um que vem atrás de mim e passa adiante obriga-me a dar meia volta, e outro que se cruza comigo pelo outro lado faz-me voltar de repente ao lugar onde me colheu o primeiro, e antes de dar cem passos estou mais fatigado que se tivesse andado dez léguas.

Não cuides que eu possa por agora falar-te a fundo dos usos e costumes europeus: eu próprio não tenho até agora senão uma leve idéia deles e quase que não tive tempo para mais que para me admirar.

O mais poderoso príncipe da Europa é o rei de França.

Não possui minas de oiro como o seu vizinho o rei de Espanha; é, porém, mais rico do que ele, porque tira a sua riqueza da vaidade dos seus súditos, mais inesgotável que as minas. Viram-no empreender ou sustentar grandes guerras sem outros fundos que a venda de títulos honoríficos[1], e, por um prodígio do orgulho humano, eram pagos os seus exércitos, fortificadas as suas praças e equipadas as suas esquadras.

Além disso, este rei é um grande mágico, que manda até na inteligência dos seus vassalos, fazendo-os pensar como ele quer. Se há só um milhão de escudos no seu tesoiro, e tem necessidade de dois, persuade-os de que um vale tanto como dois, e acreditam-lho. Se tem que sustentar uma guerra difícil, e está sem dinheiro, mete-lhes em cabeça que um pedaço de papel é dinheiro[2], e imediatamente se convencem disso. Chega a tal ponto, que lhes faz crer que os cura de toda casta de males com tocá-los, tanta é a força e o poderio que tem nos ânimos[3].

Não te espantes com o que digo deste príncipe, que outro mágico há maior que ele, o qual manda tanto no seu espírito como ele no dos demais. Chama-se este mágico o papa: ora faz-lhe crer que três são

---

[1] Alusão às cartas de fidalguia ou títulos de nobreza que se concediam a dinheiro de contado.

[2] Alusão ao sistema de Law e ao seu papel-moeda.

[3] Alusão ao privilégio que se dizia terem os reis de França de curarem as escrófulas pela imposição das mãos. Como Montesquieu, zomba da coisa Voltaire numa carta a Frederico II, datada em 7 de julho de 1775: "Le roi de France l'emporte sur tous les rois, puisqu'il fait des miracles. Il a touché à son sacre deux mille quatre cents malades d'écrouelles, et il les a sans doute guéris. Il est vrai qu'il y eut une maîtresse de Louis XIV qui mourut de cette maladie, quoiqu'elle eût été très bien touchée."

um; ora, que o pão que comemos não é pão, nem é vinho o vinho que bebemos, e outras mil coisas deste jaez.

E, para o não deixar nunca descansar e para que se não esqueça do costume de crer, dá-lhe de vez em quando, para que se exercite, certos artigos de crença. Mandou-lhe há dois anos um extenso escrito a que chamou constituição[4], e quis obrigar, sob graves penas, o príncipe e seus vassalos a crerem tudo o que nele se continha. Conseguiu-o com respeito ao príncipe, que se submeteu logo a tudo, e deu exemplo a seus súditos; mas alguns destes se rebelaram, e disseram que não queriam crer nada de quanto o tal escrito continha. As mulheres foram as motoras de toda esta rebelião, que dividiu a corte, o reino inteiro e as famílias todas. Esta constituição proíbe-lhes que leiam um livro que dizem todos os cristãos haver sido trazido do céu[5], e que é justamente o seu Alcorão. Indignadas as mulheres com o ultraje que a seu sexo se fazia, sublevam tudo contra a tal constituição, e declarando-se, nesta ocasião, os homens partidários seus, não querem gozar de privilégios. Deve-se confessar contudo que não raciocina mal este *mufti*[6], e, pelo grande Ali, sem dúvida está instruído nos princípios de nossa santa lei. Visto serem as mulheres criaturas inferiores a nós, e dizerem os nossos profetas que elas não entrarão no paraíso, por que se hão de meter a ler um livro destinado só a ensinar o caminho do paraíso?

Do rei ouvi contar coisas que tocam em prodígio, e não duvido que resistas a dar-lhes crédito.

Diz-se que, enquanto tinha guerra com os seus vizinhos, que estavam todos coligados contra ele, havia dentro em seu reino um inumerável número[7] de inimigos invisíveis que o cercavam[8], e acres-

---

[4] E' a célebre bula *Unigenitus* fulminada por Clemente XI a 8 de setembro de 1713, à petição de Luís XIV.

[5] A Bíblia.

[6] Jurisconsulto muçulmano, com autoridade pública, cujas decisões são consideradas como leis, fazendo as vezes do *responsa prudentum* dos latinos.

[7] *Nombre innombrable* está no original, e deixamos passar à tradução porque tal expressão também se encontra nos nossos clássicos: "E só quem compreender o *número sem número* de enfermidades e dores a que está sujeita e exposta a saúde, ..." (A. Vieira, *Serm.*, t. II, p. 215.) — "... do *número inumerável* de almas que estes rios estão perenemente a vazar nos abismos do inferno." (M. Bernardes, *Os últimos fins do homem*, p. 196.) — "... o *número inumerável* dos filhos de Adão, que ali estão juntos., (*Id., Exercícios espirituais*, t. II, p. 186.)

[8] Os jansenistas.

centa-se que os andou buscando por espaço de mais de trinta anos, e que, apesar das infatigáveis diligências de certos daroeses[9] que gozam da sua confiança, não pôde encontrar um só. Vivem com ele, estão nos seus paços, na capital, na tropa, nos tribunais; e dizem todavia que morrerá com o desconsolo de não haver dado com eles. Parece que existem em geral, e que nada são em particular; que são um corpo, mas sem membros. Sem dúvida que o céu quer castigar este príncipe, por não haver sido moderado com os inimigos que venceu, pois que lhe suscita outros invisíveis, cujo engenho e estrela são superiores aos dele.

Continuarei a escrever-te, e dar-te-ei a conhecer coisas bem afastadas da índole e caráter persanos. É na realidade a mesma a terra onde uns e outros trazemos os pés; mas os homens do país em que vivo e os do país onde estás tu são homens muito diferentes.

De Paris, 4 da lua de Rebiab 2, 1712.

Carta XXV
Usbek a Ibben
Em Esmirna.

Recebi uma carta do teu sobrinho Redi, em que me dá parte que se ausenta de Esmirna no intento de ver a Itália, sendo o único fim da sua viagem instruir-se e fazer-se assim mais digno de ti. Felicito-te por teres um sobrinho que será um dia a consolação da tua velhice.

Rica escreve-te uma longa carta, e disse-me que te falava muito desta terra. A viveza da sua imaginação faz que tudo compreenda com presteza: eu, que penso com mais vagar, não me acho ainda em estado de te dizer coisa alguma.

O objeto das nossas mais afetuosas conversações és tu: não nos cansamos de falar do bom acolhimento que nos deste em Esmirna, e dos serviços que a tua amizade nos presta todos os dias. Oxalá, generoso Ibben, que em toda parte encontres amigos tão agradecidos

---

[9] Os jesuítas, e nomeadamente os confessores do rei, o P. La Chaise (de 1675 a 1709), e o P. Michel Le Tellier (de 1709 a 1715). — Quanto à forma *daroês* que adotamos em lugar de *derviche* ou *dervis*, veja-se Gonçalves Viana, *Apostilas dos dicionários portugueses*, I, 350.

e tão fieis como nós. Oxalá que em breve nos tornemos a ver e a passar outra vez juntos os felizes dias que tão serenos correm entre dois amigos! Adeus.

De Paris, 4 da lua de Rebiab 2, 1712.

Carta XXVI
Usbek a Roxana

No serralho de Ispahan.

Quão venturosa és tu, Roxana, por estares no delicioso país da Pérsia, e não nestes envenenados climas, onde se não conhece nem pudor nem virtude! Quão venturosa és! Vives no meu serralho como na mansão da inocência, inacessível a todos os humanos; encontras-te com gosto na feliz impotência de delinqüir; nunca te manchou um homem com os seus lascivos olhares; teu próprio padrasto, na liberdade dos banquetes, nunca viu a tua linda boca, e nunca deixaste de pôr um véu sagrado para a cobrir. Venturosa Roxana! Quando foste ao campo, sempre foi com eunucos que te precediam, para dar a morte a quantos temerários não fugiam da tua presença. Eu próprio, a quem te deu o céu para minha ventura, que trabalho não tive para me assenhorear de um tesoiro que com tanta constância defendias! Que sentimento foi para mim o não te ver nos primeiros dias do nosso casamento! Que impaciência quando te vi! Impaciência que não satisfazias, antes pelo contrário a irritavas com as obstinadas recusas do pudor sobressaltado, confundindo-me com todos aqueles de quem sem cessar te escondias. Lembras-te daquele dia em que te perdi entre as tuas escravas, que me enganaram e te esconderam quando eu te buscava embalde? Lembras-te daquele outro em que, vendo serem ineficazes as tuas lágrimas, recorreste à autoridade de tua mãe para represar a fúria do meu amor? Lembras-te do refúgio que no teu mesmo valor achaste quando te faltaram todos os demais recursos? Pegaste num punhal, e ameaçaste imolar o teu esposo se continuasse a exigir de ti o que mais que ao teu próprio esposo prezavas. Dois meses durou esta luta do amor com a virtude. Deste muita extensão aos teus castos escrúpulos: não te rendeste nem ainda depois de vencida; defendeste até o último ponto a tua virgindade agonizante; encaraste-me como a um inimigo que te havia ultrajado e não como a um esposo que te havia amado;

mais de três meses ficaste que não te atrevias a olhar para mim sem te ruborizares, e parecia que, com a confusão de teu rosto, me argüias do triunfo que eu alcançara. Nem me deixavas em tranqüila posse dele, que me furtavas quanto podias de teus encantos e de tuas graças, e embriagado nos maiores favores ainda não tinha desfrutado os mais pequenos.

Se te houvesses criado neste país, não terias ficado tão perturbada. Aqui as mulheres perderam todo recato; apresentam-se aos homens com a cara descoberta, como se quisessem solicitar a sua própria derrota; seguem-nos com os olhos; vêem-nos nas mesquitas, nos passeios e nas suas próprias casas, e não conhecem o uso de se servirem de eunucos. Em vez da nobre candura e do pudor amável que reina entre vós, vê-se nelas um brutal despejo, a que não é possível a gente acostumar-se.

Sim, Roxana, se aqui estivesses, sentir-te-ias ultrajada com a horrorosa ignomínia a que desceu o teu sexo; fugirias destes abomináveis lugares, e suspirarias por esse doce retiro onde achas a inocência, onde estás segura de ti própria, onde nenhum perigo te faz tremer, onde enfim me podes amar sem temor de perder nunca o afeto que me deves.

Quando realças o brilho da tua cútis com as mais lindas cores; quando perfumas o corpo com as essências mais fragrantes; quando te arreias com os teus mais ricos trajes; quando procuras sobressair entre as tuas companheiras com as graças da dança e com a suavidade do teu canto; quando, em graciosa contenda, te esforças por avantajá-las em encantos, donaire c amenidade, não posso imaginar que tenhas outro propósito que o de me agradar; e quando te vejo corar com modéstia, quando fitas os teus olhos nos meus, quando te insinuas no meu coração com doces e fagueiras razões, não posso, Roxana, duvidar então do teu amor.

Mas que hei de pensar das mulheres da Europa? A arte de compor o rosto, os adornos com que se aformoseiam, o cuidado que têm da sua beleza, o contínuo desejo de agradar em que se ocupam, tudo nelas é mancha da sua virtude e agravos que fazem aos maridos.

Não creio, Roxana, que cheguem os seus atentados ao ponto que de semelhante proceder se pudera inferir, nem que vá a sua dissolução ao horrível excesso, que faz tremer, de violarem completamente a fé conjugal. Poucas mulheres há tão desenfreadas que se precipitem em tamanha desordem; todas têm estampado no coração certo caráter de virtude que tiram da natureza e que a educação enfraquece, mas não destrói. Bem podem dispensar-se das obrigações exteriores que exige o pudor; mas, em se tratando de dar o último passo, a natureza resiste. De sorte que, quando vos enclausuramos com tanto rigor, quando vos mandamos guardar por tantos escravos, quando enfreamos os vossos desejos assim que se desviam da razão e do justo, não é porque receemos a última infidelidade, senão porque sabemos que nunca é demais a pureza, e que a afeia a mais leve mancha.

Lastimo-te, Roxana. A tua castidade, tanto tempo posta à prova, era credora de um esposo que nunca te houvesse abandonado e que pudesse refrear os desejos que tua virtude só sabe sujeitar.

De Paris, 7 da lua de Rhegeb, 1712.

Carta XXVII
Usbek a Nessir

Em Ispahan.

Estamos agora em Paris, soberba rival da cidade do sol[1].

Quando saí de Esmirna, encarreguei o meu amigo Ibben de te remeter uma caixa que continha alguns presentes para ti, e pelo mesmo intermediário receberás esta carta. Conquanto afastado dele quinhentas ou seiscentas léguas, com tanta facilidade lhe escrevo e me responde, como se um de nós estivesse em Ispahan e o outro em Com. Envio as minhas cartas para Marselha, donde saem amiúde navios para Esmirna, e de lá ele manda as que são para a Pérsia pelas caravanas de armênios que partem cotidianamente para Ispahan.

Rica está bem de saúde: a robustez da sua constituição, a sua mocidade e a sua natural jovialidade concorrem para que a fadiga não lhe faça mossa.

Eu não estou passando bem: corpo e alma estão abatidos, entregando-me a reflexões cada dia mais melancólicas, e a minha saúde, que se vai debilitando, faz-me suspirar pela minha pátria e aborrecer-me nesta terra estranha.

Rogo-te, amado Nessir, que faças que não saibam as minhas mu-

[1] Ispahan. (Nota de Montesquieu).

lheres o estado em que me acho, que, se me amam, não quero que vertam lágrimas, e se me não amam, também não quero aumentar o seu atrevimento. Se cressem os meus eunucos que corria risco a minha saúde, e pudessem esperar a impunidade de sua vil condescendência, em breve dariam ouvidos à aduladora voz desse sexo que cativa os próprios rochedos e move até as coisas inanimadas.

Adeus, Nessir: o meu maior prazer é dar-te demonstrações da minha confiança.

De Paris, 5 da lua de Chahban, 1712.

Carta XXVIII
Rica a ***

Ontem vi uma coisa bem estranha, mas que se repete todos os dias em Paris.

Ao entardecer junta-se a gente, e vai representar uma espécie de cena, a que, segundo ouvi, chamam *comédia*. O movimento principal se executa num tablado, chamado *teatro*. De um e outro lado há uns nichos, a que chamam *camarotes*, onde os homens e as mulheres representam umas cenas mudas, mais ou menos como as que se praticam na nossa Pérsia. Aqui uma aflita amante manifesta a sua desconsolação; mais apaixonada outra não desfita os olhos do seu amante, que com olhos não menos enamorados a contempla; retratam-se nos semblantes todas as paixões e expressam-se com uma eloqüência que, posto que muda, não é menos viva. Ali as atrizes só mostram a metade do corpo e ordinariamente por modéstia um regalo para tapar os braços. Embaixo há um bando de pessoas em pé que escarnecem das que estão em cima no tablado, e reciprocamente estas se riem de todos os que estão embaixo. Os que, porém, têm mais trabalho são algumas pessoas que escolhem para este efeito, de pouca idade, com o fim de que possam suportar a fadiga. São obrigados a estar em toda parte; passam por lugares que só eles conhecem, sobem de andar em andar com pasmosa agilidade, estão em cima, embaixo, em todos os camarotes; mergulham por assim dizer, perdem-se e tornam a aparecer, deixam muitas vezes o lugar da cena e vão representar a outra parte. Alguns há que por um prodígio que ninguém podia esperar das suas muletas, andam e correm como os mais homens. Enfim, reúnem-se numas salas[1] onde representam outra comédia diferente, que se começa fazendo-se cortesias e continua dando-se abraços; e dizem que o mais leve conhecimento basta para que um homem sufoque outro num abraço. Parece que o lugar inspira ternura; e, efetivamente, dizem que as princesas que aqui reinam não são ariscas, e afora duas ou três horas por dia em que são bastante ásperas de condição, o restante do tempo são mui humanas, e a mania do rigor as deixa com facilidade.

Tudo o que deste lugar te digo se passa, com pouca diferença, noutro a que chamam a Ópera, a não ser que num falam e no outro cantam. Um destes dias um dos meus amigos levou-me ao camarim onde se despia uma das primeiras atrizes, e tão amigos ficamos que no dia seguinte recebi dela esta carta:

"Senhor: Sou a mulher mais desgraçada deste mundo, e sempre fui a mais virtuosa atriz de toda a Ópera. Há sete ou oito meses que, estando eu no camarim onde me vistes ontem, enquanto me vestia de sacerdotisa de Diana, veio visitar-me um padre moço, e sem respeitar nem o meu trajo branco, nem o meu véu, nem o meu cendal, roubou-me a inocência. Por mais que lhe encareço o sacrifício que lhe fiz, põe-se a rir, sustentando-me que me encontrou muito profana. Contudo está a minha prenhez tão visível, que já me não atrevo a apresentar-me em cena, porque em matéria de honra sou de uma delicadeza que se não pode explicar, e sempre sustentarei que a uma rapariga bem criada mais fácil é fazer-se que perca a virtude do que a modéstia. Já vedes que, sendo tão melindrosa, nunca teria conseguido os seus fins o padre moço, se me não tivesse feito a promessa de casar comigo; motivo tão legítimo que me obrigou a prescindir dessas insignificantes formalidades de uso, e a começar por onde deveria ter acabado. Mas havendo-me desonrado a sua infidelidade, abandono a vida da Ópera, onde, aqui entre nós, não ganho o bastante para viver, pois agora que começam a vir os anos e vai decaindo a minha formosura, o meu ordenado, posto que sempre seja o mesmo, parece que diminui cada dia. Por um dos da vossa comitiva soube que, no vosso país, davam muito apreço a uma boa dançarina, e que, se eu estivesse em Ispahan, adquiria logo riqueza. Se quereis conceder-me a vossa proteção e levar-me convosco para o vosso país, tereis a satisfação de ser o benfeitor de

[1] *Le foyer*, como dizem os franceses, e sói dizer-se também em port. na linguagem dos teatros: salão onde passeiam ou descansam os espectadores durante os intervalos.

uma rapariga que, por seu proceder e por sua virtude, será credora de tanto favor. Sou, etc."

De Paris, 2 da lua de Chalval, 1712.

CARTA XXIX
Rica a Ibben
Em Esmirna.

O chefe dos cristãos é o papa, velho ídolo a quem, meramente por costume, queimam incensos. Fazia-se temer outrora até dos príncipes, pois os depunha com tanta facilidade como os nossos magníficos soldães[1] depõem os reis de Irimeta e Geórgia. Mas agora ninguém o teme. Diz-se sucessor de um dos primeiros cristãos, que há nome S. Pedro, e certo que a herança é pingue; pois possui imensos tesoiros e é senhor de um dilatado país.

Os bispos são uns príncipes da lei que lhe estão subordinados, e sob a sua autoridade desempenham dois cargos muito diferentes. Quando estão juntos, fazem, como ele, artigos de fé; mas, quando estão separados, quase não têm outra função que dispensar do cumprimento da lei. Porque hás de saber que está a religião cristã cheia de preceitos mui dificultosos de praticar; e, tendo visto que era mais fácil ter bispos que dispensem de suas obrigações do que cumpri-las em benefício da pública utilidade, tomaram o primeiro alvitre. Assim, se alguém não quer fazer o Ramadan, ou Quaresma, se não se quer sujeitar às formalidades da celebração do matrimônio, se quer infringir os votos, se quer casar com aquela com quem lho veda a lei, e às vezes se quer violar um juramento, vai ao bispo ou ao papa, o qual lhe dá logo uma dispensa.

Os bispos não fazem artigos de fé, por moto próprio, e há uma infinidade de doutores, os mais deles daroeses[2], que levantam mil novas questões acerca da religião; deixam-nos discutir muito tempo e dura a guerra até que uma decisão venha pôr-lhe termo. Por isso

---

[1] *Soldão* é variante antiga do termo *sultão*: "Disse o Soldão do Egito ao seráfico Padre que disputasse da Fé com os seus sacerdotes." (Man. Bernard., *N. Flor.*, V, 95.)

[2] Os jesuítas.

posso assegurar-te que nunca houve reino em que tenha havido tantas guerras civis como o de Cristo.

Os que publicam uma proposição nova desde logo são qualificados de hereges: cada heresia tem o seu nome, que é como a contra-senha dos seus sequazes. Mas quem não quer não é herege: basta dividir a discussão pela metade, e dar uma distinção aos que o acusam de heresia, e seja esta qual for, entenda-se ou não, fica um homem mais alvo que a neve, e pode obrigar a que o tenham por ortodoxo. Verdade é, não obstante, que, posto seja assim em França e em Alemanha, ouvi dizer que em Espanha e Portugal há uns daroeses que não gracejam[3] e mandam queimar um homem como se fosse palha. Quando se lhes cai nas garras, feliz o que sempre orou a Deus com uma enfiada de continhas de pau[4], que sempre usou dois pedaços de pano atados com duas fitas[5], e que foi alguma vez a uma província por nome Galiza. Sem isso, está mal o pobre diabo. Ainda que jure e tresjure que é ortodoxo, será bastante que creiam que tem os requisitos necessários para sê-lo, e não o queimem como herege. Inútil é que dê distinções; não há distinção que valha, e antes que pensem sequer em ouvi-lo, já se achará tornado em cinza.

Os demais juízes presumem que o acusado está inocente; mas estes presumem sempre o contrário, e têm como regra, em caso de dúvida, decidir pelo rigor, porque crêem talvez que os homens são maus. É verdade que, por outro lado, formam deles tão boa opinião, que os crêem incapazes de dizer uma mentira, e assim aceitam o testemunho dos inimigos capitais, das mulheres perdidas, dos que exercitam ofícios infames. Na sentença dirigiu um cumprimento aos que vão vestidos de uma camisa de enxofre, dizendo-lhes que sentem muito que levem tão indecente trajo, que são benignos, que aborrecem o sangue e que lamentam muito havê-los condenado; mas logo, por se consolarem, confiscam, em proveito seu, os bens destes desgraçados.

Ditosa a terra onde moram os filhos dos profetas e onde se não conhecem tão tristes espetáculos[6]. A sagrada religião que nos trouxe-

---

[3] Os inquisidores.

[4] Um rosário.

[5] Um escapulário. — A Galiza tinha por capital Santiago, cuja catedral encerra o túmulo de Santiago de Compostela, objeto de constantes peregrinações.

[6] Os mais tolerantes dos maometanos são os persas. (Nota de Montesquieu.)

ram os anjos defende-se com a sua própria verdade e, para se manter, não precisa de tão violentos meios.

De Paris, 4 da lua de Chalval, 1712.

Carta XXX
Rica ao mesmo

Em Esmirna.

Os moradores de Paris são de uma curiosidade que toca as raias da extravagância. Quando cheguei aqui, olhavam para mim como se eu fora um enviado do céu: velhos, moços, mulheres, crianças, todos me queriam ver. Quando eu saía, todos se punham à janela; se ia às Tulherias, formava-se logo uma mó de gente em volta de mim, e até as mulheres compunham um arco-íris matizado de mil cores[1] que me cercava; se ia ao teatro, cem binóculos se assestavam sobre o meu rosto; enfim nunca houve homem mais visto e esmerilhado que eu. Algumas vezes sorria ouvindo, a pessoas que quase nunca tinham saído do quarto, dizer umas para as outras: "Na verdade tem toda a aparência de persa". Coisa estranha! por toda parte encontrava retratos meus; via-me multiplicado em todas as lojas, em todos os fogões, tanto medo tinham de não me haverem visto bem.

Tantas honras não deixam de ser pesadas; não supunha eu ser tão curioso e estranho sujeito; e conquanto forme alto conceito de mim próprio, todavia nunca me subira à imaginação poder perturbar o sossego de uma grande cidade, onde ninguém me conhecia. Por isso tomei a resolução de deixar o trajo persa e vestir-me à européia, a ver se ainda ficava na minha fisionomia alguma coisa maravilhosa. Esta experiência deu-me a conhecer o meu valor intrínseco, e, liberto de todo adorno estrangeiro, vi que me apreciavam com toda a justeza. Sobeja razão tive para me queixar do meu alfaiate, que num instante me fez perder a atenção e a estima do público, pois de repente caí no horroroso abismo do nada. Algumas vezes estava uma hora inteira numa reunião, sem que reparassem em mim nem me dessem ensejo para abrir a boca; mas, se por acaso dizia um da sociedade que eu era

[1] Alusão aos trajos versicolores das parisienses.

persa, ouvia logo em torno de mim um zumbido: Ah, ah! este senhor é persa! Que coisa tão extraordinária! É possível o ser-se persa[2]?

De Paris, 6 da lua de Chalval, 1712.

CARTA XXXI
Redi a Usbek
Em Paris.

Acho-me presentemente em Veneza, meu caro Usbek.

Pode-se ter visto todas as cidades do mundo, e ficar um homem pasmado quando chega a Veneza, porque sempre se há de maravilhar quem vir uma cidade, torres e mesquitas saírem debaixo da água, e quem encontrar uma concorrência considerável de pessoas em um lugar onde só devia haver peixes.

Falta, porém, a esta cidade profana o mais precioso tesoiro que há no mundo, isto é, água corrente, e não é possível fazer-se nela sequer uma ablução legal. O nosso santo profeta a abomina, e nunca a contempla sem indignação desde o alto céu. Se não fora por isso, meu querido Usbek, teria a maior satisfação em viver numa cidade onde cada dia se fortifica a minha inteligência. Instruo-me nos segredos do comércio, nos interesses dos príncipes, na forma dos governos; até nem descuro o conhecimento das superstições européias; dedico-me à medicina, à física e à astronomia; estudo as artes; finalmente me desprendo da névoa que me cobria os olhos no meu país natal.

De Veneza, 16 da lua de Chalval, 1712.

---

[2] "Ainda quando eu não soubesse a frase *E' possível o ser-se persa?*, teria adivinhado, ouvindo-a repetir, que se disse no país onde mais reinam as preocupações nacionais." (J. J. Rousseau, *Emílio*, V.)

Carta XXXII
Rica a ***

Fui, pouco há, visitar uma casa[1] onde mantêm cerca de trezentas pessoas com bastante escassez. Depressa concluí a visita, porque nem a igreja nem o edifício merecem que a gente se detenha a examiná-los. Os habitantes desta casa estavam alegres: muitos jogavam cartas ou outros jogos que de todo não conheço. Quando eu saí, saiu também um deles, e, tendo-me ouvido perguntar por onde se ia ao Marais, que é o bairro mais afastado de Paris: "Para lá me dirijo", me respondeu ele, "e leva-lo-ei; siga-me". Guiou-me muito bem, tirou-me de todos os embaraços, e livrou-me jeitosamente dos carros e carruagens. Estávamos quase a chegar, quando, movido de curiosidade, lhe disse: "Meu bom amigo, não poderia saber quem é o senhor?". "Sou cego", respondeu-me ele. "Como, cego?", disse-lhe eu. "E por que não pediu àquele bom homem que estava a jogar cartas com o senhor que nos guiasse?" "Também é cego", replicou-me; "há quatrocentos anos que somos trezentos cegos naquela casa onde o senhor me viu. Mas preciso deixá-lo; esta é a rua por que o senhor perguntava; vou-me meter na multidão e entrar nessa igreja onde lhe juro ao senhor que estorvarei mais os outros do que me eles hão de estorvar a mim".

De Paris, 17 da lua de Chalval, 1712.

Carta XXXIII
Usbek a Redi
Em Veneza.

Tão caro está o vinho em Paris com os impostos com que o gravam, que parece têm intuito de obrigar a que executem os preceitos do

---

[1] Compreende-se que a casa de que aqui se trata é o hospital dos Quinze-Vingts, fundado em Paris por Luís IX ou São Luís em 1254 para trezentos gentis-homens (quinze vezes vinte) a quem os sarracenos tinham vasado os olhos e que o rei trouxe consigo da Palestina depois da 7ª cruzada. Os dois fatos mais memoráveis da vida de São Luís foram as duas últimas cruzadas, a 7ª e a 8ª, que dirigiu em pessoa e sem êxito, pode dizer-se, pois a Palestina permaneceu em poder dos muçulmanos.

divino Alcorão, que veda este licor. Quanto mais contemplo os seus funestos efeitos, mais o considero a mais terrível dádiva que a natureza fez aos homens. Se com alguma coisa se deslustrou a vida e a glória dos nossos monarcas, foi com a sua pouca temperança, que é a mais venenosa fonte das suas injustiças e crueldades.

Digo-o em opróbrio do gênero humano: a Lei proíbe aos nossos príncipes o uso do vinho, e eles o bebem com um excesso que afronta a humanidade, ao passo que, sendo permitido aos príncipes cristãos, não se nota que lhes faça cometer falta nenhuma. O espírito humano é todo contradição. Sublevamo-nos com fúria numa horrível dissolução contra os preceitos, e a Lei, que foi ditada para nos fazer melhores, muitas vezes não serve para mais que para nos fazer mais culpados.

Quando, porém, desaprovo o uso deste licor que nos priva da razão, nem por isso proscrevo o das bebidas que dão alegria. E' próprio da sabedoria oriental procurar remédios contra a tristeza, com tanto empenho como contra as mais perigosas doenças. Quando sucede uma desgraça a um europeu, não tem outro recurso que ler a um filósofo chamado Sêneca; mas os asiáticos, mais sensatos e melhores físicos neste ponto, tomam bebidas que alegram o ânimo e suavizam a memória dos pesares.

Não há coisa mais triste que as consolações tiradas da natureza do mal, da inutilidade dos remédios, da fatalidade do destino, da ordem da Providência e da infelicidade da humana condição. Pretender suavizar o mal pela consideração de que nascemos miseráveis é fazer zombaria: é preferível tirar o espírito fora de suas próprias reflexões, e tratar o homem como sensível, em vez de o tratar como racional. Enquanto a alma está unida com o corpo, este sem cessar a tiraniza. Se o movimento do sangue é demasiado lento, se os espíritos não estão bem purificados, se não há a suficiente quantidade deles, caímos no acabrunhamento e na tristeza; mas se tomamos bebidas que possam mudar a disposição do nosso corpo, torna-se de novo a alma capaz de receber impressões que a alegrem, e sente secreta satisfação ao ver a sua máquina recobrar, por assim dizer, o movimento e a vida.

De Paris, 25 da lua de Zilcadé, 1713.

Carta XXXIV
Usbek a Ibben

Em Esmirna.

As mulheres da Pérsia são mais formosas que as de França; mas as francesas são mais bonitas. E, difícil não amar as primeiras, e não gostar das segundas; aquelas são mais carinhosas e mais modestas; estoutras, mais alegres e divertidas.

O que torna tão formosa a raça na Pérsia é a vida regrada que levam as mulheres: não jogam, nem passam as noites em claro, nem bebem vinho, nem se expõem quase nunca ao ar. Confessemos que o serralho contribui mais para a saúde que para os prazeres: a vida ali é uniforme e sem atrativo; em tudo se descobre a subordinação e a obrigação; até os deleites são graves, e severas as alegrias, e quase sempre se logram como mostras de autoridade e dependência. Também os homens não são tão alegres na Pérsia como em França: nem têm a liberdade de espírito, nem as aparências de jovialidade que aqui encontro em todos os estados e condições.

Ainda é pior na Turquia, onde há famílias nas quais, de pais a filhos, ninguém riu desde a fundação da monarquia.

Esta gravidade dos asiáticos procede da pouca comunicação que entre eles há, pois só se vêem quando os força a cerimônia. A amizade, este suave vínculo do coração, que é aqui a doçura da vida, quase que a não conhecem, e fecham-se dentro de casa, onde sempre acham companhia que os espera, de modo que está, por assim dizer, insulada cada família.

Um dia em que eu conversava a este respeito com um homem deste país, disse-me ele: "O que mais me desagrada nos vossos costumes é que vos vejais obrigados a viver com escravos, cujas inclinações e capacidades sempre se ressentem da baixeza de sua condição. Esses homens vis enfraquecem em vós os afetos virtuosos que inspira a natureza, e os sufocam desde a infância que eles vos assediam. E enfim, deixando de parte todo preconceito, que se pode esperar da educação que se recebe de um miserável que faz consistir a sua honra em guardar as mulheres alheias e se ufana do mais baixo emprego que há entre os homens; que é desprezível por sua própria fidelidade (que é a única virtude sua), porque os seus móveis são a inveja, o ciúme e a desesperação: que, ansiando por se vingar de ambos os sexos, cuja escória é, agüenta que o tiranize o mais forte contanto que possa flagelar o mais fraco; que, fundando a sua elevação na sua fealdade, nas suas deformidades e na sua imperfeição, é tanto mais estimado quanto mais digno é de menosprezo; que, enfim, rebatido para sempre à porta a que está atado, mais duro que os gonzos e os ferrolhos que a seguram, se jacta de cinqüenta anos de vida no posto desonroso em que exerceu toda a sua vilania, carregado dos ciúmes de seu amo?".

De Paris, 14 da lua de Zilhagé, 1713.

Carta XXXV
Usbek a seu primo Gemchid
Daroês do brilhante mosteiro de Táuris.

Que pensas dos cristãos, sublime daroês? Crês que no dia do juízo serão tratados como os infiéis turcos, que servirão de cavalgadura aos judeus para os levar a trote ao inferno? Bem sei que não irão à mansão dos profetas, e que não veio o grande Ali por eles. Mas crês tu que tenham de ser condenados a penas eternas por não terem tido a ventura de que houvesse mesquitas no seu país, e que Deus os castigue por não haverem praticado uma religião que ele não lhes deu a conhecer? Posso dizer-te que várias vezes examinei estes cristãos, que lhes fiz perguntas para ver se tinham alguma idéia do grande Ali, o mais formoso dos mortais, e vi que nem sequer o tinham ouvido nomear. Não se parecem com aqueles infiéis que os nossos sagrados profetas passavam à espada porque se negavam a crer nos milagres do céu; mais se parecem com aqueles desventurados que viviam nas trevas da idolatria, antes que os alumiasse a divina luz do nosso sublime profeta.

Por outro lado, se atentamente examinarmos a sua religião, acharemos nela uma semente dos nossos dogmas. Muitas vezes me maravilhei dos altos juízos da Providência, que parece que os quis preparar assim para a conversão geral. Ouvi citar um livro dos seus doutores, intitulado *A poligamia em triunfo*[1], em que se prova que a esta os cristãos estão obrigados. O seu batismo é um transunto das nossas abluções legais, e só se enganam na eficácia que a esta primeira ablução atribuem, crendo bastar por todas as outras. Os seus

[1] *Polygamia triumphatrix*, por Theophilus Aletheus, obra que saiu à luz pública em Amsterdão, ano 1682.

sacerdotes e os seus monges fazem oração, como nós, sete vezes ao dia. Esperam gozar de um paraíso onde lograrão milhares de deleites por meio da ressurreição do corpo. Têm, como nós, dias de jejum marcados e mortificações com que esperam aplacar a divina misericórdia. Rendem culto aos anjos bons e temem os maus. Admitem com santa credulidade os milagres que obra Deus por meio dos seus servos. Reconhecem, como nós, a insuficiência dos seus próprios méritos e a necessidade de um intercessor junto de Deus. Por toda parte vejo o maometismo, se bem que não encontre a Maomé. Por mais que se faça, a verdade sempre se mostra e dissipa as trevas que a envolvem. Dia virá em que o Eterno só contemple fiéis crentes, na face da terra. O tempo, que tudo consome, acabará também com o erro. Todos os homens se admirarão ao verem-se reunidos debaixo da mesma bandeira: tudo, até a Lei, tornará ao nada; os divinos exemplares serão retirados da terra e levados para os arquivos celestes.

De Paris, 20 da lua de Zilhagé, 1713.

Carta XXXVI
Usbek a Redi
Em Veneza.

Em Paris usam muito o café, e há grande número de estabelecimentos públicos onde o servem. Em uns, contam-se novidades; em outros jogam o xadrez. Uma destas casas[1] há onde preparam o café de maneira que adquirem agudeza de engenho quantos o tomam: pelo menos ninguém, ao sair, deixa de se ter por quatro vezes mais hábil do que quando entrou.

O que mais me desagrada nestes engenhos, é que de nada sirvam à sua pátria e empreguem em ninharias a sua habilidade. Por exemplo, quando cheguei a Paris, achei-os acalorados na mais mesquinha disputa que imaginar-se pode: tratava-se da reputação de um antigo poeta grego, cuja pátria, não menos que a época em que viveu, se

[1] O Café Procópio.

ignora há dois mil anos[2]. Ambos os partidos confessavam que era excelente poeta, e só dissentiam quanto ao maior ou menor mérito que se lhe devia atribuir. Uns e outros queriam avaliá-lo; mas uns destes distribuidores de reputação deitavam mais peso que outros, e daqui procedia a contenda, que era mui renhida, dirigindo-se de parte a parte tão descorteses doestos e atirando-se tão amargos gracejos, que eu me não admirava menos do modo de discutir que do assunto da discussão. "Se alguém", dizia eu comigo, "fosse tão ousado que quisesse tirar a reputação a um cidadão honrado diante de um destes defensores do poeta grego, não seria repelido com o merecido rigor. Bem presumo que o seu tão escrupuloso zelo da boa fama dos mortos se inflamaria muito mais em defesa da dos vivos. Seja como for", acrescentava eu, "livre-me Deus de me fazer inimigo de um dos censores deste poeta, pois nem ainda mais de dois mil anos depois de sua morte se pode ver este livre de sua implacável ojeriza. Se agora dão tais estocadas no ar, que seria se a sua raiva se ateasse com a presença de um inimigo?".

Aqueles de que acabo de te falar discutem em língua vulgar, e não devem ser confundidos com argumentadores de outra espécie que se servem de um idioma bárbaro[3], o qual parece aumentar a obstinação e o furor dos combatentes. Bairros há[4] onde se vê uma como nuvem espessa e negra de entes desta casta, que se nutrem com distinções e vivem com intrincados silogismos e falsas conseqüências. Este ofício não deixa de ser lucrativo para os que o exercitam, pois parece que deviam morrer de fome. Vimos uma nação inteira expulsa de seu país atravessar os mares e estabelecer-se em França, sem mais, para prover às necessidades da vida, do que uma habilidade temível na disputa[5]. Adeus.

De Paris, último da lua de Zilhagé, 1713.

---

[2] A disputa dos Antigos e dos Modernos promovida no séc. XVII e avivada no começo do séc. seguinte por Houdar de La Motte, J. B. Rousseau (poeta lírico que se não há de confundir com o seu homônimo João Jacques) e Mme Dacier.

[3] O latim escolástico.

[4] O bairro latino.

[5] Grande número de padres irlandeses, perseguidos pelos reis de Inglaterra, passaram a França.

CARTA XXXVII
Usbek a Ibben
Em Esmirna.

O rei de França é velho, e não há exemplo nos nossos anais de monarca que haja reinado tanto tempo[1]. Dizem que possui em sumo grau o talento de fazer que lhe obedeçam; pelas mesmas regras governa a família, a corte e o Estado; e ouviram-lhe muitas vezes dizer que, de todos os governos do mundo, o que mais lhe agrada é o dos turcos, ou o do nosso augusto sultão, em tanto apreço tem a política oriental.

Estudei o seu caráter e achei nele contradições que não posso conciliar: por exemplo, tem um ministro de dezoito anos e uma amante de oitenta[2]; é afeiçoado à sua religião, e não tolera os que dizem que é necessário guardar os seus mandamentos[3]; foge do bulício das cidades, deixa-se ver pouco, e desde pela manhã até à noite só se ocupa em que falem dele; gosta dos troféus e das vitórias, e assusta-o tanto ver um bom general à frente das suas tropas como deveria tremer de vê-lo à frente de um exército inimigo. Creio que só a ele lhe tenha sucedido possuir mais riquezas que todas quantas podia esperar um príncipe, e gemer acabrunhado por uma pobreza que num simples particular seria intolerável.

---

[1] Luís XIV conta 75 anos, e reina há 70 anos. Sucedeu a Luís XIII em 1643 e governou por si mesmo desde 1661. Morreu em 1715: foi o reinado mais longo e glorioso da hist. francesa.

[2] Mme de Maintenon, que contava setenta e oito anos de idade em 1713. Obrigada a casar-se, ao dezesseis anos, com o poeta Scarron, velho e aleijado das pernas (e aos que são tolhidos como ele, chamam os franceses *Culs-de-Jatte*, locução que se origina de que os pobres, feridos desta enfermidade, apóiam o traseiro numa gamela, e que o Filinto, na sua esmerada versão das *Fábulas* de La Fontaine, traduziu por *cu-gamela*, pondo a esta expressão uma daquelas suas notas que, sobre revelarem grande erudição e conhecimento da língua materna, são tipo de verdadeira graça), foi encarregada por Luís XIV, ao enviuvar, da educação dos filhos de Mme de Montespan, e chegou a ser quase rainha, depois, por seu matrimônio secreto com o monarca, em 1684, um ano após a morte da rainha Maria Teresa. As suas cartas, assim como os seus *Estudos sobre a educação das jovens*, colocam-na à frente dos pedagogos.

[3] Alusão à perseguição dos jansenistas.

Compraz-se em remunerar os seus servidores, mas paga com a mesma liberalidade a oficiosidade, ou antes a ociosidade dos seus cortesãos, que as campanhas mais penosas de seus capitães; às vezes o que o despe ou lhe dá o guardanapo quando se senta à mesa é preferido a quem lhe conquistou fortalezas inimigas ou ganhou batalhas campais. Pensa que não se deve pôr termo à grandeza de um soberano na distribuição de graças, e sem averiguar se é sujeito de mérito aquele a quem enche de benefícios, crê que o será porque o escolheu; de sorte que o viram dar uma pensãozinha a um que tinha fugido duas léguas, e dar um de seus principais governos a outro que tinha fugido quatro.

E' magnífico, especialmente nos seus edifícios, e tem mais estátuas nos jardins do seu palácio que habitantes em uma cidade populosa. A sua guarda é tão crescida como a do príncipe em cuja presença se humilham todos os tronos; numeroso o seu exército, vastos os seus recursos e inesgotável o seu erário.

De Paris, 7 da lua de Maharram, 1713.

Carta XXXVIII
Rica a Ibben
Em Esmirna.

Uma questão que é muito controvertida entre os homens é a de saber se é mais conveniente privar as mulheres da liberdade ou deixar-lha. Parece-me que há muitas razões pró e contra. Se alegam os europeus que não é de peitos generosos fazer infelizes as pessoas a quem amamos, replicam os nossos asiáticos que é de homens baixos renunciar ao império que nas mulheres nos deu a natureza. Se lhes dizem que a multidão de mulheres encerradas é muito embaraçosa, respondem que dez mulheres obedientes dão menos que fazer que uma que o não é. Se estes, por sua vez, objetam aos europeus que não é possível que vivam felizes com mulheres que lhes não guardam fidelidade, dizem-lhes que essa tão gabada fidelidade não impede o fastio, que é filho da paixão satisfeita; que as nossas mulheres são nossas em demasia; que tão pacífica posse nos tira os temores e os desejos; que um quase nada de garridice é o sal que condimenta e preserva da putrefação. Outro mais prudente que eu hesitaria talvez em lavrar sentença; porque, se têm razão os asiáticos em se valerem de meios aptos para acalmar os seus receios, também a têm os europeus em não recear nada.

Enfim, dizem os europeus, ainda quando fôssemos desgraçados na qualidade de maridos, acharíamos sempre meios para nos indenizarmos na qualidade de amantes. Para que se possa um homem queixar com justiça da infidelidade de sua mulher, seria preciso que não houvesse mais que três pessoas no mundo, porque sempre que haja quatro, ele terá desforra.

Outra questão é saber se a natureza sujeitou as mulheres aos homens. "Não", dizia-me há dias um filósofo mui obsequioso das damas, "a natureza nunca ditou semelhante lei. O império que nelas nos arrogamos é verdadeira tirania, e deixaram-nos usurpá-lo porque têm mais condescendência do que nós, e são, portanto, mais racionais e mais humanas; prendas que, devendo dar-lhes a supremacia, se tivéssemos sido mais arrazoados, lha tiraram porque somos loucos. Mas se é certo que o poder que nas mulheres temos é tirânico, não o é menos que têm elas em nós um império natural, que é o da beleza, a que ninguém resiste. A nossa supremacia não está admitida em todos os países; mas a da beleza é universal. E por que havíamos de ter privilégio? Será por sermos mais fortes? Mas é manifesta injustiça. Servimo-nos de todo gênero de meios para lhes tirarmos o valor. Iguais seriam as forças, se também o fora a educação. Experimentemo-las nos talentos que não enfraqueceu a educação, e veremos se é tanta a nossa força".

Havemos de confessar, por mais que repugne aos nossos costumes, que nos povos mais cultos tiveram sempre as mulheres autoridade sobre os seus maridos. Assim o estabeleceu uma lei dos egípcios por honrar a Ísis, e outra dos babilônios honrando a Semíramis. Dos romanos diziam que governavam todas as nações e obedeciam a suas mulheres. Não cito os sauramatas, que eram realmente escravos do outro sexo; exemplo de povo tão bárbaro não merece apontar-se.

Já vês, meu querido Ibben, que tomei o gosto deste país, onde se divertem em sustentar opiniões estranhas e reduzir tudo a paradoxos. O Profeta resolveu a questão, regularizando os direitos de um e outro sexo[1]. "As mulheres", diz ele, "honrarão a seus maridos; os maridos honrarão a suas mulheres, mas terão um grau de superioridade sobre elas".

De Paris, 26 da lua de Gemmadi 2, 1713.

---

[1] Alcorão, II, 228.

Carta XXXIX
Hagi[1] Ibbi ao judeu Ben-Josué, catecúmeno maometano

Em Esmirna.

Parece-me, Ben-Josué, que há sempre sinais evidentes precursores do nascimento dos varões mais ilustres, como se padecesse a natureza uma espécie de crise e os produzisse com certo esforço a onipotência celeste. Nenhuns, porém, foram tão maravilhosos como os que acompanharam o nascimento de Maomé. Deus, que por altos juízos da sua providência, determinara desde o princípio enviar à terra este grande profeta para encadear Satanás, dois mil anos antes de Adão criou uma luz, que, transmitindo-se de um a outro eleito, de um a outro avô de Maóme, se deteve enfim nele como prova autêntica de que era descendente dos patriarcas.

Por honrar a este profeta não permitiu Deus que naquele dia concebesse mulher nenhuma, nem deixasse de ser imunda, nem que nenhum varão fosse circuncidado.

Veio ao mundo já com a circuncisão, e, logo em nascendo, brilhou-lhe no semblante a alegria; tremeu três vezes a terra, como se ela mesma o tivesse parido; prosternaram-se todos os ídolos; baquearam em terra os tronos dos reis; Lúcifer foi atirado ao fundo do mar; e só depois de haver nadado por espaço de quarenta dias saiu do abismo, e fugiu para o monte Cabés, donde chamou com voz tremenda os seus anjos.

Naquela noite, pôs Deus um limite entre o homem e a mulher, que nenhum deles pôde transpor. Perdeu a sua força a mágica e a nigromancia. Ouviu-se uma voz do céu que proferia estas palavras: "Mandei ao mundo o meu fiel amigo".

Conta Isben Aben, historiador árabe, que, para criar este menino, se juntaram as gerações dos pássaros, das nuvens e ventos e todos os esquadrões dos anjos, e disputaram tamanha honra. Diziam os pássaros nos seus gorgeios que mais conveniente era que o criassem eles, porque com mais facilidade podiam reunir as frutas de terras afastadas. Os ventos, murmurando, replicavam: "Melhores somos nós, que lhe podemos trazer de toda parte os mais gratos aromas".

"Não, não", diziam as nuvens; "que fique a nosso cargo, porque a

[1] Hagi quer dizer um homem que foi em romaria a Meca. (Nota de Montesquieu.)

cada instante lhe daremos a frescura das águas". Agastados então os anjos exclamaram: "E a nós que nos restará que fazer?". Nisto, ouviu-se uma voz do céu que pôs fim à contenda, dizendo: "Não sairá das mãos dos mortais, porque bem-aventurados os peitos que o aleitarem, as mãos que lhe tocarem, e a casa onde morar e o leito onde dormir".

Com tão palpáveis provas, querido Josué, é forçoso ter um coração de ferro para não crer na sua santa lei. Que mais podia fazer o céu para autorizar a sua missão divina, a menos de derribar a natureza toda, e acabar com os homens quando os queria convencer?

De Paris, 20 da lua de Rhegeb, 1713.

CARTA XL
Usbek a Ibben
Em Esmirna.

Assim que morre um personagem ilustre, reúne-se a gente em uma mesquita, e fazem-lhe a oração fúnebre, que é um discurso em seu louvor, com o qual não seria fácil apreciar, ao certo, o mérito do defunto.

Eu antes quisera abolir as solenidades fúnebres. Devia-se chorar o nascimento de um homem, e não o seu óbito. Que valem as cerimônias e todo o lúgubre aparato que se ostenta aos olhos de um moribundo nos seus últimos momentos, as próprias lágrimas da família, e a dor dos amigos, a não ser para que mais se doa do que vai perder?

Tão cegos somos, que não sabemos quando nos havemos de afligir ou regozijar: quase sempre são enganosas as nossas tristezas ou as nossas alegrias.

Quando vejo que o Grão-Mogol todos os anos se vai pendurar de uma balança e pesar-se como se fora um boi; quando vejo que se alegra o povo se o príncipe se pôs mais obeso, isto é, mais incapaz de o governar, tenho compaixão, Ibben, da loucura humana.

De Paris, 20 da lua de Rhegeb, 1713.

Carta XLI
O primeiro eunuco negro a Usbek

Ismael, um dos teus eunucos pretos acaba de morrer, magnífico senhor, e não posso deixar de pôr outro no seu lugar. Como agora estão em extremo raros os eunucos, eu tinha pensado lançar mão de um escravo preto que tens a trabalhar no campo, mas ainda não pude acabar com ele que se resigne a consagrar-se a este ofício. Vendo que, por fim de contas, o que eu pretendia era por seu bem, quis há dias empregar um pouco de rigor; e, de acordo com o teu primeiro jardineiro, mandei que, a seu despeito, o pusessem em estado de te prestar os serviços que mais te lisonjeiam o coração, e de viver, como eu, nestes temíveis lugares, onde nem sequer se atreve a pôr os olhos; mas entrou a dar urros como se tivessem querido esfolá-lo, e tanto forcejou que nos escapou das mãos, livrando-se da fatal faca. Acabo de saber que te quer escrever pedindo o teu amparo, sustentando que tomei a minha determinação só por uma insaciável sede de vingança, em despique de certas zombarias mordazes que de mim diz ter proferido; mas juro-te pelos cem mil profetas que só o teu serviço é que me moveu, a única coisa que me anima, sem atender a nenhuma outra.

Prostro-me a teus pés.

Do serralho de Fátima, 7 da lua de Maharram, 1713.

Carta XLII
Faran a Usbek, seu soberano senhor

Se aqui estiveras, magnífico senhor, presentara-me a ti inteiramente vestido de papel branco, e todo ele ainda não seria bastante para escrever os agravos que, desde que te partiste, me tem feito o teu primeiro eunuco preto, o mais ruim de todos os homens.

Com pretexto de algumas zombarias que supõe ter eu dito acerca da sua infeliz sorte, pôs-me mal com o teu primeiro jardineiro, e, desde que daqui te foste, força-me este com suma crueldade a trabalhos incomportáveis, em que mil vezes me vi a pique de perder a vida, sem perder um momento o fervor de te servir. Que de vezes disse de mim comigo: "Eu, que tenho um amo tão bondoso, sou contudo o escravo mais desventurado que cobre a rosa do sol".

Confesso-te, magnífico senhor, que supunha não poder chegar a mais a minha desventura; mas o traidor do eunuco quis ir ao cúmulo de sua malvadez. Há poucos dias, por sua própria autoridade, destinou-me a guardar as tuas sagradas mulheres, isto é, a uma operação para mim mil vezes mais cruel que a morte! Os que, ao nascer, tiveram a infelicidade de receber dos pais cruéis semelhante trato, consolam-se talvez, por não terem conhecido em sua vida outro estado que o seu; mas se a mim me apeassem da humanidade e me privassem de ser homem, morria de desgosto, se não morresse de tão bárbara operação.

Beijo-te os pés, sublime senhor, com a mais profunda humildade. Faze que eu sinta os efeitos da tua virtude tão acatada, e que se não diga que, por ordem tua, há na terra mais um desgraçado.

Dos jardins de Fátima, 7 da lua de Maharram, 1713.

Carta XLIII
Usbek a Faran
Nos jardins de Fátima.

Recebe o júbilo em teu coração e reconhece estas sagradas letras; faze que as beijem o meu primeiro eunuco e o meu jardineiro-mor. Proíbo-os de fazer alguma coisa contra ti. Dize-lhes que comprem o eunuco que me falta. Cumpre com o teu dever, como se me tiveras sempre presente, e fica sabendo que quanto maior é a minha bondade, com tanto mais severidade serás punido se dela abusares.

De Paris, 25 da lua de Rhegeb, 1713.

Carta XLIV
Usbek a Redi
Em Veneza.

Em França há três espécies de estados: a Igreja, a espada e a toga. Cada um deles dedica um soberano desprezo aos outros dois; e assim, tal que devera ser desprezado por ser um parvo, muitas vezes só o é por ser togado.

Até os mais ínfimos artífices contendem acerca da excelência da arte que escolheram; cada um se sobrepõe ao que abraçou outra profissão, segundo a idéia que para si formou da superioridade da sua.

Os homens parecem-se todos, mais ou menos, com aquela mulher da província de Erivan que, tendo recebido um favor de um dos nossos monarcas, nas bênçãos que lhe deitava pediu ao céu que o fizesse governador de Erivan.

Li, não sei em que relação, que, tendo arribado um navio francês à costa de Guiné, alguns homens da tripulação quiseram sair em terra para comprar uns carneiros. Levaram-nos ao rei, que distribuía justiça a seus vassalos debaixo de uma árvore, e que estava assentado no seu trono, isto é, num pedaço de pau, tão arrogante como se fora o do Grão-Mogol. Tinha três ou quatro guardas com os seus chuços de pau; um guarda-sol, à guisa de dossel, o resguardava da quentura solar, e consistiam todos os seus adornos, e os da rainha sua esposa, na sua cútis de azeviche e nalguns anéis. Ainda mais vão que miserável, perguntou este príncipe aos estrangeiros se, em França, se falava muito dele, crendo que a sua fama ia de um pólo a outro pólo; e, à diferença daquele conquistador de quem se disse que tinha infundido silêncio ao orbe inteiro, este cria que em todo o universo não se tratava mais do que dele.

Quando acaba de jantar o can da Tartária, um arauto proclama que podem ir jantar, se lhes aprouver, todos os príncipes da terra; e este bárbaro, que só toma leite, que não tem casa, que só vive de pilhagem, considera como escravos seus todos os reis do mundo, e insulta-os regularmente duas vezes por dia.

De Paris, 28 da lua de Rhegeb, 1713.

CARTA XLV
Rica a Usbek
*Em ****

Ontem de manhã, quando ainda estava na cama, ouvi baterem-me com rijas aldrabadas à porta, que foi aberta repentinamente ou arrombada por um homem com quem eu tinha algumas relações, e que me pareceu fora de si de contente.

Era o seu traje muito mais que modesto; a cabeleira, posta de través, nem sequer estava penteada; não tinha tido tempo para remendar o gibão preto, e naquele dia se esquecera das prudentes precauções com que costumava disfarçar o desmantelamento do seu vestuário.

"Levante-se", me disse, "que preciso do senhor hoje por todo o dia; tenho mil coisas que comprar, e quero que o senhor venha comigo: devemos ir primeiro à rua Santo Honorato falar com um tabelião, que está encarregado da venda de umas terras de quinhentas mil libras, e quero que me dê a mim a preferência. Quando eu vinha para cá, parei um momento no bairro São Germano, onde aluguei um palácio por dois mil escudos, e espero assinar o contrato hoje mesmo".

Ainda eu não tinha acabado de me vestir, o meu homem fez-me descer precipitadamente. "Primeiro que tudo", disse-me, "compremos uma carruagem, e não nos esqueçamos das guarnições. Efetivamente, em menos de uma hora compramos, não só a carruagem, mas também mercadorias que valiam cem mil francos. Tudo isto se fez num átomo, porque o meu companheiro nem entrava em ajuste nem pagava; por isso não levou nenhuma das suas compras. Eu fazia mil reflexões sobre tudo isso, e ao examinar este homem, achava nele tão singular contraste de riquezas e pobreza, que não sabia que pensar. Finalmente rompi o silêncio e, chamando-o aparte, disse-lhe: "Senhor, quem é que pagará tudo isto?". "Eu", respondeu-me; "venha ao meu quarto; mostrar-lhe-ei tesoiros imensos, e riquezas invejadas dos maiores monarcas; não as invejará, porém, o senhor que delas aquinhoará comigo". Sigo-o, marinhamos a um quinto andar, e por uma escada de mão trepamos ao sexto que era um cubículo aberto aos quatro ventos, no qual não havia outra coisa que duas ou três dúzias de panelas de barro, cheias de vários líquidos. "Levantei-me cedinho esta manhã", disse-me ele, "e fiz logo o que faço todos os dias há vinte e cinco anos, que é ir visitar a minha obra[1], e vi que era chegado o grande dia que me há de fazer mais rico do que homem nenhum na terra. O senhor está vendo esse licor vermelho? Pois possui todas as qualidades que exigem os filósofos para a transmutação dos metais. Daí tirei estes grãos que o senhor está vendo, que são de verdadeiro ouro quanto à cor, se bem que um pouco imperfeitos ainda quanto ao peso. Este segredo, descoberto por Nicolau Flamel[2] e que Raimundo Lullo[3] e um milhão de outros se empenharam por buscá-la embalde, acabo de o encontrar eu, e sou agora um ditoso iniciado. Deus permita que de tantos tesoiros que ele me deu, eu me não utilize senão para sua glória".

Saí, e desci, ou mais exato, atirei-me por aquela escada abaixo, tomado de violenta cólera, e deixei no seu hospital este homem tão opulento. Adeus, meu caro Usbek. Irei ver-te amanhã e, se quiseres, voltaremos juntos para Paris.

De Paris, último da lua de Rhegeb, 1713.

Carta XLVI
Usbek a Redi

Em Veneza.

Aqui há muitos que disputam indefinidamente acerca da religião, mas parece que ao mesmo tempo porfiam sobre quem pior há de guardar os seus mandamentos.

Não só não são bons cristãos, mas também não são bons cidadãos, que é o que mais me incomoda; porque, seja qual for a religião que se professe, os atos religiosos mais indispensáveis são a observância das leis, o amor aos homens e o afeto filial.

---

[1] Em termos de alquimia, *a grande obra*, os trabalhos em busca da *pedra crisopéia* ou *filosofal*, pedra misteriosa cuja composição buscavam os alquimistas e que devia converter os metais vis em oiro.

[2] Nicolau Flamel (XIV e XV séculos) era um livreiro da Universidade de Paris. Amontoou tão grossa fazenda, que se acreditou ter ele descoberto a pedra filosofal. Era opulentíssimo sim, mas em conseqüência das suas relações com os judeus, que, para escaparem das perseguições, o tinham escolhido para depositário da sua riqueza. Nobre uso fez Nicolau Flamel dos seus imensos haveres: erigiu hospitais e igrejas.

[3] Raimundo Lullo era um cabalista espanhol (1235-1315).

Efetivamente, não é o principal objeto do homem religioso agradar à divindade que estabeleceu o culto que ele professa? Pois o modo mais certo de o conseguir é, sem dúvida, observar as regras da sociedade e os deveres da humanidade; porque, em qualquer religião que se viva, supondo que haja uma, é mister também supor que Deus ama os homens, pois estabeleceu uma religião para os tornar felizes. E se ama os homens, é evidente que quem os ama há de agradar-lhe; isto é, quem desempenha com o seu próximo os deveres da caridade e da humanidade, e não viola as leis que os regem.

Está-se assim mais seguro de agradar a Deus do que observando-se esta ou aquela cerimônia, porque as cerimônias não são boas em si próprias, e só o são na suposição de que as prescreveu Deus e enquanto ele as manda. Isto, porém, é assunto de grande discussão, em que com facilidade nos podemos enganar, porque entre duas mil religiões distintas é preciso escolher as cerimônias de uma só, e desprezar as de todas as demais.

Um homem fazia todos os dias a seguinte oração a Deus:

"Senhor, eu não entendo nada das disputas que sem cessar se provocam acerca da vossa lei; quisera servir-vos conforme a vossa vontade; porém cada um daqueles a quem consulto quer que eu vos sirva segundo a sua. Quando vos quero fazer minha oração, não sei em que língua vos hei de falar, nem tampouco sei que postura tomar: diz um que vos devo orar em pé; aquele sustenta que hei de estar sentado; outro exige que apóie o corpo nos joelhos. E não é tudo, que há quem diga que me hei de lavar todas as manhãs com água fria; outros afirmam que me olhareis com horror se me não fizer cortar um pedacinho de carne. Um destes dias sucedeu que comi um coelho num caravançará e três homens que estavam a meu lado encheram-me de susto, sustentando-me todos três que eu vos tinha ofendido gravemente: um, porque era um animal imundo[1]; outro, porque estava sufocado[2], e o terceiro, porque não era peixe[3]. Um brâmane que estava ali perto, e a quem escolhi por árbitro da contenda, disse-me: 'Nenhum tem razão porque, sem dúvida, não fostes vós que matastes este animal'. 'Sim, fui eu', respondi-lhe. 'Ah!', replicou

[1] Um judeu. (Nota de Montesquieu.)
[2] Um turco. (Nota de Montesquieu.)
[3] Um armênio. (Nota de Montesquieu.)

com voz severa; 'cometestes um pecado abominável e que Deus vos não perdoará nunca. Quem sabe se a alma de vosso pai não tinha transmigrado para este coelho?'. Todas estas coisas, Senhor, me põem em inexplicável confusão; nem sequer posso menear a cabeça, sem que me metam medo de vos ofender; quisera entretanto agradar-vos e empregar em vos servir a vida que me destes. Não sei se me engano; mas creio que o melhor meio de o conseguir é viver como bom cidadão na sociedade onde quisestes que eu nascesse, e como bom pai na família que me destes".

De Paris, 8 da lua de Chahban, 1713.

Carta XLVII
Zachi a Usbek
Em Paris.

Tenho uma grande novidade que te dar, e é que me reconciliei com Zefis, e que o serralho, que estava dividido entre nós duas, se reuniu. Só tu nos faltas neste país onde reina a paz: vem, pois, meu querido Usbek, vem, para que triunfe o amor.

Dei a Zefis um magnífico banquete, para o qual foram convidadas tua mãe, tuas mulheres e tuas principais concubinas; também estiveram presentes tuas tias e algumas de tuas primas, que vieram a cavalo, envoltas na densa nuvem dos seus véus e dos seus vestidos.

No dia seguinte fomos para o campo, onde contávamos ficar mais em liberdade; montamos em nossos camelos, e éramos quatro em cada palanquim. Como se tinha disposto a viagem repentinamente, não tivemos tempo para dar aviso nas imediações do curuc[1]; mas o primeiro eunuco, sempre avisado, tomou a precaução de coser à tela que impedia que nos vissem uma cortina tão espessa, que também não podíamos ver absolutamente ninguém.

Quando chegamos ao rio que se deve atravessar, meteu-se cada uma de nós, como é costume, numa caixa, para que a levassem ao barco, porque nos disseram que havia muita gente no rio. Um curioso, que estava muito perto do lugar por onde passamos, recebeu um golpe

[1] Pregão que lança um eunuco que vai adiante das mulheres dos magnates, para anunciar que se afaste a gente quando elas saem a passear.

mortal que o privou para sempre da luz do dia; outro que se estava banhando nu teve o mesmo fim, e sacrificaram os teus fiéis eunucos à tua honra e à nossa estas duas desventuradas vítimas.

Mas ouve o resto das nossas aventuras. Quando estávamos no meio do rio, levantou-se um vento tão rijo, e nuvens tão escuras cobriram o céu, que os marinheiros começaram a desanimar. Atemorizadas com o perigo, quase todas perdemos os sentidos. Lembro-me que ouvia as vozes e as alterações dos nossos eunucos, alguns dos quais diziam que era preciso avisar-nos do perigo e tirar-nos das prisões; porém o chefe declarou que preferia morrer a consentir em que fosse assim desonrado o seu senhor, e que embeberia um punhal no peito de quem tivesse a ousadia de propor coisas tão escandalosas. Uma das minhas escravas, completamente fora de si, correu a dar-me socorro; mas um eunuco negro agarrou-a com brutalidade, e fê-la voltar ao lugar donde saíra. Então desfaleci, e só tornei a mim depois de passado o perigo.

Que embaraçosas são as viagens para as mulheres! Só aos riscos que lhes ameaçam a vida estão expostos os homens, e nós a toda hora corremos perigo de perder a vida ou a virtude. Adeus, meu caro Usbek. Adoro-te sempre.

Do serralho de Fátima, 2 da lua de Rhamazan, 1713.

Carta XLVIII
Usbek a Redi
Em Veneza.

Nunca estão ociosos os que folgam de se instruir. Assim, conquanto não tenha negócio nenhum importante, estou continuamente ocupado. Passo a vida a examinar; à noite escrevo o que notei, vi e ouvi durante o dia; tudo me interessa, tudo me assombra; sou como uma criança em cujos órgãos ainda tenros se gravam os menores objetos.

Não o acreditarás talvez: somos recebidos amavelmente em todas as reuniões e em todas as sociedades. Presumo que em grande parte o devemos à agudeza de engenho e natural jovialidade de Rica, que é causa de que goste de tratar com toda a gente e de que toda a gente goste de tratar com ele. Já a ninguém parece mal o nosso ar de estrangeiros, e gozamos a satisfação de deixar pasmada a gente quando nos mostramos bem-criados, porque não imaginam os franceses que haja homens no nosso clima. Confesso, não obstante, que bem merecem que nos demos ao trabalho de os desenganar.

Passei alguns dias numa casa de campo perto de Paris, de um homem muito estimado que se compraz de ter hóspedes. Sua mulher, que é muito amável, alia à muita decência a jovialidade, que tira às nossas persas a solidão em que vivem.

Sendo estrangeiro, o melhor que eu podia fazer era estudar a multidão de pessoas que, sem cessar, lá se apresentavam e que todas me ofereciam alguma novidade. Reparei desde logo num sujeito cuja simplicidade me agradou; fiz-me amigo dele e ele se fez meu, de modo que sempre estávamos um junto do outro.

Um dia de muita concorrência em que conversávamos à parte, deixando a conversação geral: "Parecer-lhe-á", disse-lhe eu, "que sou mais curioso que cortês; suplico-lhe, porém, que me faça a mercê de responder a algumas das minhas perguntas, porque me aborreço de não estar inteirado de coisa nenhuma e viver com gente que não posso conhecer. A minha imaginação trabalha há dois dias; não há um sequer destes sujeitos que me não tenha posto duzentas vezes a tormentos, e em mil anos não os adivinharia, sendo mais invisíveis para mim que as mulheres do nosso grande monarca". "Pergunte tudo o que quiser", respondeu-me, "e instruí-lo-ei em tudo quanto desejar; tanto mais quanto o julgo por homem discreto e que não abusará da minha confiança".

"Quem é", inquiri, "aquele homem que tanto nos falou dos banquetes que deu aos grandes, que tem tanta familiaridade com os duques, e tanta entrada em casa dos ministros, que me dizem são mui pouco acessíveis? Deve ser pessoa de jerarquia; mas tem aspecto tão vulgar que não honra as pessoas da sua esfera, e além disso não me parece bem-criado. Eu sou estrangeiro, mas parece-me que há certa boa educação que é comum a todas as nações, e essa lhe falta; ou são os homens fidalgos do vosso país mais mal educados que os demais?". "Aquele homem", respondeu-me a rir, "é um assentista, que tanta vantagem tira dos outros em riquezas quanto é inferior a todos por sua baixa estofa; a melhor mesa de Paris seria a sua, se se resolvesse a não se assentar nunca a ela. Já o senhor vê quanto ele é descortês, mas a todos se sobrepõe pela excelência do seu cozinheiro, e não é desagradecido, pois, como vê, todo o dia o está elogiando".

"E aquele homem gordo vestido de preto", disse-lhe, "que aquela senhora sentou à sua beira, por que tem um trajo tão lúgubre com um semblante tão risonho e tez tão fresca e corada?". "É", respondeu-me, "um pregador, e, além disto, diretor de almas. Ali onde o vê, sabe mais que os maridos e conhece as fraquezas das mulheres, que também não ignoram que ele tem as suas". "Como assim", repliquei eu, "se está sempre falando de uma coisa a que ele chama a graça?". "Nem sempre", disse-me, "pois, ao ouvido das mulheres bonitas, lhes fala mais do pecado; em público, dardeja raios e coriscos, mas a sós é manso que nem um cordeiro". "Parece-me", disse eu, "que lhe dão lugar preferente, e têm com ele muitas atenções". "Pudera! se é um homem necessário, que dulcifica o retiro espiritual com os seus conselhozinhos, os seus cuidados, as suas visitas a horas certas; faz passar uma enxaqueca, melhor que ninguém; é um sujeito excelente."

"Se não o importuno, diga-me quem é aquele que ali está defronte, tão mal vestido, que faz tantos esgares, e fala de modo diferente dos outros que não diz agudeza nenhuma e sempre que abre a boca é com ânimo de as dizer." "Esse", disse-me, "é um poeta, um dos jograis do gênero humano. Esses entes dizem que nasceram o que são; isso é verdade, e também o que serão a vida inteira, isto é, quase sempre os homens mais extravagantes do mundo; por isso ninguém usa de considerações com eles e os desprezam a cada instante. A fome trouxe este a esta casa, onde o recebem bem os donos, que a todos tratam com bondade; quando se casaram, compôs o seu epitalâmio, e é a melhor coisa que fez em toda a sua vida, porque acertou de ser o casamento tão feliz como ele o tinha prognosticado.

Talvez que o senhor não queira acreditar", acrescentou, "estando tão imbuído nos preconceitos do Oriente; mas há, no nosso país, casados felizes, e mulheres que na sua virtude têm um guarda severo. Os desta casa gozam de uma paz nunca perturbada; todos lhes querem e os estimam; um só defeito têm, e é a sua sobeja bondade natural que os leva a receber em casa toda casta de gente, o que faz que às vezes nos encontremos com pessoas toscas ou grosseiras. Não desaprovo isso, que mister é viver com os homens tais como eles são; aqueles a quem chamam gente fina soem ser os que mais requintam no vício, sucedendo talvez como com os venenos, que os mais sutis são os mais perigosos".

"E aquele velho", disse-lhe baixinho, "que mostra tão mau humor? A princípio julguei que era estrangeiro, porque, além de não estar vestido como os demais, murmura de tudo quanto em França se faz e desaprova o governo". "É um velho militar", respondeu-me, "que se faz memorável entre todos os seus ouvintes por suas inacabáveis proezas. Não pode admitir que a França tenha ganhado batalhas onde ele se não tenha achado, nem que se enalteça um cerco onde ele não haja estado na trincheira; tem-se por tão indispensável na nossa história, que imagina ter ela acabado onde ele acabou; algumas feridas que recebeu, considera-as como a dissolução da monarquia; e, em contraposição aos filósofos que dizem que só o presente se goza e que o passado não é nada, este, pelo contrário, só do passado goza, só vive nas campanhas onde pelejou, e respira nos tempos que já foram, como viverão os heróis nos séculos vindoiros". "Mas por que", repliquei, "deixou o serviço?". "Não deixou o serviço", respondeu-me; "o serviço é que o deixou a ele. Deram-lhe um emprego numa praça de pouca importância, onde contará os seus ilustres feitos durante o resto da vida; mas nunca subirá mais, que lhe fecharam o caminho dos postos militares". "E por quê?", lhe perguntei. "É máxima em França", replicou-me, "não se dar nunca uma posição elevada aos oficiais cuja paciência se consumiu nos empregos subalternos, porque os consideramos como homens cujo espírito se amesquinhou em minudências, e que, habituados a elas, não são capazes de grandes idéias. Cremos que um homem que aos trinta anos não tem os dotes de um general, nunca os possuirá; que quem não tem aquela rápida perspicácia que num abrir e fechar de olhos descobre todas as situações de um terreno de muitas léguas, aquela serenidade de espírito que faz que na vitória se aproveite de toda a sua vantagem e, na derrota, de todos os seus recursos, nunca adquirirá o talento de capitão. Eis por que temos brilhantes empregos para os altos e claros varões que o céu dotou, não só de heróico peito, mas também de peregrino engenho, e empregos subalternos para os de inferior entendimento, como são os que envelheceram numa milícia obscura, os quais, quando muito, sabem fazer o que toda a sua vida fizeram, e não se lhes deve aumentar a carga quando começam a perder as forças".

Um momento depois, aguçou-se de novo a curiosidade, e disse-lhe: "Dou-lhe a minha palavra que lhe não farei mais perguntas, se me satisfizer a esta. Quem é aquele rapaz alto, bem penteado, parvo e mui insolente? Por que fala mais alto que os demais, e está tão satisfeito com a sua pessoa?". "É um homem afortunado em amores", respondeu-me. Ao dizer isto, saíram uns, entraram outros, levantaram-se todos, veio um falar com o meu vizinho, e fiquei sabendo tão pouco quanto antes; mas pouco depois, não sei por que acaso se chegou a mim aquele mancebo e, dirigindo-me a palavra, disse-me:

"Está um tempo lindo; quer ir comigo dar um passeio pelo jardim?". Agradeci-lho cortesmente, e saímos juntos. "Vim a esta quinta", disse-me, "para dar gosto à dona da casa, que não me olha mal. Uma dama há que se agastará um pouco; mas que havemos de fazer? Visito as mais bonitas mulheres de Paris, mas não me comprometo com nenhuma, porque, aqui entre nós, sou homem muito mau". "Sem dúvida", repliquei-lhe, "sem dúvida que o senhor tem algum cargo ou emprego que o impede de vê-las mais amiúde". "Não, senhor, não tenho outro emprego que incomodar os maridos e assustar os pais de família; o meu maior gosto cifra-se em desinquietar uma mulher que pensa que me cativou, e pô-la a dois passos de se perder. Somos alguns rapazes que em Paris chamamos a atenção de todos com a mais leve frioleira que façamos."

"Pelo que entendo", disse-lhe eu, "o senhor faz mais bulha que o mais esforçado capitão, e é mais considerado que o magistrado mais íntegro. Se o senhor vivesse na Pérsia, não gozaria de todas essas vantagens, e mais apto seria para guardar as nossas damas que para obsequiá-las." Subiu-me o calor às faces, e creio que, se tivesse continuado um pouco mais a conversação, eu não teria podido deixar de o cobrir de doestos.

Que te parece de um país onde se toleram semelhantes pessoas, e deixam viver um homem que exerce tal ofício; onde se consegue a consideração com a infidelidade, a traição, o rapto, a injustiça e a perfídia; onde estimam um homem porque tira a filha ao pai, a mulher ao marido, e desterra a paz das mais suaves e sagradas sociedades? Felizes os filhos de Ali, que defendem as suas famílias da sedução e do opróbrio! A luz do dia não é mais pura que o fogo que arde no coração das nossas mulheres; as nossas filhas nunca pensam sem tremer no dia que as há de privar daquela virtude que as faz semelhantes aos anjos e às substâncias incorpóreas. Terra natal, terra querida, onde lança o sol os seus primeiros raios, jamais foste manchada com os horrendos crimes que obrigam este astro a esconder-se, assim que aparece no negro Ocidente!

De Paris, 5 da lua de Rhamazan, 1713.

CARTA XLIX
Rica a Usbek
*Em ****

Estava outro dia no meu quarto, quando entrou um daroês extravagantemente entrajado, com uma barba que lhe chegava até ao cinto de corda, os pés descalços, o vestido pardo, grosseiro, e em alguns lugares terminado em ponta. Pareceu-me o conjunto tão estrambótico, que quis chamar um pintor para que mo retratasse. Fez-me primeiro uma grande cortesia, e disse-me logo que era sujeito de mérito, além de frade capucho. "Informaram-me, senhor", acrescentou ele, "de que regressa em breve à corte da Pérsia, onde ocupa uma posição distinta; venho pedir-lhe a sua proteção e que nos obtenha do rei uma casinha junto de Casbim para dois ou três religiosos". "Quer então ir à Pérsia, meu padre?" "Eu, senhor!", respondeu, "de nenhum modo. Sou provincial aqui, e não trocaria a minha sorte pela de todos os capuchinhos deste mundo". "Que dianho então me pede, reverendíssimo senhor?" "É que", respondeu-me ele, "se tivéssemos esse hospício, os nossos padres de Itália para lá enviariam dois ou três dos seus religiosos". "Esses religiosos serão conhecidos do senhor?", disse-lhe eu.

"Não, senhor, não os conheço." "Com os demônios! que lhe importa então ao senhor que eles vão à Pérsia? É uma bela idéia fazer respirar o ar de Casbim a dois capuchinhos, e coisa utilíssima para a Europa e Ásia! Será preciso que se empenhem nisso os monarcas; que a isso se chama fundar boas colônias. Vá com Deus, frade, que nem o senhor nem os seus semelhantes valem nada para serem transplantados, e o melhor que podem fazer é continuarem a rastejar nos lugares que os geraram."

De Paris, 15 da lua de Rhamazan, 1713.

CARTA L
Rica a ***

Conheci pessoas em quem era tão natural a virtude, que nem sequer se fazia notar, e dedicados aos seus deveres, sem se sujeitarem a eles, os desempenhavam como por instinto, e em vez de se gabarem das suas raras prendas, parecia não saberem que as possuíam. São esses os homens que eu quero, e não aqueles virtuosos que parecem estar admirados de o ser e que uma ação boa a reputam por um prodígio que deve maravilhar ao contar-se.

Se a modéstia é virtude indispensável nos que o céu dotou de um talento raro, que diremos daqueles insetos que se atrevem a manifestar um orgulho que afearia os mais eminentes varões?

Por toda parte vejo homens que sem cessar falam de si mesmos; as conversações deles são um espelho que sempre retrata a sua impertinente cara. Falam das mais pequenas coisas que lhes sucederam, e querem que a eficácia com que as pintam as engrandeça aos olhos alheios; tudo fizeram eles, tudo viram, tudo disseram e tudo pensaram; são modelo universal, matéria inesgotável de comparações, inextinguível fonte de exemplos. Oh, que desenxabida coisa é o louvor quando recai no lugar donde parte!

Um desta laia esteve-nos importunando, há poucos dias, por espaço de duas horas, com a sua pessoa, com o seu mérito e a sua habilidade; mas, como não há neste mundo moto contínuo, ele parou de falar, e a conversação nos tocou a nós outros.

Um que parecia homem bastante melancólico começou a lamentar-se de que se aborrecia nas conversações. “Quê! sempre se hão de ouvir néscios que só tratam de si próprios, e para tudo se citam.” “O senhor tem razão”, retorquiu o nosso palrador, “todos deviam fazer como eu, que nunca me elogio: sou rico, bem-nascido, gastador, e dizem os meus amigos que me não falta engenho; mas de tudo isso nunca falo. Se alguma boa qualidade tenho, a que mais prezo é a modéstia”.

Eu estava pasmado de tamanho descoco e, enquanto ele falava muito alto, eu dizia baixinho: “Bem-aventurado o que tem tanta vaidade que nunca se louva a si mesmo, porque teme os seus ouvintes, e não compromete o seu mérito com a arrogância alheia”.

De Paris, 20 da lua de Rhamazan, 1713.

Carta LI
Nargum, enviado da Pérsia em Moscóvia, a Usbek
Em Paris.

Escreveram-me de Ispahan que te havias ausentado da Pérsia e que estavas atualmente em Paris. Como é que recebo notícias tuas por intermédio de outros e não por ti?

Há cinco anos que, por ordem do Rei dos Reis, resido neste país, onde levei a cabo várias negociações importantes.

Sabes que o czar[1] é o único dos príncipes cristãos cujos interesses estão ligados aos da Pérsia, por ser, como nós, inimigo dos turcos.

O império dele é mais vasto que o nosso, e desde Moscou até à última povoação que limita com a China, há mil léguas de distância.

O soberano é senhor absoluto da vida e cabedal dos seus súditos, que todos são escravos, menos quatro famílias, e não faz uso mais temível do seu poder nem o mesmo tenente dos profetas, o Rei dos Reis, que tem o céu por dossel e a terra por pedestal.

Quem considere o horroroso clima da Moscóvia não crerá nunca ser um castigo o desterro; não obstante, quando um alto personagem descai das boas graças é banido para a Sibéria.

Assim como a lei do nosso profeta nos proíbe beber vinho, veda-o a do príncipe aos moscovitas.

O modo que têm de receber aos hóspedes não se parece com o dos persas. Quando um forasteiro entra em uma casa, o marido apresenta-lhe sua mulher, e o forasteiro dá-lhe um beijo, coisa que aqui se tem por um obséquio feito ao marido.

Conquanto os pais, na escritura matrimonial de suas filhas, costumem estipular que o marido não as há de açoitar, todavia não se pode crer quanto gostam as mulheres moscovitas de ser espancadas[2]. Não podem acreditar que os maridos lhes querem, se lhes não batem bastantemente. Contrário modo de proceder é neles sinal de desamor que se não pode perdoar. Aqui está uma carta que uma delas escreveu recentemente à mãe:

"Minha querida mãe,

Sou a mulher mais infeliz deste mundo! Não há nada que eu não tenha feito para que meu marido me queira, e não o pude conseguir.

---

[1] Pedro o Grande.

[2] Está abolido este costume. (Nota de Montesquieu.)

Ontem, tinha mil coisas que fazer em casa; saí e estive fora todo o dia, supondo que, quando voltasse, me daria uma valente sova, mas nem sequer abriu o bico. De modo bem diverso é tratada minha irmã pelo marido, que diariamente a mói muito bem moída de pancadaria, e não pode nem olhar para um homem que a não mate ele a pauladas. Assim se querem ambos muito e vivem em boa harmonia.

Por isso anda ela tão desvanecida; mas não lhe darei razão por muito tempo, para me tratar com desprezo. Estou decidida a fazer que me queira meu marido, a todo custo, e tanto o hei de impacientar, que ele me dará alfim provas de carinho. Ao menor piparote que me der, alvoroçarei com gritos a vizinhança, para que se imagine que o faz deveras, e creio que, se me vem acudir algum vizinho, hei de esganá-lo. Suplico-lhe, minha querida mãe, que faça ver a meu marido que me não trata como deve. Não procedia assim meu pai, que foi homem muito de bem, e lembro-me de que, quando eu era tamanhinha, algumas vezes me parecia que já era demais o amor que lhe ele tinha. Beija-a sua afetuosa filha, etc.".

Nem ainda para viajar, podem os moscovitas sair do império. Segregados assim das outras nações pelas leis do país, conservaram os seus antigos costumes com tanto mais aferro, quanto acreditavam não era possível que houvesse outros.

Mas o príncipe que ora reina quis mudar tudo: teve com eles porfiadas contendas acerca da barba, e o clero e os frades declararam-se os caudilhos da ignorância.

O atual soberano empenha-se em fazer que floresçam as artes, e nada poupa a fim de que se difunda na Europa e na Ásia a glória da sua nação, até agora esquecida, e que era quase desconhecida dos estrangeiros.

Inquieto e sempre agitado, vaga pelos seus vastos domínios, imprimindo em todos eles os sinais da sua natural severidade.

Como se não pudesse caber neles, deixa-os e vai à Europa buscar outras províncias e novos reinos.

Recebe, meu caro Usbek, um abraço, e dá-me notícias tuas.

De Moscou, 2 da lua de Chalval, 1713.

81

CARTA LII
Rica a Usbek
*Em ****

Estive há dias em uma reunião, onde me diverti imenso. Havia lá mulheres de todas as idades: uma de oitenta anos, uma de sessenta, e outra de quarenta, a qual tinha uma sobrinha de vinte a vinte e dois. Certo instinto fez que me acercasse desta última, que me disse ao ouvido: "Que dizeis de minha tia, que dos anos que tem quer ter adoradores e fingir-se na flor da sua idade?". "Não tem razão", disse-lhe, "que isso em quem vai bem é em vós". Pouco depois, achei-me perto da tia, e esta disse-me: "Que dizeis dessa velhorra que tem, de idade, ao menos sessenta anos e que hoje gastou mais de uma hora em se enfeitar?". "Perde o seu tempo", lhe respondi; "seria mister que tivesse o mérito que vós tendes para ter direito a pensar assim". Dirigi-me à desventurada mulher de sessenta anos, intimamente penalizado de sua sorte, e ela disse-me ao ouvido:

"Já se viu coisa mais ridícula? Vede essa mulher com mais de oitenta, ataviando-se com fitinhas encarnadas, e fazendo-se criança, e consegue-o, porque isso a faz voltar à infância". "Ah! Deus meu", disse de mim para mim, "não veremos nunca senão o ridículo dos outros? Talvez seja uma felicidade", acrescentei logo, "que nos consolemos com as fraquezas alheias". Como estava com disposição para me divertir, disse: "Subimos bastante; desçamos agora, e comecemos pela mais provecta em anos". "Pareceis-vos tanto, minha senhora, com estoutra dama com quem acabo de falar, que se diria serdes irmãs, e creio que tereis mais ou menos a mesma idade." "É certo, senhor", disse-me, "que, quando morrer uma das duas, a outra ficará com muito medo, porque presumo que não há dois dias de diferença entre ambas". Ouvida esta decrépita, dirijo-me à de sessenta, e digo-lhe: "É preciso, minha senhora, que decidais uma aposta que acabo de fazer; apostei que vós e aquela senhora (apontando para a dos quarenta anos) tendes a mesma idade". "Por minha fé", me respondeu, "que creio que não há entre nós seis meses de diferença". Bem; continuemos. Desci ainda, e abeirando-me da de quarenta:

"Minha senhora, fazei-me a fineza de me dizer se é por gracejo que chamais sobrinha àquela moça, que está na outra mesa. Tão nova sois vós como ela, e até tem ela na cara o que quer que seja de avelhentado que na vossa não há: essa viva cor da vossa tez...". "Sou sua tia", respondeu-me; "mas a mãe dela tinha bons vinte e cinco anos mais que eu, porque não éramos filhas da mesma mãe, e ouvi dizer à minha finada irmã que a filha tinha nascido no mesmo ano que eu". "Bem mo dizia eu, minha senhora, e não era sem razão que eu estava admirado."

As mulheres, meu caro Usbek, que se vêem morrer pouco a pouco perdendo a sua beleza, quereriam retroceder para a juventude. Ah! como não hão de desvelar-se por se enganar os outros, quando empregam todos os esforços por se enganarem a si próprias, e furtarem-se à mais mortificante de todas as idéias?

De Paris, 3 da lua de Chalval, 1713.

Carta LIII
Zélis a Usbek

Em Paris.

Nunca se viu paixão mais viva nem mais constante que a que tem por minha escrava Zélida o eunuco branco Cosru, e com tanto empenho a pediu em casamento, que não lha pude negar. E como havia eu de resistir quando não se opõe a mãe, e Zélida mesma parece satisfeita com a idéia desse casamento enganoso e com a vã sombra que lhe apresenta?

Que quer ela fazer com um desventurado, que de marido não terá senão os ciúmes; que, quando perca a sua frieza, há de ser para se desesperar inutilmente; que nunca se lembrará do que foi, sem trazer à memória de sua mulher o que deixou de ser; que, sempre pronto a satisfazê-la, e não a satisfazendo jamais, se enganará e a enganará a ela continuamente, fazendo-a padecer a cada instante toda a desdita de sua própria condição?

Como! estar sempre entre imagens e vãs sombras; viver só para imaginar; achar-se sempre junto dos prazeres, e nunca com eles; e penar nos braços de um infeliz, correspondendo ao sentimento do que perdeu, em vez de corresponder aos seus amorosos suspiros!

Quão digno é de desprezo um homem desta espécie, unicamente destinado a guardar, e jamais a possuir! Busco nele o amor, e não o encontro.

Falo-te com liberdade, porque te agrada a minha ingenuidade, e preferes o meu gênio livre e a minha paixão pelos deleites ao fingido acanhamento das minhas companheiras.

Ouvi-te mil vezes dizer que os eunucos gozavam com as mulheres certo gênero de prazeres, que não conhecemos; que a natureza se indeniza do que perdeu; que acham recursos para reparar a desgraça da sua sorte; que se pode deixar de ser homem, mas não deixar de ser sensível, e que neste estado se acha o homem como com um novo sentido, não fazendo mais que variar, por assim dizer, de prazeres.

Se assim fosse, eu teria menos pena de Zélida; que é alguma coisa viver com homens menos infelizes.

Dá-me as tuas ordens a respeito deste casamento, e dize-me se te agrada que as núpcias se realizem no serralho. Adeus.

Do serralho de Ispahan, 5 da lua de Chalval, 1713.

Carta LIV
Rica a Usbek
*Em ****

Achava-me esta manhã no meu quarto, que, como sabes, só está separado do imediato por um tabique muito delgado e esburacado em vários lugares, de forma que se ouve tudo o que se diz no quarto do vizinho. Um homem que passeava a largas passadas dizia a outro: "Não sei a que atribuí-lo, mas parece que tudo está coligado contra mim: há mais de três dias que não disse nenhum dito agudo que seja de notar, e acho-me confundido com toda a gente nas conversações, sem que ninguém repare em mim nem me haja sequer dirigido duas palavras de cumprimento. Eu tinha preparado alguns ditos agudos e graciosos para sazonar a conversação, e nunca me deixaram que os fizesse vir a pêlo; tinha estudado um conto bonito, mas quando ia a empregar rodeios para o aplicar, como se o fizessem de propósito, mudavam de assunto; tenho imaginado alguns ditos espirituosos que há quatro dias me estão abolorecendo na cabeça, sem poder servir-me deles. Se isto continuar assim, creio que virei a ser um tolo; força é que seja essa a minha estrela e que não a possa evitar. Ontem tinha contado brilhar junto de três ou quatro velhas, que certo não me infundem medo, e tinha mil coisas graciosas que dizer; mais de um quarto de hora me estive esforçando por entabular uma conversação seguida; elas, porém, nunca quiseram continuar, e cortaram, Parcas fatais, o fio de todas as minhas razões. A dizer-te o que sinto, custa muito a conservar a reputação de homem de espírito, e não sei como fazes tu para o conseguires". "Tenho uma idéia", replicou o outro; "trabalhemos de comum acordo em dar engenho um ao outro, e associemo-nos. Cada dia combinaremos o que havemos de dizer, e auxiliar-nos-emos de maneira que, se vier alguém interromper-nos, chamá-lo-emos ao nosso assunto; e se não quiser vir de vontade, será por força. Assentaremos de antemão onde havemos de aprovar, onde sorrir e onde rir a bandeiras despregadas. Verás que daremos o tom na conversação e que todos se vão admirar da vivacidade do nosso espírito e da felicidade das nossas réplicas. Proteger-nos-emos reciprocamente, fazendo com a cabeça sinais de aprovação. Hoje brilharás tu, e amanhã serás meu padrinho. Entrarei contigo em uma casa e direi:

'Quero-lhes contar uma resposta muito espirituosa que este senhor deu agora mesmo a um homem que encontramos na rua'. E voltando-me para ti: 'Não esperava por ela e como ficou surpreso!'. Recitarei alguns versos meus, e tu dirás: 'Eu estava ali quando os fez, que foi numa ceia, e compô-los de improviso'. Muitas vezes chasquearemos um do outro, e dirão: 'Como se acometem e como se defendem! mantêm-se firmes, não cedem. Vejamos aonde isto vai parar. Muito bem! que presença de espírito! esta sim que é luta renhida'. Mas ninguém poderá dizer, porque ninguém o saberá, que nos tínhamos exercitado na véspera escaramuçando. Devemos comprar certos livros, que são coleções de anedotas, ditos agudos e facécias; que servem para os que querem campar de agudos sendo uns lorpas; tudo depende de ter bons modelos. Antes de seis meses verás como somos capazes de manter uma conversação toda cheia de ditos engenhosos. Mas é preciso termos muito cuidado em não malbaratar o nosso cabedal; não basta dizer uma frase espirituosa, é mister que se espalhe e propague por toda parte, que sem isso é coisa perdida, e confesso-te que nada há mais doloroso do que ver que um bonito chiste morre nos ouvidos de um tolo a quem se disse. Verdade é que muitas vezes há compensação, e que também dizemos não poucas necessidades que passam às escondidas; e é só isso que nestas ocasiões nos pode servir de consolo[1]. Esta é, meu

---

[1] Confissão pouco verissímil. Um tolo não tem consciência da sua tolice. Sente-se bem que é Montesquieu quem fala, e não o personagem que está em cena.

caro, a determinação que nos convém. Faze o que te digo e prometo-te, antes de seis meses, uma cadeira na Academia; quero dizer que não teremos que trabalhar muito tempo, porque, uma vez que sejamos acadêmicos, poderemos deitar-nos a dormir: seremos homens de espírito, mau grado nosso. Em França se nota que, assim que faz alguém parte de uma corporação, logo se embebe no que chamam o *espírito de classe* ou *de corporação*; o mesmo farás tu, e em toda parte te aborrecerão à força de aplausos".

De Paris, 6 da lua de Zilcadé, 1714.

Carta LV
Rica a Ibben
Em Esmirna.

Nas nações da Europa, o primeiro quarto de hora do casamento aplaina todas as dificuldades, e os últimos favores são sempre da mesma data que a bênção nupcial; aqui as mulheres não são como as nossas persas, que às vezes disputam o terreno meses inteiros. Nesta terra tudo concedem logo, e se não perdem nada é porque nada têm que perder; mas, que coisa vergonhosa! sempre se sabe a ponto fixo o instante da sua derrota e, sem consultar as estrelas, pode-se anunciar antecipadamente o dia do nascimento do primeiro filho.

Quase nunca falam os franceses de suas mulheres; e é porque têm receio de falar delas diante de pessoas que as conhecem melhor que eles próprios.

Desventurados há neste país, dos quais ninguém tem compaixão, e são os maridos ciumentos; sujeitos aborrecidos de todos, e são os maridos ciumentos; homens desprezados de todos, e são ainda os maridos ciumentos: também não há terra onde os haja menos que em França. A tranqüilidade dos maridos não se funda aqui na confiança que depositam nas suas mulheres, mas, pelo contrário, na má opinião que delas formam. Todas as prudentes precauções das asiáticas, os véus com que se cobrem, os cárceres em que vivem encerradas, a vigilância dos eunucos, parecem-lhes meios mais próprios para exercitar a indústria do outro sexo do que para desanimá-la. Os maridos aqui se resignam com paciência, atribuindo a infidelidade a influxo de uma estrela inevitável, e o marido que quisesse a posse exclusiva de sua mulher seria considerado como perturbador da alegria pública, e um demente que quisesse gozar da luz do sol, privando dela aos outros homens.

Aqui, o marido que ama a sua mulher é homem sem mérito suficiente para que outra o ame. Este abusa da força da lei para suprir os dotes que lhe faltam; vale-se de todas as suas prerrogativas em detrimento da sociedade inteira; apropria-se daquilo de que o tinham feito guarda e depositário, e faz quanto está a seu alcance para destruir uma convenção tácita em que se cifra a felicidade de um e outro sexo. O título de marido de uma mulher bonita, que, na Ásia, se oculta cuidadosamente, leva-se aqui sem cuidado. Cada um se reconhece capaz de fazer uma excursão no campo inimigo. Um príncipe consola-se da perda de uma praça com a conquista de outra. Não tomamos ao mongol a fortaleza de Candahar, quando o turco nos tomou Bagdá[1]?

Em geral, não é malvisto o homem que tolera as infidelidades de sua mulher; pelo contrário, louvam-lhe a prudência, visto que há casos particulares que são desonrosos.

Nem por isso faltam senhoras virtuosas que são muito estimadas: o meu guia chamava sempre a minha atenção para elas; mas são todas tão feias, que é mister ser-se santo para não embirrar com a virtude.

Com o que acabo de te dizer dos costumes deste país, facilmente podes imaginar que os franceses não se jactam de constantes. Parece-lhes tão ridículo jurar a uma mulher que lhe hão de querer sempre, como afirmar alguém que nunca há de adoecer ou que nunca há de ser infeliz. Quando prometem a uma mulher amá-la sempre, supõem que ela se obriga, por seu lado, a ser sempre amável; e, se falta a mulher à sua palavra, crêem-se os homens desobrigados da sua.

Paris, 7 da lua de Zilcadé, 1714.

[1] Bagdá, tomada pelos turcos aos persas em 1638; Candahar, tomada pelos persas aos mongóis em 1649.

CARTA LVI
Usbek a Ibben

Em Esmirna.

O jogo está muito em uso na Europa; é uma profissão ser jogador, e só com este título se supre riqueza, nascimento, honradez; todo aquele que o tem é admitido entre a gente fina, sem mais exame, e posto que todos saibam que se enganam com freqüência os que procedem assim, convencionaram não se emendar.

As mulheres particularmente são muito dadas ao jogo. É verdade que, quando são moças, se são jogadoras é por encobrir outra paixão mais amável; mas, à medida que vão envelhecendo, cobra forças a paixão do jogo, e enche esta paixão o vácuo de todas as demais.

O fim delas é arruinarem os maridos, e, para o conseguirem, têm diferentes meios em cada idade, desde a flor da juventude até à mais caduca velhice: começam a desperdiçar os seus haveres em carruagens e vestidos, continua a dissipação com a tafulice e acabam de os esbanjar com o jogo.

Muitas vezes vi nove ou dez mulheres, para não dizer nove ou dez espectros, sentadas ao redor de uma mesa; vi-as em suas esperanças, em seus temores, em suas alegrias, e sobretudo em suas fúrias: terias imaginado que nunca teriam tempo de se acalmar, e que antes que a sua desesperação, se lhes acabaria a vida, e ficarias em dúvida de se eram seus credores ou seus legatários aqueles a quem pagavam.

Parece que o alvo principal do nosso Profeta foi privar-nos de tudo quanto nos possa perturbar a razão: proibiu-nos o uso do vinho que a mergulha num sono profundo, e, por um mandamento expresso, vedou-nos os jogos de azar, e quando não pôde tirar a causa das paixões, amorteceu-as. Entre nós não produz o amor nem furor nem agitação; é uma paixão terna que deixa a alma sossegada, livrando-nos do império do sexo a pluralidade de mulheres e moderando a violência dos nossos apetites.

Paris, 10 da lua de Zilhagé, 1714.

Carta LVII
Usbek a Redi
Em Veneza.

Mantêm aqui os libertinos uma incalculável multidão de rameiras, e os devotos outra, não menos incalculável, de daroeses. Estes fazem três votos: obediência, pobreza e castidade. Diz-se que o que melhor observam é o primeiro; quanto ao segundo, afirmo-te que não o respeitam; o terceiro, podes imaginar se o cumprem com rigor.

Mas, por mais ricos que sejam os tais daroeses, nunca deixam a qualidade de pobres; primeiro renunciaria o nosso glorioso sultão aos seus altos e magnânimos títulos; e têm muita razão, porque o título de pobres lhes impede que o sejam.

Aqui, os médicos e certos daroeses, destes a que chamam *confessores*, são sempre os mui estimados ou mui desprezados; entretanto, dizem que os herdeiros se avêm melhor com os médicos que com os confessores.

Estive há dias em um convento destes daroeses, e recebeu-me com muita cordialidade um deles, venerável por seus cabelos brancos. Mostrou-me toda a casa; fomos à horta e começamos a filosofar. "Padre", disse-lhe eu, "que cargo tem o senhor na sua comunidade?". "Senhor", respondeu-me muito satisfeito da minha pergunta, "sou casuísta". "Casuísta!" repliquei; "desde que estou em França, não ouvi falar de semelhante cargo". "Então não sabe o senhor que é casuísta? Pois oiça-me, que lho explicarei de modo que lhe não fique nada que desejar. Há duas espécies de pecados: os mortais, que absolutamente excluem da bem-aventurança, e os veniais, que em verdade ofendem a Deus, mas não o irritam a ponto de nos privar, por eles, da glória. Toda a nossa arte consiste em distinguir bem estas duas espécies de pecados: porque, à exceção de alguns libertinos, todos os cristãos querem ganhar o céu, porém cada um quer seguir o caminho mais cômodo que seja possível. Quem conhece bem os pecados mortais procura não cometer estes, e faz o seu negócio; porque poucos aspiram à suma perfeição, e, não sendo ambiciosos, não fazem caso dos primeiros lugares, de modo que entram no céu por um és-não-és; mas isso lhes basta, que o seu fim é não fazerem mais nem menos: homens que antes roubam a bem-aventurança do que a ganham, e que dizem a Deus: 'Senhor, eu cumpri os vossos preceitos com rigor; com o que não podeis negarvos a cumprir as vossas promessas; e como não fiz mais do que me pedistes, dispenso-vos de que me deis mais do que prometestes'.

Somos, pois, senhor, homens indispensáveis. E não é tudo; verá o senhor agora outra coisa melhor. A ação não constitui o pecado, mas o conhecimento de quem a comete; o que pratica um mal, enquanto pode crer que não faz coisa má, tem a consciência tranqüila; e havendo uma infinidade de ações equívocas, pode um casuísta comunicar-lhes um grau de bondade que em si não têm, se as qualifica de boas, e chegando a persuadir que não tem veneno, tira-lho todo inteiro. Digo-lhe o segredo de um ofício em que me nasceram cabelos brancos, e dou-lhe a conhecer todas as suas sutilezas: a tudo se pode dar vislumbre de bom, até ao que menos aparência tem de o ser..." "Padre", disse-lhe eu, "tudo isso é excelente; mas como se avém o senhor com o céu? Se houvesse na corte do *sofi* um homem que se portasse com ele como o senhor se porta com o seu Deus, que assinalasse diferenças entre as suas ordens, que ensinasse aos seus vassalos em que casos as devem cumprir e em quais as podem violar, mandá-lo-ia empalar imediatamente". Cortejei o meu daroês, e deixei-o sem esperar resposta.

De Paris, 23 da lua de Maharram, 1714.

Carta LVIII
Rica a Redi

Em Veneza.

Em Paris, meu caro Redi, há muitos ofícios. Aqui, um sujeito serviçal, por um pouco de dinheiro, oferece-te o segredo de fazer ouro. Outro te promete fazer-te dormir com os espíritos aéreos contanto que te prives de falar com mulheres por espaço somente de trinta anos.

Encontrarás adivinhos tão hábeis, que te contarão todos os sucessos da tua vida, com só um quarto de hora que tenham de conversação com os teus criados.

Mulheres astutas convertem a virgindade numa flor que todos os dias morre e renasce, e da centésima vez se colhe com mais dor do que da primeira.

Outras há que, desfazendo à força da sua arte todas as injúrias do tempo, sabem restabelecer em uma cara uma formosura decadente, e, tomando a uma mulher no ápice da velhice, fazê-la descer até à mais viçosa juventude.

Tudo isto vive ou faz por viver em uma cidade que é mãe da invenção. As rendas dos seus habitantes não se arrendam, que só consistem em habilidade e astúcia, e cada um tem a sua a que dá quanto valor pode.

Quem pudesse contar todos os *mollahs* que aqui andam à caça das rendas de uma mesquita, contaria as areias do mar e os escravos do nosso monarca.

Uma infinidade de mestres de línguas, artes e ciências ensinam o que não sabem, habilidade muito notável, porque pouco engenho se requer para uma pessoa ensinar o que sabe, mas é mister possuí-la mui grande para ensinar o que ignora.

Aqui, só de repente se pode morrer; de outro modo não pode assaltar a morte a ninguém, que a cada esquina há quem venda remédios infalíveis contra todas as doenças imagináveis.

As lojas estão todas armadas com invisíveis redes, onde se prendem todos os compradores. Não obstante, algumas vezes saem delas a pouco custo; e uma jovem vendedora está afagando durante uma hora inteira a um homem para que compre um maço de palitos.

Não há ninguém que não saia desta cidade mais precavido que quando entrou: à força de dar o seu dinheiro aos demais, aprende a guardá-lo, e este é o único benefício que tiram os estrangeiros da sua residência nesta encantadora cidade.

De Paris, 10 da lua de Safar, 1714.

CARTA LIX
Rica a Usbek

*Em ****

Estive outro dia numa casa onde havia uma concorrência de pessoas de toda espécie, e achei a conversação dirigida por duas velhas que embalde haviam empregado toda a manhã em se remoçar. “Confessemos”, dizia uma, “que os homens de hoje em dia são mui diferentes dos que tratávamos quando jovens: eram corteses, amáveis, complacentes; mas agora são de uma grosseria insuportável”. “Tudo mudou”, disse então um homem que me pareceu doente de gota. “Não é agora o tempo como dantes era: há quarenta anos todos gozavam boa saúde, corriam, estavam alegres, só queriam rir e dançar. No tempo de agora toda a gente morre de melancolia." Decorridos momentos, começou-se a falar de política. "Por vida minha", exclamou um velho fidalgo, "que não há agora governo; dêem-me um ministro como o senhor Colbert; era muito meu amigo o senhor Colbert, amigo deveras; mandava-me pagar todas as minhas pensões antes que a ninguém. Que bem ordenada que estava a fazenda real. Todos estavam ricos, e agora não tenho eu um vintém". "Fala o senhor", disse então um eclesiástico, "do tempo mais miraculoso do nosso invicto monarca. Pode haver coisa mais sublime do que o que naquela época fez por extirpar a heresia[1]?". "E parece-lhe pouca coisa a abolição dos duelos?", interrompeu muito satisfeito outro que até então não havia aberto a boca. "Mui judiciosa é a observação", disse-me alguém ao ouvido, "esse está encantado com o edito[2], e com tanto escrúpulo o cumpre, que há seis meses recebeu cem pauladas para não o violar".

Parece-me, Usbek, que sempre julgamos as coisas em virtude de certo retrocesso secreto em nós mesmos, e não me maravilho de que os negros pintem o diabo de brancura deslumbrante, e os seus deuses pretos como carvão; de que tenha a Vênus de certos povos tetas que lhe pendem até as coxas, e, finalmente, de que representem todos os idólatras aos seus deuses com semblante humano, fazendo-os participar de todas as suas paixões. Alguém disse muito bem que, se os triângulos fizessem um deus, lhe dariam três lados.

Quando vejo, meu querido Usbek, homens que rastejam por cima de um átomo (que não é a terra outra coisa que um ponto no universo) proporem-se facilmente como modelos da Providência, não sei como se pode conciliar tamanha loucura com tanta pequeneza.

De Paris, 14 da lua de Safar, 1714.

---

[1] A revogação do Edito de Nantes em 1685.
[2] O edito de agosto de 1679 contra os duelos.

Carta LX
Usbek a Ibben
Em Esmirna.

Perguntas-me se há judeus em França; fica sabendo que em qualquer parte em que haja dinheiro há judeus. Perguntas-me o que fazem. Exatamente o mesmo que na Pérsia; nada se assemelha mais a um judeu asiático do que um judeu europeu.

Entre os cristãos, como no nosso país, fazem alarde de um invencível apego à sua religião, que orça pela loucura.

A religião judaica é um tronco velho que lançou dois ramos, os quais cobriram a terra inteira, quero dizer o maometismo e o cristianismo; ou, melhor, é uma mãe que pariu duas filhas que a cobriram de mil feridas: porque, em matéria de religião, os parentes mais chegados são os mais implacáveis inimigos. Mas, não obstante os maus tratos que delas recebeu, não deixa de se ufanar de as haver dado à luz, e serve-se de uma e outra para abraçar todo o universo, enquanto sua venerável ancianidade abraça, por outro lado, até os mais remotos séculos.

Os judeus consideram-se como manancial de toda a santidade e origem de toda religião, e reputam-nos uns hereges que inverteram a lei, ou antes uns judeus rebeldes.

Se se tivesse efetuado, pouco a pouco, esta mudança, parece-lhes que com facilidade os teriam seduzido; mas tendo-se efetuado repentinamente e de modo violento, e podendo marcar o dia e a hora do nascimento de uma e outra religião, escandalizam-se de que sabem a nossa idade, e abraçam-se mais estreitamente com uma crença coeva da origem do mundo.

Nunca tinham gozado na Europa de um sossego como o de que hoje gozam. Os cristãos começam a desprender-se do espírito de intolerância que os animava; sua expulsão foi muito prejudicial aos espanhóis, e não causou menos dano aos franceses o terem perseguido a uns cristãos cuja crença era um pouco diferente da do príncipe. Todos se convenceram de que é mui diverso o fervor de converter os que não crêem numa religião, da observância dos seus preceitos, e de que, para a observar e amar, não é necessário odiar nem perseguir aos que não a seguem.

Seria de desejar que neste ponto pensassem os nossos muçulmanos tão sensatamente como os cristãos; que se pudesse estabelecer uma paz duradoura entre Ali e Abubeker, e que deixássemos a Deus o decidir o mérito respectivo destes dois sagrados profetas. Quisera que os honrássemos com atos de veneração e respeito, e não com vãs preferências, e que nos esforçássemos por merecer o seu patrocínio, seja qual for o lugar onde os tenha Deus colocado, quer estejam sentados à sua direita, quer aos pés do seu trono.

De Paris, 18 da lua de Safar, 1714.

Carta LXI
Usbek a Redi
Em Veneza.

Entrei há dias numa igreja famosa que se chama de *Nossa Senhora*. Enquanto eu admirava a formosura de tão soberbo edifício, tive ocasião de travar conversa com um eclesiástico a quem a curiosidade trouxera ao mesmo lugar. Tratou-se da tranqüilidade da sua profissão, e ele disse-me:

"A mais da gente inveja a felicidade do nosso estado, e com razão, posto que nos não faltem dissabores e que não estejamos tão separados do mundo que em milhares de ocasiões não nos encontremos nele, e então temos que representar um papel dificílimo. Os mundanos são mui estranhos: nem podem suportar que os aprovemos nem que os censuremos; se queremos repreendê-los, riem-se de nós, e se os aprovamos, dizem que desmentimos o nosso caráter. Não há coisa mais afrontosa que pensar que a gente escandalizou até os ímpios. Somos assim forçados a proceder de modo equívoco, impondo silêncio aos libertinos, não com a nossa inteireza, senão com a dúvida em que os deixamos, de se nos enfadam ou não as suas palavras. Para isto é mister muita prudência, pois esta neutralidade é muito difícil de manter. Os mundanos, que nada dissimulam, que dizem quanto lhes vem à boca, e continuam a conversação ou a mudam segundo vêem que agrada ou não, estão em situação muito mais favorável.

E não pára só nisto; que este estado tão feliz e tranqüilo, que tanto louvam, não o conservamos numa assembléia. Assim que nos apresentamos, instigam-nos a que disputemos; obrigam-nos, por exemplo, a provar a utilidade da oração a um homem que não crê em Deus, a necessidade do jejum a outro que toda a vida negou a imortalidade da alma: a empresa é árdua, e os motejadores riem-se de nós. Ajunte-se a isto que contínuo nos atormenta o pruído de incutir nos outros as nossas opiniões, pruído inerente, por assim dizer, à nossa profissão, e não menos risível que se, em favor da natureza humana, trabalhassem os europeus por branquear o rosto dos africanos. Perturbamos o Estado e atormentamo-nos a nós mesmos, a fim de que se admitam pontos de doutrina que não são fundamentais, e assemelhamo-nos àquele conquistador da China, que promoveu a rebelião geral dos seus súditos, porque os quis forçar a que aparassem os cabelos ou as unhas. Até o zelo que manifestamos, para obrigar os que temos a nosso cargo a que cumpram os deveres de nossa santa religião, é muitas vezes perigoso, e nunca pecará por excesso de prudência. Um imperador por nome *Teodósio* fez passar ao fio da espada todos os moradores de uma cidade, homens, mulheres e crianças, e tendo querido, depois disto, entrar numa igreja, um bispo chamado *Ambrósio* mandou-lhe fechar as portas como a sacrílego e homicida, e nisso fez uma heróica ação[1]. Havendo feito o imperador a penitência que requeria delito tão enorme, e sendo admitido na igreja, foi-se colocar entre os sacerdotes, e fê-lo sair dali o próprio bispo, no que procedeu como fanático; tão certo é que ninguém se deve fiar do seu zelo. Que importava à religião e ao Estado que este príncipe se assentasse ou não entre os sacerdotes?".

De Paris, 1º da lua de Rebiab 1, 1714.

Carta LXII
Zélis a Usbek
Em Paris.

Tendo completado a tua filha sete anos, julguei que era tempo de a meter nos aposentos interiores do serralho, sem esperar que tivesse dez anos para a confiar aos eunucos pretos. Nunca é demasiado cedo para privar uma menina das liberdades da infância e dar-lhe uma santa educação nas sagradas paredes onde reside o pudor, porque não estou de acordo com aquelas mães que só encerram as filhas na idade de lhes dar um esposo, e antes as condenam que as

[1] Depois da mortandade de sete mil tessalonicenses, em 390, santo Ambrósio proibiu a Teodósio I a entrada na catedral de Milão, e impôs-lhe uma penitência de oito meses.

destinam ao serralho, obrigando-as a que abracem por força uma vida a que deveriam tê-las acostumado. Havemos de tudo esperar da razão e nada da doçura de um hábito contraído?

Inútil é que nos falem da subordinação a que nos sujeitou a natureza: não basta que a conheçamos, é mister que a exercitemos para que nos defenda na idade crítica em que começam a criar asas as paixões que nos excitam para a independência.

Se o dever só nos ligasse a vós, algumas vezes poderíamos esquecer-nos dele, e se apenas a inclinação nos conduzisse, outra inclinação mais forte poderia talvez enfraquecê-la. Mas quando as leis nos entregam a um homem, tiram-nos a todos os demais, e afastam-nos deles tanto como se estivéramos a cem mil léguas de distância.

A natureza, industriosa em benefício dos homens, não se limitou a dar-lhes desejos: ela quis que também nós os tivéssemos e fôssemos animados instrumentos da sua felicidade; acendeu em nós o fogo das paixões, para que vivessem eles tranqüilos, e se saem de sua insensibilidade, destinaram-nos a que os tornemos a ela, sem nunca podermos gozar do ditoso estado em que os pomos.

Não cuides por isso, Usbek, que seja a tua sorte mais invejável que a minha, que aqui experimentei mil prazeres que tu não conheces. A minha imaginação trabalhou de contínuo por me dar a conhecer o valor deles; eu vivi, e tu outra coisa não fizeste que vegetar.

Neste mesmo cárcere em que me reténs, sou mais livre que tu. Quanto mais te empenhas em guardar-me, mais gozo eu com as tuas inquietações; e as tuas suspeitas, os teus ciúmes e os teus desgostos são outras tantas mostras da tua dependência.

Continua, querido Usbek, a fazer que me vigiem noite e dia; não te fies nem ainda nas precauções ordinárias; aumenta a minha felicidade assegurando a tua, e sabe que não temo outra coisa que a tua indiferença.

Do serralho de Ispahan, 2 da lua de Rebiab 1, 1714.

96

CARTA LXIII
Rica a Usbek
*Em ****

Creio que queres passar toda a tua vida no campo.

A princípio só por dois ou três dias te ausentavas, e agora já faz quinze que não te vejo. É verdade que estás numa casa encantadora, que nela encontras uma companhia que te agrada, e que discorres à tua vontade, e de mais não se precisa para que te esqueças do mundo inteiro.

Quanto a mim, mais ou menos levo a mesma vida que levava quando estavas aqui; trato com muita gente e procuro conhecê-la. O meu espírito a pouco e pouco vai perdendo tudo o que lhe resta de asiático, e acomoda-se sem dificuldade aos costumes europeus. Já me não causa tanta admiração ver numa casa cinco ou seis mulheres com outros tantos homens, e já me não parece tão mau este costume.

Posso afirmar que só desde que estou aqui conheço as mulheres, e que mais aprendi a respeito delas em um mês do que teria aprendido em trinta anos num serralho.

No nosso país são uniformes todos os caracteres, porque estão violentados, e não se vêem as pessoas tais quais são, senão tais quais as obrigam a ser. Nesta escravidão do coração e do entendimento, só fala o medo que só tem uma linguagem, e nunca a natureza, que de tão diversos modos se exprime e debaixo de tantos aspectos se apresenta.

A dissimulação, arte entre nós tão usada e tão indispensável, não é conhecida aqui: tudo se fala, tudo se vê, tudo se ouve, descobre-se o peito como a cara, e há nos costumes, nas virtudes e até nos vícios o que quer que seja de ingênuo.

Para agradar às mulheres é preciso um talento diferente do que mais que todos lhes agrada, o qual consiste em certa festividade de espírito que as diverte, porque a cada instante parece que lhes promete o que só em certos intervalos a grande distância lhes pode dar. Esta festividade que a natureza tinha destinado para os gabinetes secretos parece ter vindo a formar o caráter geral desta nação: graceja-se no conselho, graceja-se à frente de um exército, e graceja-se com um embaixador. As profissões parecem ridículas à proporção da seriedade dos que as exercem, e deixariam os médicos de fazer rir se abandonassem o seu lúgubre trajo e se matassem os seus doentes dizendo graças.

De Paris, 10 da lua de Rebiab 1, 1714.

Carta LXIV
O chefe dos eunucos negros a Usbek
Em Paris.

Acho-me num aperto que te não sei explicar, magnífico senhor: o serralho está em desordem e medonha confusão; reina a discórdia entre as tuas mulheres; estão divididos os teus eunucos; só se ouvem murmurações, queixumes e censuras; são desatendidas as minhas admoestações; parece que tudo é permitido neste tempo de licença, e só um título vão tenho eu no serralho.

Não há nenhuma das tuas mulheres que se não julgue superior às outras pelo nascimento, pela beleza, pelas riquezas, pelo espírito e pelo teu amor, e que não alegue todos estes títulos para alcançar todas as prerrogativas. A cada instante perco a minha longa paciência, que só me serviu para as descontentar a todas, não havendo conseguido nada com a minha prudência e a minha muita condescendência, virtude tão rara no posto que ocupo.

Queres, magnífico senhor, que eu te declare o motivo de todas estas desordens? Não é outro que o teu coração e as ternas finezas com que tratas as tuas mulheres. Se me não retivesses o braço; se, em vez das reprimendas, me permitisses aplicar castigos; se, não te deixando enternecer com as suas lágrimas e queixumes, mas enviasses a mim, que me não enterneço nunca, em breve eu as acostumaria ao jugo a que se devem sujeitar e domar-lhes-ia o gênio imperioso e altivo.

Arrancado, aos quinze anos de idade, do interior de África, minha pátria, venderam-me a um amo que tinha mais de vinte mulheres ou concubinas. O meu rígido e taciturno semblante persuadiu-o de que eu seria bom para o serralho, e ordenou que me pusessem apto para desempenhar este ministério, fazendo-me uma operação penosa a princípio, mas que depois me foi muito proveitosa, porque, por ela, pude carear a confiança e a intimidade dos meus amos. Entrei no serralho, que para mim era um mundo novo. O primeiro eunuco, o homem mais severo que conheci na minha vida, governava-o com império absoluto. Nunca se ouvia falar de distúrbios nem de contendas; reinava em todo ele profundo silêncio; do primeiro ao último dia do ano, deitavam-se e levantavam-se todas as mulheres à mesma hora; entravam no banho alternativamente, e saíam ao menor sinal que lhes fazíamos; o resto do dia quase sempre estavam encerradas nos quartos. Professava a regra de que tudo estivesse com o maior asseio, e punha nisto indizível cuidado: a mais leve desobediência ele a castigava sem misericórdia. "Sou escravo", dizia, "mas o sou de um homem que é amo vosso e meu, e quando faço uso do poder que me conferiu sobre vós, não sou eu quem vos castiga, mas sim ele, emprestando-lhe eu o meu braço". As mulheres nunca entravam no quarto de meu amo sem que por ele fossem chamadas; recebiam esta graça com júbilo, e não se queixavam quando dela se viam privadas. Finalmente, eu, que era o último dos negros neste tranqüilo serralho, era mil vezes mais respeitado que no teu, onde mando em todos. Logo que conheceu este grande eunuco a minha condição, pôs os olhos em mim, e pintou-me a meu amo como capaz de desempenhar as suas idéias e ser seu sucessor no cargo que ocupava; e não o demoveu a minha muita juventude, crendo que o meu esmero supriria a experiência. Que mais te hei de dizer? De tal modo grangeei a sua confiança, que sem nenhuma dificuldade me confiava as chaves dos terríveis lugares que guardava havia tantos anos. Sob as ordens de tão grande mestre aprendi a difícil arte de mandar, e instruí-me nas máximas de um regime inflexível. Com ele estudei o coração das mulheres, e ensinou-me a aproveitar-me das suas fraquezas e a não temer a sua arrogância. Comprazia-se às vezes em ver como eu as levava até os últimos entrincheiramentos da obediência; fazia-as depois voltar pouco a pouco, e queria que por algum tempo eu fingisse que cedia. Mas o que era de ver era quando as punha a dois dedos da desesperação, entre rogos e censuras: resistia às suas lágrimas sem se comover, e sentia contentamento com esta espécie de triunfo. "Eis como se devem governar as mulheres", dizia muito satisfeito; "a multidão delas não me estorva; do mesmo modo governaria todas as do nosso grande monarca. Como pode um homem esperar cativar-lhes o coração, se os fiéis eunucos não lhes cativam primeiro o espírito?".

Não só tinha energia, mas também penetração: descobria-lhes os pensamentos e as astúcias; nem os seus gestos estudados, nem o seu semblante fingido lhe escondiam nada. Conhecia-lhes as obras mais ocultas e as palavras mais secretas. Servia-se de uma para conhecer as outras, e remunerava com gosto a menor delação. Como só quando as avisavam entravam no quarto de seu marido, o eunuco chamava a que lhe parecia e fazia que seu amo pusesse os olhos nas que eram por ele protegidas, distinção que era a recompensa de algum segredo que lhe tinham revelado. Convencera o seu amo de que era necessário, para a boa ordem, que lhe confiasse esta escolha, para que tivesse mais autoridade. Assim se governava, magnífico senhor, um serralho que, a meu ver, era o mais bem ordenado que houve na Pérsia.

Não me ates as mãos, permite-me que me faça obedecer, e em oito dias renascerá a ordem no seio da confusão: isto é o que requer a tua glória e exige a tua segurança.

Do teu serralho de Ispahan, 9 da lua de Rebiab 1, 1714.

CARTA LXV
Usbek às suas mulheres
No serralho de Ispahan.

Sei que o serralho está em desordem, cheio de contendas e distúrbios intestinos. Que vos recomendei, ao partir, senão a paz e a boa harmonia? Todas mo prometestes. Era para me iludirdes? Seríeis vós as iludidas, se eu quisesse seguir os conselhos que me dá o primeiro eunuco e empregar a minha autoridade para que vivêsseis como tão encarecidamente vo-lo tenho pedido; mas não me sei utilizar de medidas violentas senão depois de haver tentado os meios suaves. Fazei, pois, por amor de vós mesmas o que não quisestes fazer por amor de mim.

O primeiro eunuco tem muita razão para se queixar, dizendo que não fazeis nenhum caso dele. Como se pode combinar semelhante proceder com a modéstia da vossa condição? Não foi a ele que confiei a vossa virtude durante a minha ausência? É um tesoiro sagrado de que é depositário. O pouco apreço que dele fazeis demonstra que vos são incômodos aqueles que vos vigiam para que vivais dentro das leis da honra.

Peço-vos que mudeis de modo de proceder e que vos porteis de maneira que eu possa outra vez rejeitar as propostas que me fazem contra a vossa liberdade e repouso.

Eu quisera que vos esquecêsseis de que sou o vosso senhor, e que somente vos lembrásseis de que sou o vosso esposo.

De Paris, 5 da lua de Chahban, 1714.

Carta LXVI
Rica a ***

Aqui a gente se aplica às ciências; não sei, porém, se são muito sábios. Aquele que de tudo duvida como filósofo nada ousa negar como teólogo; e este sujeito contraditório sempre está contente consigo mesmo, contanto que lhe reconheçam ambas as qualidades.

A mania dos franceses é presumir de talentos, e a mania dos que presumem de talentos é escrever livros. Não há no entanto coisa mais mal imaginada: a natureza judiciosa havia disposto que fossem transitórias as loucuras dos homens, e os livros as imortalizam. Um néscio devera contentar-se com haver aborrecido a todos quantos viveram com ele, e ainda quer fazer penar as gerações futuras; quer que a sua necedade triunfe do esquecimento, de que teria podido gozar como do túmulo; quer, enfim, que a posteridade saiba que ele viveu e que não ignore que foi um parvo.

Os escritores a quem mais desprezo são os compiladores que por toda parte vão buscando retalhos das obras alheias que embutem nas suas como canteiros de flores num jardim, não levando vantagem nenhuma aos impressores que coordenam letras, que, combinadas, formam um livro em que não puseram eles mais que as mãos. Eu quisera que se respeitassem os livros originais; e parece-me uma espécie de profanação tirar as peças de que se compõem do santuário onde estão, expondo-as a um menosprezo que não merecem.

Quando uma pessoa não tem nada novo que dizer, por que não se cala? Que necessidade há destes duplos empregos? — "Quero arranjar de outro modo. — O senhor é homem hábil: venha à minha biblioteca e ponha embaixo os livros que estavam em cima, e em cima os que estavam embaixo: sem dúvida que fez uma obra-prima."

Escrevo-te acerca deste assunto, porque estou rebentando de raiva com um livro que acabo de ler, tão volumoso que me parecia conter a ciência universal; mas quebrei a cabeça, lendo-o, e não aprendi nada. Adeus.

De Paris, 8 da lua de Chahban, 1714.

Carta LXVII
Ibben a Usbek
Em Paris.

Chegaram três navios aqui sem me terem trazido notícias tuas. Estás doente, ou te comprazes em me inquietar? Se, num país onde não te prende vínculo algum, te esqueces de mim, que farás na Pérsia, e no seio da tua família? Mas talvez me engane: és tão amável que em qualquer parte acharás amigos. O coração é de todas as nações, e um peito sensível não pode deixar de contrair novos laços. Confesso-te que respeito as amizades antigas, mas não me desagrada criá-las novas.

Em todas as regiões onde estive, vivi como se nelas tivera de passar toda a minha vida; sempre desejei o trato com os homens de bem, sempre olhei com a mesma compaixão ou antes com a mesma ternura os infelizes, e tive igual estima aos que se não cegaram com a prosperidade. Este é o meu gênio, Usbek; onde quer que encontre homens, grangearei amigos.

Aqui há um guebro que, depois de ti, creio que ocupa o primeiro lugar no meu coração: é a probidade personificada. Certos motivos particulares o obrigaram a refugiar-se nesta cidade, onde vive satisfeito com o fruto de um honesto comércio, em companhia de uma mulher a quem ama. Toda a sua vida está esmaltada de generosas ações, e conquanto busque a vida obscura, mais heroísmo há no coração dele que no dos maiores monarcas.

Falei-lhe mil vezes de ti; mostro-lhe todas as tuas cartas; noto que isto lhe dá muito gosto, e vejo que tens um amigo que não conheces.

Aqui verás as suas principais aventuras: posto que lhe haja repugnado muito o escrevê-las, não as pôde negar à minha amizade, e confio-as à tua.

História de Aferidon e Astarte

Nasci entre os guebros, numa religião que é talvez a mais antiga do mundo. Fui tão infeliz que tive amor primeiro que uso de razão. Não contava bem seis anos quando já só com minha irmã podia viver; cravavam-se os meus olhos nela; quando me deixava por um momento, encontrava-os banhados de lágrimas, e cada dia que ia crescendo em idade, crescia o meu amor. Espantado de tão violenta simpatia, meu pai bem teria desejado casar-nos, consoante o costume dos antigos guebros, introduzido por Cambises[1] ; mas o temor dos maometanos, sob cujo jugo vivemos, impede que os da nossa nação pensem nestas sagradas alianças, que mais que permitidas são mandadas pela nossa religião, e que são imagens tão vivas da união que já formou a natureza.

Vendo, pois, meu pai que teria sido perigoso seguir a minha inclinação e a sua, resolveu apagar uma chama que lhe parecia em começo, mas que já estava convertida em incêndio violento. Pretextou uma viagem, e, levando-me consigo, deixou minha irmã entregue a uma das suas parentas, porque minha mãe era falecida havia dois anos. Não direi aqui qual foi o desespero desta separação: abracei minha irmã, debulhada em pranto; mas eu não derramei uma lágrima, porque a dor me deixara como sem sentidos. Chegamos a Teflis, e, tendo confiado a um dos nossos parentes a minha educação, meu pai deixou-me com ele, e tornou para a sua terra.

Algum tempo depois, eu soube que, por influência de um dos seus amigos, ele tinha conseguido que minha irmã entrasse no bairam do rei, onde estava servindo a uma sultana. Se me tivessem anunciado a morte dela, não o teria sentido mais, porque, além de que já não esperava tornar a vê-la, para entrar no bairam, fizera-se maometana, e, segundo os preconceitos desta religião, não podia deixar de olhar para mim com horror. Não podendo contudo viver em Teflis, aborrecido da vida e de mim próprio voltei para Ispahan. As primeiras palavras que disse a meu pai foram acerbas: lancei-lhe em rosto o ter metido a filha em lugar onde não pudera entrar sem mudar de religião: "Irritastes contra a vossa família", lhe disse, "a ira de Deus e do sol que nos alumia, e cometestes pecado mais grave que se tivésseis manchado os Elementos, pois que manchastes a alma da vossa filha, que não era menos pura: morrerei de pesar e de amor; e oxalá que seja a minha morte o único castigo que Deus vos tenha reservado". Isto dizendo, saí de casa, e por espaço de dois anos passei a vida a olhar para as muralhas do bairam, e a contemplar o lugar onde podia estar minha irmã, expondo-me mil vezes ao dia

---

[1] Segundo Heródoto, III, 31, foi Cambises, rei dos persas, quem instituiu o casamento entre irmãos e irmãs. A coisa era de notoriedade européia, pois diz Maturino Régnier numa das suas sátiras:

Charnellement, se joindre avec sa parenté,
En France c'est inceste, en Perse charité.

a que me degolassem os eunucos que rondavam em torno destes tremendos lugares. Enfim morreu meu pai, e, vendo a sultana a quem minha irmã servia que de dia a dia crescia a sua formosura, encheu-se de ciúmes dela e casou-a com um eunuco que lhe queria com paixão. Deste modo saiu do serralho, e tomou com o seu eunuco casa em Ispahan.

Passaram mais de três meses sem que eu pudesse falar com ela, retardando de um dia para outro a minha visita com diversos pretextos ao eunuco, que era o mais cioso dos mortais. Por fim entrei no seu bairam, e permitiu-me falar com ela através de uma gelosia. Com olhos de lince não a teria podido ver, tão envolta estava ela em vestidos e véus, e só pelo timbre da voz pude conhecê-la. Quanta foi a minha comoção ao ver-me tão perto e tão longe dela! Contive-me porque me examinavam com atenção. Quanto a ela, pareceu-me que derramava algumas lágrimas. O seu marido esforçou-se por articular algumas desculpas vãs; mas tratei-o como ao último dos escravos. Ficou muito confuso quando viu que eu falava com minha irmã numa língua que ele não entendia, e que era o antigo persa, nosso idioma sagrado. "Então é certo, minha irmã", lhe disse eu, "que abandonaste a religião dos nossos pais? Bem sei que, para entrares no bairam, tiveste que fazer profissão do maometismo. Mas diz-me se o teu coração pôde consentir, como consentiu a tua boca, em deixar uma religião que me permite amar-te. E essa religião que tão cara nos deve ser, por quem a deixas? Por um miserável ainda marcado com os grilhões que o aprisionavam, e que seria o último dos homens, se fora homem". "Meu irmão", respondeu-me, "esse homem de quem falas é meu marido; devo honrá-lo, por mais indigno que te pareça de honra; e eu também seria a última das mulheres, se...". "Ah, minha irmã!", disse-lhe eu, "tu és guebra, e esse homem nem é teu esposo, nem o pode ser, e se és fiel como teus pais, deves considerá-lo um monstro". "Ai!", replicou, "como aparece de longe à minha vista essa religião! Mal sabia eu os seus preceitos quando tive de me esquecer deles. Estás vendo que esta língua em que te falo, custa-me trabalho expressar-me nela; mas fica certo de que a lembrança da minha infâmia é sempre grata para mim, que, desde então, só tive falsas alegrias, que se não passou dia que não tenha pensado em ti, que tiveste mais parte do que presumes no meu casamento, e que só me resolvi a ele com a esperança de tornar a ver-te. Mas quanto vai custar-me este dia que já tanto me custou! Vejo-te fora de ti, meu marido brama de raiva e ciúme; não tornarei a ver-te; esta é, sem dúvida, a última vez que te falarei na minha vida, e, se assim for, ela não será longa". Enterneceu-se ao dizer estas palavras e, vendo-se impossibilitada para continuar a conversação, deixou-me como o mais desconsolado dos mortais.

Passados três ou quatro dias, solicitei outra conversação com minha irmã: bem mo teria querido impedir o bárbaro eunuco; mas, além de que esta espécie de maridos não tem sobre as suas mulheres a mesma autoridade que os demais, amava tão perdidamente a minha irmã, que nada lhe podia negar. Vi-a outra vez no mesmo lugar e coberta dos mesmos véus, acompanhada de dois escravos, pelo que tive de me exprimir no nosso idioma peculiar: "Minha irmã", lhe disse eu, "de que procede que não te posso ver sem me achar em uma horrorosa situação? As paredes em que vives encerrada, esses ferrolhos e essas grades, esses miseráveis guardas que te vigiam, tudo me enfurece. Como perdeste a doce liberdade de que gozavam os nossos antepassados? Tua mãe, que tão casta era, não tinha com o seu marido outro fiador da sua virtude que a sua própria virtude. Viviam felizes ambos numa confiança mútua, e a singeleza dos seus costumes era riqueza mil vezes mais preciosa para eles que esse brilho falso de que pareces gozar nesta suntuosa casa. Com a perda da tua religião perdeste a tua liberdade, a tua felicidade, e aquela preciosa igualdade que honra o teu sexo. E o pior é que és, não a mulher, que isso não o podes ser, mas a escrava de um escravo degradado da humanidade". "Ah, meu irmão!", disse ela, "respeita a meu esposo, respeita a religião que abracei. Segundo esta religião, não pude ouvir-te nem falar-te sem pecar". "Como!", disse-lhe fora de mim, "julgas por verdadeira essa religião?". "Ah", disse ela, "que fortuna a minha se o não fora! É muito grande o sacrifício que lhe faço, imagina se crerei nela; e se as minhas dúvidas...". Aqui se calou. "Sim, minha irmã, as tuas dúvidas, sejam quais forem, são fundadas. Que esperas de uma religião que te infelicita neste mundo, e não te dá esperanças no outro? Olha que é a nossa a mais antiga que há na terra; que sempre floresceu na Pérsia, e não tem outra origem que este império, cujos princípios se ignoram; que um mero acaso nos trouxe o maometismo, e que se não estabeleceu esta seita pela persuasão, mas pela conquista. Se não fora a fraqueza dos nossos príncipes naturais, ainda verias reinar o culto dos antigos magos. Transporta-te aos passados e remotos séculos: por toda parte encontras o magismo, em nenhuma a seita maometana, que muitos milhares de anos depois não era ainda nascida." "Mas", respondeu ela, "ainda quando a minha religião seja mais moderna que a tua, é pelo menos mais pura, pois não adoramos senão um Deus; ao passo que vós adorais ainda o sol, as estrelas, o fogo, e até os elementos". "Vejo, irmã, que aprendeste com os muçulmanos a caluniar a nossa santa religião. Não adoramos os elementos nem os astros, nem os adoraram nunca os nossos pais; nunca lhes erigiram templos; nunca lhes ofereceram sacrifícios; tributaram-lhes somente culto religioso, mas inferior, como a obras e manifestações da divindade. Em nome deste Deus que nos ilumina, toma, irmã, este sagrado livro que te trago: é o livro do nosso legislador Zoroastro; lê-o sem prevenção; recebe no teu coração os raios de luz que te alumiarão ao lê-lo; lembra-te de teus pais, que tantos séculos reverenciaram o sol na santa cidade de Balk, e finalmente lembra-te de mim, que só da tua conversão espero sossego, felicidade e vida." Com isto a deixei arrebatado, encomendando dela só a decisão do que mais me podia importar na vida.

Dois dias depois voltei. Não lhe falei, e esperei em silêncio a minha sentença de vida ou morte. "És amado, meu irmão", disse-me ela, "e amado por uma guebra. Lutei por muito tempo; mas oh, deuses, quantas dificuldades vence o amor! Como me sinto aliviada! Já não temo querer-te em demasia; já posso deixar de pôr limites ao meu amor, que até o seu excesso é legítimo. Ah, que bem se avém este estado com o de meu coração! Mas tu, que soubeste quebrar as cadeias que para si forjara o meu espírito, quando quebrarás as que me têm as mãos atadas? Entrego-me a ti desde este instante. Faz ver, pela prontidão com que me aceites, quanto aprecias esta dádiva. Meu irmão, a primeira vez que eu te possa abraçar, creio que te expirarei nos braços". Eu nunca poderia exprimir bem o gozo que com estas palavras senti; julguei-me, e fui-o efetivamente naquele instante, o mais ditoso de todos os mortais; vi quase realizarem-se quantos desejos eu formara em vinte e cinco anos de vida, e desvanecerem-se quantos desgostos ma tinham tornado tão trabalhosa. Quando, porém, saboreei tão agradáveis idéias, reconheci que não estava tão perto a minha ventura quanto a princípio se me havia afigurado, posto que tivesse superado o maior de todos os obstáculos. Era preciso frustrar a vigilância dos seus guardas. A ninguém eu me atrevia a confiar o segredo de minha vida. Eu não tinha senão minha irmã no mundo, ela não tinha senão a mim. Se eu errasse o golpe, corria o risco de ser empalado; mas errá-lo era para mim a pena mais cruel. Acordamos que me mandasse pedir um relógio que lhe deixara seu pai, que eu meteria dentro uma lima para serrar as gelosias de uma janela que deitava para a rua, e uma corda atada para descer, e que a não tornaria a ver, mas que me poria todas as noites debaixo da janela até que ela pudesse executar o seu intento. Passei quinze noites a fio sem ver ninguém, porque não tinha encontrado minha irmã ocasião favorável. Enfim, na décima sexta, ouvi uma serra trabalhar. De quando em quando se interrompia o ruído, e nestes intervalos era indizível o meu terror. Depois de uma hora de trabalho, vi-a amarrar a corda; despendurou-se, e deixou-se cair nos meus braços. Então já não conheci perigos, e estive muito tempo sem me mover dali. Levei-a para fora da cidade, onde eu tinha um cavalo arreado; pu-la à garupa, e, o mais depressa que era possível, fugi de um lugar que tão fatal nos podia ser. Antes de amanhecer chegamos à casa de um guebro, que vivia parcamente do trabalho das suas mãos num ermo, a que se retirara. Não nos pareceu conveniente ficarmos em casa dele, e, por seu conselho, nos metemos numa espessa mata, e nos acolhemos na cavidade de um velho carvalho, até que se desvanecesse o rumor da nossa fuga. Vivíamos ambos nesta solitária morada, sem testemunhas, repetindo sem cessar que sempre nos amaríamos, e esperando ocasião de que um sacerdote guebro celebrasse a cerimônia do nosso casamento, como a prescrevem os nossos sagrados livros. “Quão santa é esta união, minha irmã!”, lhe disse um dia. “A natureza tinha-nos unido e a nossa sacrossanta lei vai unir-nos ainda mais.” Enfim veio um sacerdote acalmar a impaciência do nosso amor. Celebrou na choça de um lavrador as cerimônias do nosso matrimônio, deitou-nos a bênção, e mil vezes rogou ao céu que nos desse o vigor de Gustaspes e a santidade do Hohoraspes. Pouco depois deixamos a Pérsia, onde não estávamos seguros, e refugiamo-nos na Geórgia, onde vivemos um ano, mais enamorados cada dia um do outro. Mas, como se ia acabando o dinheiro, e eu temia não o cair na miséria, mas que caísse nela minha irmã, deixei-a para pedir socorro aos meus parentes. Nunca houve despedida mais terna. A minha viagem, porém, não só foi inútil, mas também funesta, porque achei os meus bens confiscados e os meus parentes quase impossibilitados de me socorrer, e só trouxe o dinheiro estritamente necessário para o meu regresso. Mas qual não foi a minha desesperação quando não encontrei em casa minha irmã! Poucos dias antes da minha chegada, os tártaros tinham feito uma incursão na cidade onde ela residia, e, porque a acharam formosa, tomaram-na e venderam-na a uns judeus que iam para a Turquia, e só deixaram uma pequerrucha que ela dera à luz uns meses antes. Fui na pegada destes judeus e alcancei-os a três léguas dali; mas foram estéreis as minhas lágrimas e as minhas súplicas: pediram-me sempre por ela trinta tomans, sem querer abater um só. Tendo batido às portas de toda a gente e implorado debalde a compaixão dos sacerdotes turcos e cristãos, dirigi-me a um negociante armênio, e vendi-lhe minha filha e vendi-me também a mim próprio por trinta e cinco tomans. Fui ter com os judeus, dei-lhes trinta, e levei os outros cinco à minha irmã, a quem não tinha visto ainda: "Já és livre, minha irmã", lhe disse, "e posso abraçar-te. Aqui estão cinco tomans que te trago; o que lamento, é que me não hajam comprado mais caro". "Como!", disse ela, "vendeste-te?". "Vendi-me, sim." "Ah! que foste fazer, desventurado? Não era eu já bastante desditosa, sem que te empenhasses em aumentar a minha desdita? Consolava-me saber que eras livre, e o ver-te escravo vai-me custar a vida. Ah, meu irmão, que cruel é o teu amor! E minha filha onde está, que não a vejo?" "Vendi-a também", repliquei. Desatamos ambos a chorar e não tivemos força para articular mais palavra. Finalmente voltei a meu amo; mas chegou minha irmã quase ao mesmo tempo que eu, e, lançando-se aos pés dele, disse-lhe:

"Peço-vos a escravidão, como pedem outros a liberdade; levai-me convosco, e vender-me-eis mais cara que a meu marido". Travou-se então um debate que encheu de lágrimas os olhos de meu amo. "Infeliz!", dizia minha irmã, "pensavas que eu havia de aceitar a liberdade à custa da tua? Senhor, aqui tendes a dois infelizes, que morrerão se os separardes. Entrego-me a vós, pagai-me; talvez que esse dinheiro e os meus serviços possam algum dia obter de vós o que não vos ouso pedir. É interesse vosso não nos separar; sabei que disponho da vida dele." O armênio era homem bom, e comoveram-no as nossas desditas. "Servi-me um e outro", disse, "com fidelidade e zelo, e prometo-vos que dentro de um ano vos porei em liberdade. Vejo que não mereceis nem um nem outro a vossa fatal sorte. Se, quando fordes livres, fordes tão felizes como o mereceis; se a fortuna vos ventar prosperamente, certo estou que me ressarcireis a minha perda". Ambos lhe abraçamos os joelhos, e o acompanhamos na sua viagem. Aliviávamo-nos mutuamente nos trabalhos da escravidão; e a minha maior satisfação era fazer eu o serviço que competia a minha irmã.

Chegou o fim do ano, e cumpriu o nosso amo a sua palavra dando-nos liberdade. Voltamos a Teflis, onde encontrei um antigo amigo de meu pai, que exercia com êxito a medicina na cidade; emprestou-me algum dinheiro, e comecei a comerciar. Os meus negócios trouxeram-me logo a Esmirna, onde me estabeleci. Há seis anos que aqui vivo, gozando da mais grata e amável companhia que há no mundo: na minha família reina a união, e eu não trocaria a minha sorte pela de nenhum monarca deste globo. Tive a fortuna de tornar a encontrar o mercador armênio, a quem tudo devo, e de fazer-lhe assinalados serviços.

De Esmirna, 27 da lua de Gemmadi 2, 1714.

Carta LXVIII
Rica a Usbek
*Em ****

Um dos dias últimos fui jantar a casa de um garnacha que várias vezes me havia convidado, e depois de havermos falado de muitas coisas, eu lhe disse: "Parece-me, senhor, que é mui penoso o seu ofício". "Não tanto como se lhe afigura", respondeu ele; "do modo como o exercemos, é apenas uma diversão". "Mas como! Não estão os senhores sempre com a cabeça cheia de negócios alheios? Não estão incessantemente ocupados em coisas nada interessantes?" "Razão tem o senhor em dizer que não são interessantes, porque a nós não nos interessam patavina, e isso mesmo é o que faz ser tão pouco trabalhoso o nosso ofício." Quando vi que se expressava com tanto desembaraço, continuei dizendo-lhe:

"Ainda não vi o seu escritório". "Como há de vê-lo, se o não tenho? Quando assumi este cargo, precisei de dinheiro para o pagar; vendi, pois, a minha biblioteca, e o livreiro que ma comprou, de tantos volumes que nela havia, apenas me deixou o meu livro razão. Não quero dizer que o sinto, porque os juízes não fazemos alarde de uma ciência vã. De que nos servem todos esses volumes de leis? Quase todos os casos são hipotéticos, e saem da regra geral." "E é impossível", lhe disse, "que seja o senhor quem os tire dela! Porque enfim, para que quereriam todos os povos do mundo leis, se nunca se houvessem de aplicar? E como pode aplicá-las o que as não conhecer?". "Se o senhor conhecera a prática", replicou o magistrado, "não falara como fala: nós temos livros vivos, que são os advogados; estes trabalham em vez de nós, e encarregam-se de nos instruir". "E também às vezes não se encarregam de os enganar aos senhores?", respondi-lhe. "Estão armados para atacar a sua justiça; bom seria que o estivessem os senhores para a defender, e que não saíssem a campo com armas desiguais, contra homens armados até aos dentes."

De Paris, 13 da lua de Chahban, 1714.

CARTA LXIX
Usbek a Redi

Em Veneza.

Nunca terias imaginado que eu me havia de fazer mais metafísico ainda do que era: pois assim é, e ficarás convencido quando tiveres agüentado este chuveiro de filosofia.

Os filósofos mais sensatos que meditaram acerca da natureza divina disseram que Deus era um ser sumamente perfeito, mas abusaram extraordinariamente desta definição, fazendo uma enumeração de quantas perfeições diversas pode possuir ou imaginar o homem, e enfeixando-as com a idéia da divindade, sem considerar que muitas vezes eram contraditórios estes atributos, e não podiam coexistir num mesmo sujeito sem se destruírem.

Dizem os poetas do Ocidente que um pintor[1], querendo retratar a deusa da beleza, reuniu as mais formosas gregas, e escolheu o mais perfeito de cada uma delas, para formar um todo que se assemelhasse à mais bela de todas as deusas. Se disto tivesse alguém concluído que ela era ao mesmo tempo loira e morena, que tinha os olhos pretos e azuis, o olhar suave e altivo, todos se teriam rido dele.

Muitas vezes falta em Deus uma perfeição que supõe uma imperfeição maior; posto que sempre seja ele próprio o seu único limite e a sua única necessidade. De sorte que, conquanto Deus seja todo-poderoso, não pode violar as suas promessas, nem enganar os homens. Outras vezes não consiste nele a sua impotência, mas nas coisas relativas; e por esta razão não pode mudar a essência dos seres.

Por isso não é de estranhar que vários doutores nossos se tenham atrevido a negar a presciência infinita de Deus, fundando-se em que é incompatível com a sua justiça.

---

[1] Zeuxis.

A metafísica corrobora muito esta idéia que tão atrevida parece, porque não é possível, segundo os seus princípios, que Deus preveja as coisas que dependem da determinação das causas livres, porque o que não sucedeu não existe, nem pode prever-se por conseguinte; que o nada, carecendo de propriedades, não pode ser objeto de intuição. Deus não pode conhecer uma vontade que não existe, nem ver na alma uma coisa que não está nela, porque antes de se haver determinado não existe nela a ação determinante.

A alma é artífice da sua própria determinação; mas há casos em que está de modo indeterminado, que não sabe para onde se determinará. Muitas vezes se resolve meramente para usar da sua liberdade; de sorte que não pode Deus ver de antemão a sua determinação, nem na sua própria ação, nem na que sobre ela exercem os objetos.

Como poderia Deus prever as coisas que dependem da determinação das causas livres? Só de duas maneiras poderia vê-las: por conjetura, o que é contraditório com a presciência infinita; ou como efeitos necessários que infalivelmente se haviam de seguir de uma causa que forçosamente os produziria, o que inda é mais contraditório, pois supusemos que a alma é livre, e então na realidade obraria tão forçada como uma bola de bilhar, que se move impelida por outra.

Não creias, contudo, que eu queira limitar a ciência divina. Deus, que faz obrar as criaturas, como é a sua vontade, conhece tudo quanto quer conhecer. Mas, ainda que tudo possa ver, nem sempre se serve desta faculdade, e as mais das vezes deixa à criatura a de obrar ou não obrar, para lhe deixar o mérito ou o demérito, renunciando então ao direito que tem de atuar nela e determiná-la. Mas quando ele quer saber uma coisa, sempre a sabe, porque lhe basta querer que suceda como a vê e determinar as criaturas segundo a sua vontade. É assim que ele tira o que é força que suceda da categoria das coisas meramente possíveis, prescrevendo por seus altos juízos as determinações futuras dos espíritos, e privando-os da faculdade que lhes deu de obrar ou não obrar.

Se pudéssemos servir-nos de uma comparação em coisas superiores a toda comparação, um monarca ignora o que fará o seu embaixador em um negócio importante; se o quer saber, basta-lhe ordenar que execute isto ou aquilo, e poderá estar certo de que há de fazer o que ele determinar.

O Alcorão e a lei judaica insurgem-se sem cessar contra o dogma da presciência absoluta: vemos sempre em ambos que Deus ignora a determinação futura das almas, e parece ser esta a primeira verdade ensinada por Moisés aos homens.

Pôs Deus a Adão no Paraíso terreal com a condição de não comer certo fruto: absurda prescrição da parte de um ser que conhecesse as futuras determinações das almas; porque como pode este ser outorgar sob condição uma graça, sem fazer escárnio daquele a quem a outorga? Isso é o mesmo que, se alguém que tivesse sabido a tomada de Bagdá, houvesse dito a outro: "Dou-te mil escudos se Bagdá não está tomada". Não seria este um gracejo néscio?

De que serve, querido Redi, tanta filosofia? Deus está tão alto, que nem sequer vemos as nuvens que o encobrem e só por seus preceitos o conhecemos. É imenso, espiritual, infinito. Meçamos por sua grandeza toda a nossa fraqueza. A humildade é o culto que lhe devemos tributar.

De Paris, último da lua de Chahban, 1714.

Carta LXX
Zélis a Usbek

Em Paris.

Solimão, com quem professas amizade, está desesperado com uma afronta que acaba de receber. Um moço estouvado, por nome *Sufis*, pretendia, há três meses, casar-se com a filha dele: parecia muito satisfeito com a figura da noiva pelas referências e pelo retrato que dela lhe fizeram as mulheres que a tinham visto em menina; já estavam acordes acerca do dote, e tudo se passara sem nenhum incidente. Ontem, depois das primeiras cerimônias, saiu a cavalo a rapariga, em companhia do seu eunuco, e velada, como é costume, dos pés até a cabeça. Mas, tanto que chegou diante da casa do futuro marido, fechou-lhe este a porta, jurando que nunca a receberia, se lhe não davam mais dote. Acudiram os parentes de ambas as partes a compor a questão; e, depois de muita relutância, Solimão prestou-se a fazer um modesto presente ao genro. Findas as cerimônias do matrimônio, levaram a jovem ao leito nupcial com bastante violência; mas, uma hora depois, aquele estouvado ergueu-se furioso, retalhou o rosto da noiva, e recambiou-a ao pai, sustentando que ela não estava virgem. Não te posso pintar a impressão que produziu em Solimão tamanha injúria. Muitos pensam que a moça está inocente.

Mui infelizes são os pais que a semelhantes vexames estão expostos! Creio que, se de igual modo tratassem minha filha, eu morreria de desgosto. Adeus.

Do serralho de Fátima, 9 da lua de Gemmadi 1, 1714.

Carta LXXI
Usbek a Zélis

Muito me compadeço de Solimão, tanto mais quanto é irremediável o infortúnio e seu genro não fez mais que usar da faculdade que lhe dá a lei. Mui dura me parece esta lei, pois expõe a honra de uma família aos caprichos de um doido. Por mais que se diga que há seguros indícios para conhecer a verdade, é erro este antigo de que já estamos desenganados, e os médicos demonstram com razões irrespondíveis que são falazes todos os sinais. Até os próprios cristãos os têm por quiméricos, posto que os estabeleçam claramente os seus livros sagrados e que neles funde o seu antigo legislador a inocência ou a condenação de todas as mulheres solteiras[1].

Com muita satisfação soube o cuidado que pões na educação de tua filha. Praza a Deus que seu marido a encontre tão pura e tão bonita como Fátima; que tenha dez eunucos que a guardem; que seja a honra e o ornamento do serralho onde viva; que resida debaixo de doirados tetos e pisem os seus pés soberbas alcatifas. E, por cúmulo de venturas, oxalá que a vejam os meus olhos em toda a sua glória!

De Paris, 5 da lua de Chalval, 1714.

---

[1] *Deuteronômio*, XVII, 13-21: "Se um homem casar com uma mulher e depois lhe criar aversão e buscar pretextos para a repudiar, imputando-lhe um crime vergonhoso, e disser: Esta tomei por mulher, mas, quando me fui deitar com ela, não a achei virgem... , açoitá-lo-ão e condená-lo-ão em cima a pagar cem siclos de prata; mas se é verdade o que ele opõe, expulsarão a moça, apedrejá-la-ão, e morrerá...".

CARTA LXXII
Rica a Usbek
*Em ****

Achei-me no outro dia em uma sociedade em que vi um homem mui satisfeito de si próprio. Num quarto de hora decidiu três questões de moral, quatro problemas de história e cinco pontos de física. Nunca vi qualificador mais universal; nunca se deteve o seu entendimento nem com a mais leve dúvida. Deixaram as ciências, falaram de notícias, ele decidiu acerca de notícias.

Eu quis apanhá-lo no laço, e disse de mim para mim: "Vou pôr-me em lugar seguro, falando-lhe da minha terra". Falei-lhe da Pérsia, mas ainda bem não tinha eu dito quatro palavras, desmentiu-me duas vezes, fundando-se na autoridade dos senhores Tavernier e Chardin[2]. "Ah! meu Deus!", disse eu em mim, "que homem este! Daqui a pouco conhecerá melhor que eu as ruas de Ispahan". Resignei-me, pois, calei-me, deixei-o palrar, e ainda agora está dando decisões[3].

De Paris, 8 da lua de Zilcadé, 1715.

---

[2] Tavernier (1605-1686) e Chardin (1643-1713), célebres viajantes franceses. Deixou o primeiro *Voyages en Turquie, en Perse et aux Indes*, e o outro publicou *Voyage en Perse*, e residiu seis anos em Ispahan.

[3] Compare-se o que, por boca de um persa, diz Montesquieu, com esta página, que traduzimos, do moralista francês, autor dos *Caracteres*:

«*Arrias* leu e viu tudo; é um homem universal — e assim se reputa —; prefere mentir a calar-se ou parecer ignorante de alguma coisa. Fala-se, à mesa, de alguma faustosa corte do Norte; logo toma a palavra, impondo silêncio aos que se propunham dizer o que sabiam a tal respeito; remonta-se nas asas da fantasia até aquela longínqua região, como se nela houvera nascido; discorre acerca dos costumes, das mulheres, das leis e práticas do país de que se trata; conta anedotas em que interveio e cuja graça é o primeiro a aplaudir com sonoras casquinadas. Se alguém o contradiz demonstrando-lhe a falsidade das suas palavras, Arrias não se perturba, antes pelo contrário se inflama contra o seu impugnador: "Não invento", diz; "tudo o que referi está comprovado por Sethon, embaixador da França naquela corte, meu amigo íntimo, que há dias se acha em Paris e que tudo isso me contou miudamente". E em seguida reata a sua narração com maior aprumo ainda que quando a começou, mas então outro dos circunstantes o interrompe: "O senhor está falando exatamente com Sethon, que regressou da sua embaixada". (La Bruyère, *Caracteres*, cap. V.)

CARTA LXXIII
Rica a ***

Ouvi falar de uma espécie de tribunal a que chamam *Academia francesa*. Não há outro menos respeitado no mundo, porque dizem que, assim que ele sentenciou, reforma o público as suas sentenças, e lhe impõe leis que se vê obrigado a seguir.

Pouco tempo há que, para assentar a sua autoridade, publicou o código das suas decisões[1], filho de muitos pais que, quando nasceu, já era quase velho, e bem que legítimo, um bastardo[2] que o havia precedido quase o afogara no berço.

Os membros deste tribunal não têm outra função que tagarelar continuamente; o elogio introduz-se como naturalmente no seu sempiterno palrar e assim que estão iniciados nos seus mistérios, entra-lhes a mania do panegírico, e nunca os abandona.

Este corpo tem quarenta cabeças, todas atulhadas de figuras, metáforas e antíteses; as suas quarenta bocas não articulam mais que exclamações, e os seus ouvidos querem que sempre neles ressoe a cadência e a harmonia. Dos olhos não se trata, porque, ao que parece, o seu ofício é falar e não ver. Não se tem bem em pé; porque o tempo, que é o seu açoite, a cada instante o abala, e destrói tudo quanto fez. Dizem que antigamente tinha as mãos mui cobiçosas; nada te direi a esse respeito, e deixo que isso decidam os que estão melhormente informados que eu[3].

Extravagâncias são estas que, na nossa Pérsia, nunca jamais se vêem. O nosso gênio não se avém com estes singulares e estranhos estabelecimentos: a singeleza dos nossos costumes e o pouco estudado das nossas maneiras só se comprazem no que é natural.

De Paris, 27 da lua de Zilhagé, 1715.

---

[1] O dicionário da Academia (1694).

[2] O dicionário de Furetière (1688).

[3] Em 24 de janeiro de 1728, rodados sete anos sobre a publicação das *Cartas persas*, entrava Montesquieu para a Academia, e pronunciava um panegírico no gênero dos que aqui condena.

Carta LXXIV
Rica a Usbek
*Em ****

Disse-me há poucos dias um conhecido meu: "Prometi-lhe apresentá-lo nas principais casas de Paris, e quero levá-lo hoje à de um magnate, que é uma das primeiras figuras do reino".

"Isso que quer dizer, senhor? É mais cortês e mais afável que os demais?" "Não por certo", respondeu-me. "Ah! já compreendo: faz sentir a cada instante a superioridade que tem sobre os que se acercam dele. Se assim é, escusada é a visita, que eu lha deixo desfrutar à sua vontade, e desde já me reconheço por seu inferior."

Tive não obstante de ir visitá-lo, e encontrei-me com um homemzinho tão teso, sorveu uma pitada de rapé com tanta arrogância, assoou-se com tanta sem-cerimônia, escarrou com tanta fleugma, e afagou os seus cães de modo tão ofensivo para os homens, que eu não me cansava de o admirar:

"Deus meu!", dizia de mim comigo, "se, quando eu estava na corte da Pérsia, fizesse este papel, certo que faria o papel de um tolo rematado". Teria sido preciso, Usbek, que fôssemos do mais perverso natural, se tivéssemos feito cem pequenas grosserias aos que iam todos os dias à nossa casa dar-nos provas de afeto. Como não tínhamos que nos esforçar para que nos respeitassem, esforçávamo-nos por ser amáveis: comunicávamo-nos com os mais pequenos, e, no meio da opulência que sempre endurece o coração, eles nos encontravam compassivos; só viam a superioridade do nosso coração, e nós nos abaixávamos a conhecer as suas necessidades. Quando, porém, nas solenidades públicas cumpria sustentar a majestade do príncipe, quando era preciso fazer que os estrangeiros respeitassem a nação, quando enfim, nos lances perigosos, era mister animar os soldados, subíamos cem vezes mais alto do que havíamos descido, revestia-se de dignidade o nosso semblante, e diziam às vezes que não desempenhávamos tão mal o nosso papel.

De Paris, 10 da lua de Safar, 1715.

Carta LXXV
Usbek a Redi
Em Veneza.

Cumpre que eu te confesse que não notei entre os cristãos aquela veemente persuasão da sua religião que vemos entre os muçulmanos. Nos primeiros há grande distância da profissão à crença, da crença à convicção, da convicção à prática, e não é tanto a religião um manancial de santificação como de contendas em que se mete toda a gente. Cortesãos, militares, e até as mulheres disputam com os eclesiásticos, e exigem deles que lhes provem aquilo que estão resolutos a não crer, e não porque tenham para a sua incredulidade razão nenhuma, nem porque se tenham dado ao trabalho de examinar a verdade ou falsidade da religião que repelem: são rebeldes que sentiram o jugo e o sacudiram antes de o conhecerem. Por isso não têm mais firmeza na sua incredulidade que na sua fé; vivem num fluxo e refluxo que os leva e traz sem cessar de uma a outra. Um deles dizia-me um dia: "Creio na imortalidade da alma por semestre; as minhas opiniões dependem absolutamente da constituição do meu corpo: segundo tenho mais ou menos espíritos animais, segundo digere bem ou mal o meu estômago, segundo é pesado ou sutil o ar que respiro, segundo são leves ou sólidos os alimentos que como, sou espinosista, sociniano, católico, ímpio ou devoto. Quando o médico está à beira da minha cama, o confessor encontra-me mui dócil. Bem sei obstar a que me atormente a religião, quando gozo saúde; mas permito-lhe que me console quando estou doente: quando nada tenho que esperar do mundo, apresenta-se a religião e conquista-me com as suas promessas, e consinto em me entregar nas suas mãos, e morrer com a esperança".

Há muito que os príncipes cristãos libertaram todos os escravos dos seus Estados, alegando que o cristianismo iguala todos os homens. É verdade que foi proveitosíssimo para eles este ato de religião, pois com ele abatiam aos grandes de cujo poder tiravam a plebe. Depois conquistaram países, onde viram que lhes era vantajoso ter escravos, e permitiram comprá-los e vendê-los, deslembrando-se do princípio de religião que tanto haviam alegado. Que queres que eu te diga? Verdade num tempo, mentira em outro. Por que não fazemos como os cristãos? Muito ingênuos somos não fazendo fáceis conquistas e estabelecimentos em felizes climas[1], por não ser bastante pura a

[1] **Os maometanos não se querem apoderar de Veneza, porque nela não encontrariam água para as suas purificações. (Nota de Montesquieu.)**

água para as nossas abluções, segundo os princípios do sagrado Alcorão.

Dou graças a Deus onipotente que enviou Ali, seu grande profeta, o qual me ensinou uma religião que se sobrepõe a todos os interesses humanos, e que é pura como o céu, donde desceu.

De Paris, 13 da lua de Safar, 1715.

Carta LXXVI
Usbek ao seu amigo Ibben
Em Esmirna.

As leis da Europa são terríveis contra os que se matam a si mesmos. Tiram-lhes, por assim dizer, segunda vez a vida; arrastam-nos com ignomínia pelas ruas, declaram-nos infames, e confiscam-lhes os bens.

Parece-me, Ibben, que tais leis são muito injustas. Quando estou acabrunhado de dor, de miséria, e de afrontas, por que querem obstar a que eu dê fim aos meus desgostos, e privar-me cruelmente de um remédio que está nas minhas mãos?

Por que querem que eu trabalhe em benefício de uma sociedade que me resolvo a abandonar, e que cumpra as condições de um convênio com que não pactuei? A sociedade funda-se na utilidade recíproca; mas, quando se me torna onerosa, quem me impede de renunciar a ela? A vida foi-me concedida como um benefício; logo, posso restituí-la quando deixa de sê-lo: cessando a causa, também deve cessar o efeito.

Quer o príncipe que eu seja seu vassalo quando não aufiro as vantagens da sujeição? Podem exigir os meus concidadãos a iníqua permuta da utilidade deles com a minha desesperação própria? A diferença de todos os benfeitores, quer-me Deus condenar a receber graças que me aflijam? Tenho obrigação de cumprir as leis quando vivo sob as leis, porém, quando já não vivo, como me podem elas obrigar? Mas dir-me-ão: Perturbas a ordem da Providência. Deus uniu a tua alma ao teu corpo, e tu separa-os; com o que te opões aos seus juízos e lhe fazes resistência.

Que quer isto dizer? Perturbo, porventura, a ordem da Providência quando mudo as modificações da matéria, tornando quadrada uma bola que as leis primordiais do movimento, isto é, as da criação e da conservação tinham feito redonda? Sem dúvida que não, pois me cinjo a usar da faculdade que me foi dada, e, neste sentido, posso perturbar à minha vontade toda a natureza, sem que possa dizer ninguém que me oponho à Providência.

Quando a minha alma se tiver separado do meu corpo, haverá menos ordem ou menos harmonia no universo? É de presumir que esta nova combinação seja menos perfeita e menos dependente das leis gerais, que o mundo perca alguma coisa com ela, e que as obras de Deus sejam menos sublimes, ou por melhor dizer, menos imensas?

Convertido o meu corpo numa espiga de trigo, num verme, numa erva, será então obra menos digna da natureza, e desprendida a minha alma de tudo o que nela havia de terreno, será por isso menos nobre?

Semelhantes idéias, meu querido Ibben, não têm outra origem que o nosso orgulho: não conhecemos a nossa mesquinhez e queremos contra toda a razão sobressair no universo, representar um papel, e ser de muita importância. Imaginamos que a diminui de quilates quando se aniquila um ser tão perfeito como nós; e não nos convencemos de que um homem mais ou menos no mundo, que digo?, todos os homens juntos, cem milhões de cabeças como a nossa, são apenas um átomo sutil e imperceptível, que Deus só distingue porque são imensos os seus conhecimentos.

De Paris, 15 da lua de Safar, 1715.

Carta LXXVII
Ibben a Usbek

Em Paris.

Parece-me, caro Usbek, que, para um verdadeiro muçulmano, as desditas são menos castigos do que admoestações. Mui preciosos são os dias que nos proporcionam a expiação das nossas culpas. O que deveríamos encurtar é o tempo da prosperidade. De que serve toda a nossa impaciência senão para manifestar que queremos ser felizes, independentemente daquele que dispõe de todas as felicidades, porque é a felicidade mesma?

Se o nosso ser consta de dois seres, e se a necessidade de conservar esta união indica a submissão às ordens do Criador, razão houve para prescrevê-la como lei religiosa, e se é um bom fiador das ações humanas esta mesma necessidade de conservar a união, também a deveram fazer lei civil.

De Esmirna, último da lua de Safar, 1715.

Carta LXXVIII
Rica a Usbek
*Em ****

Envio-te cópia de uma carta escrita por um francês que se acha em Espanha, e creio que folgarás muito de vê-la.

"Há seis meses que viajo por Espanha e Portugal, e vivo entre povos que desprezam a todos os outros, fazendo unicamente aos franceses a honra de os odiar.

A gravidade é o caráter distintivo de ambas as nações, e manifesta-se principalmente de dois modos: pelos óculos e pelos bigodes.

Os óculos são prova demonstrativa de que aquele que os usa é sujeito consumado nas ciências e se engolfou em tão profundas leituras, que se lhe cansou a vista; de sorte que todo nariz ornado ou carregado de óculos se reputa, sem contradição, o nariz de um sábio.

Quanto ao bigode, é respeitável por si mesmo e independentemente das suas conseqüências, posto que não poucas vezes acarrete muita utilidade ao serviço do príncipe e em proveito da nação, como bem o mostrou um famoso general português na Índia[1], que, achando-se falto de dinheiro, cortou um dos seus bigodes e mandou pedir aos habitantes de Goa vinte mil dobrões sobre este penhor: emprestaram-lhos imediatamente, e depois ele desempenhou honradamente o seu bigode.

Facilmente se compreende que povos tão fleugmáticos e graves como estes hão de ser altivos, e na verdade o são, fundando a sua arrogância em duas coisas de não pouca entidade. Os que vivem no continente de Espanha e Portugal têm muita vaidade, quando são o que chamam cristãos velhos, é dizer, quando não são oriundos daqueles a quem a Inquisição persuadiu nos últimos séculos a abraçarem a religião cristã. Os que vivem nas Índias não têm menos arrogância

[1] Dom João de Castro, vizo-rei da Índia, morto em Goa em 1548, e cuja vida escreveu Jacinto Freire de Andrade, um dos clássicos da língua portuguesa.

quando consideram que têm o sublime mérito de serem, como dizem, homens de pele branca. Nunca houve no serralho do Grão-Senhor[2] sultana mais orgulhosa da sua beleza do que o está o mono mais velho e mais feio com a alvura da sua tez azeitonada, quando, numa cidade do México, se assenta à porta da rua, de braços cruzados. Homem de tamanha importância, criatura tão perfeita não trabalhará por todos os tesoiros do mundo, nem se resolveria nunca a comprometer com uma vil e mecânica indústria a dignidade e a nobreza da sua cútis.

Porque se há de saber que, quando um homem tem certo mérito em Espanha, por exemplo quando às qualidades de que acabo de falar, junta a de ser possuidor de uma espada grande, ou haver aprendido de seu pai a habilidade de arranhar uma dissonante guitarra, já não trabalha, interessando-se o seu pundonor no repouso dos seus membros. Quem permanece assentado dez horas por dia consegue precisamente o dobro do apreço de quem não o está mais que cinco, porque o homem adquire a nobreza refestelando-se numa cadeira.

Mas ainda que todos estes inimigos do trabalho façam gala de uma tranqüilidade filosófica, todavia não a têm no coração, porque sempre estão enamorados, e são os homens mais dispostos que no mundo há para morrerem derretidos de amor debaixo das janelas das suas amadas, de maneira que todo espanhol que não está encatarroado não é tido por cortejador das damas.

Primeiro são devotos, e, segundamente, ciosos. Abster-se-ão muito bem de expor as suas mulheres aos ataques de um militar crivado de feridas, ou de um magistrado decrépito; mas encerrá-las-ão com um noviço fervoroso que abaixe os olhos, ou com um franciscano robusto que os erga.

Permitem que as mulheres saiam à rua com os peitos descobertos, mas não querem que mostrem o calcanhar, ou que descubram a ponta do pé.

Dizem que em toda parte são cruéis os rigores do amor, mas em Espanha o são mais que em qualquer outra. As mulheres curam os espanhóis dos seus desgostos, mas é para lhes darem outros, e fica-lhes muitas vezes uma penosa e duradoira lembrança de uma paixão já extinta.

Usam de certas cerimônias corteses que pareceriam descabidas

---

[2] O sultão dos turcos.

em França; assim, por exemplo, um capitão nunca bate num soldado, sem lhe pedir licença, nem queima a inquisição um judeu, sem lhe rogar que lhe perdoe.

Os espanhóis que não são queimados são tão dedicados à Inquisição, que seria peso de consciência o tirar-lha. Eu quisera que se estabelecesse outra, não contra os hereges, mas contra os heresiarcas que atribuem a frívolas cerimônias fradescas a mesma eficácia que aos sete sacramentos, adoram tudo quanto veneram, e é tanta a sua devoção que quase não são cristãos.

Encontram-se nos espanhóis entendimento claro e bom senso, mas não se busquem nos seus livros. Veja-se uma das suas bibliotecas; romances de um lado, e escolásticos de outro, dir-se-ia que fez ambas as partes e reuniu o todo um inimigo secreto da razão humana.

O único bom livro que têm é o que fez ver quanto eram ridículos todos os outros[3].

Fizeram imensos descobrimentos no Novo Mundo, e inda não conhecem o seu próprio continente: nos seus rios há pontes que inda não estão descobertas, e, nas suas montanhas, povoações que não conhecem[4].

Dizem que o Sol se levanta e deita no seu país; mas cumpre dizer também que, no seu percurso, só encontra campinas devastadas e regiões desertas."

Eu muito estimaria, Usbek, ver uma carta escrita a Madri por um espanhol que viajasse por França: bem creio que vingaria a sua nação. Que vasto campo para um sujeito fleugmático e reflexivo! Quer-me parecer que começaria a descrição de Paris nos seguintes termos:

"Aqui há uma casa onde se internam os loucos: era de supor que fosse a mais ampla da Cidade; mas não, que seria mesquinho remédio para tamanho mal. Sem dúvida os franceses, que estão reputados por de tão pouco siso entre os seus vizinhos, encerram alguns loucos numa casa, para que creiam que estão no seu juízo os que vivem fora".

Mas deixemos o meu espanhol. Adeus, caro Usbek.

De Paris, 17 da lua de Safar, 1715.

---

[3] O *Dom Quixote*, de Cervantes. Sem aceitarmos a severidade do juízo de Montesquieu, devemos reconhecer que, se o *Dom Quixote* não é a única obra boa da literatura espanhola, é, sem debate, uma das melhores.

[4] Las Batuecas. São dois vales nos confins da Extremadura.

Carta LXXIX
O principal eunuco a Usbek
Em Paris.

Ontem alguns armênios trouxeram ao serralho uma escrava jovem da Circássia para a venderem. Meti-a nos aposentos secretos, despi-a, examinei-a com o cuidado minucioso e atento de um juiz; e quanto mais a examinava, mais perfeições descobria nela. Um pudor virginal parecia querer escondê-las da minha vista; vi com quanto esforço me obedecia, e como corava de se ver nua ainda mesmo diante de mim, que, livre das paixões que podem assustar o pudor, sou como inanimado sob o império deste sexo e, ministro da modéstia, contemplo com olhos castos as ações mais livres e só a inocência posso inspirar.

Assim que a julguei digna de ti, abaixei os olhos, lancei-lhe um manto escarlate, pus-lhe no dedo um anel de oiro, prostrei-me aos seus pés e adorei-a como rainha do teu coração. Paguei aos armênios e escondi-a dos olhos de todos. Afortunado Usbek! tu só possuis mais beldades que quantas encerram todos os palácios do Oriente. Que prazer para ti o encontrares à tua volta tudo o que a Pérsia tem de mais encantador, e veres renascer no teu serralho as graças, à medida que o tempo e a posse trabalham por destruí-las.

Do serralho de Fátima, 1º da lua de Rebiab 1, 1715.

Carta LXXX
Usbek a Redi
Em Veneza.

Desde que estou na Europa, meu caro Redi, vi muitos governos diferentes: aqui não é como na Ásia, onde por toda parte são as mesmas as regras da política.

Muitas vezes me esforcei por averiguar que governo era mais conforme à razão, e parece-me que o mais perfeito é o que consegue os seus fins com menor dificuldade; de sorte que é o mais perfeito o que conduz os homens do modo que mais se avém com os seus gostos e com as suas inclinações.

Acredita, meu caro Redi, que, num Estado, não são os castigos mais ou menos cruéis que fazem que sejam obedecidas as leis. Nos países onde são moderadas as penas, temem-nas tanto como naqueles onde são tremendas e tirânicas.

Tanto nos governos suaves como nos cruéis, os castigos são sempre graduais, e mais brandos ou mais rigorosos, segundo são mais graves ou mais leves os delitos. A imaginação adapta-se naturalmente aos costumes do país em que se vive: oito dias de cadeia, ou uma pequena multa produzem tanta impressão no espírito de um europeu, criado num país de clemência, como a um asiático atemoriza a perda de um braço. Certo grau de pena o vêem com certo grau de temor e cada um toma uma parte dele a seu modo; a desesperação da afronta aflige a um francês condenado a uma pena que não tiraria a um turco um quarto de hora de sono.

Por outro lado, não vejo que na Turquia, na Pérsia e no Mogol se observe melhor a polícia, a justiça e a eqüidade que nas repúblicas de Holanda e de Veneza e na própria Inglaterra, nem que se cometam menos delitos, ou que, intimidados pelo rigor dos castigos, os homens obedeçam melhor às leis.

Pelo contrário, noto, nestes Estados, uma fonte de injustiças, de vexações.

Acho o príncipe, que é a lei mesma, menos senhor que em qualquer outra parte.

Vejo que, nas épocas de rigor, se produzem continuamente revoltas e motins que não têm chefe, e que quando é uma vez menosprezada a autoridade violenta, ninguém conserva a suficiente para lhe restituir o seu vigor.

Que a mesma desesperação da impunidade fortifica a desordem e a aumenta.

Que, nestes Estados, não há revoltas pouco importantes, nem medeia intervalo entre a murmuração e o levante.

Que não é necessário que os sucessos mais importantes procedam de grandes causas; pelo contrário, o mais leve acidente produz uma grande revolução, tão pouco prevista as mais das vezes pelos que a fazem como pelos que são suas vítimas.

Quando foi deposto Osman, imperador dos turcos, nenhum de quantos cometeram este atentado tinha propósito de o cometer; somente pediam com rogos que lhes fizessem justiça de alguns agravos: ouviu-se casualmente na multidão uma voz, que nunca se soube de quem era, que pronunciou o nome de Mustafá, e, de improviso, Mustafá foi aclamado imperador.

De Paris, 2 de lua de Rebiab 1, 1715.

Carta LXXXI

Nargum, enviado da Pérsia em Moscóvia, a Usbek

Em Paris.

Não há em todas as nações do mundo, meu caro Usbek, nenhuma que tenha excedido os tártaros na glória e na extensão das suas conquistas. Este povo é o verdadeiro dominador do Universo: todos os demais parecem destinados a serem seus escravos; é igualmente o fundador e o destruidor dos impérios; em todos os tempos, deu na Terra provas do seu poder, e foi, em todas as idades, flagelo das nações.

Duas vezes conquistaram os tártaros a China, e inda a conservam sob o seu domínio.

São senhores dos vastos países que formam o império do Mongol.

Donos da Pérsia, ocupam o trono de Ciro e Gustaspes. Avassalaram a Moscóvia. Com o nome de turcos, fizeram imensas conquistas na Europa, Ásia e África, e dominam nestas três partes do globo.

E, se passamos a séculos mais arredados, deles é que saíram alguns dos povos que derrubaram o Império romano.

Que são as conquistas de Alexandre, comparadas com as de Gêngis-can?

Só faltaram a esta nação tão esforçada historiadores que celebrassem a memória dos seus gloriosos feitos.

Quantas ações imortais jazem sepultadas no esquecimento! Quantos impérios por ele fundados, cuja origem ignoramos! Unicamente ocupada esta nação belicosa com a sua glória presente, e certa de vencer em todos os tempos, não pensou em se assinalar no futuro pela memória das suas passadas conquistas.

De Moscou, 4 da lua de Rebiab 1, 1715.

Carta LXXXII

Rica a Ibben

Em Esmirna.

Posto que os franceses falem muito, há todavia entre eles uma espécie de daroeses taciturnos, a que chamam cartuxos. Diz-se que, ao entrarem no convento, cortam a língua, e oxalá que todos os mais daroeses tirassem tudo quanto por sua profissão não lhes serve de nada!

E pois que tratamos de pessoas taciturnas, dir-te-ei que há outros mais estranhos que os primeiros e que possuem uma extraordinária habilidade. São os que sabem falar sem dizer nada, e entretêm uma conversação por espaço de duas horas sem ser possível decifrá-las, ser seu plagiário, nem reter uma palavra de quanto disseram.

São adorados pelas mulheres, mas não tanto como outros a quem a natureza dotou da arte amável de sorrir oportunamente, isto é, a cada instante, e aprovam com festiva graça tudo quanto as damas dizem.

Mas o cúmulo do engenho é encontrar agudeza em tudo, e achar muito chiste nos ditos mais comuns.

Conheço outros que foram bem-sucedidos metendo nas conversações coisas inanimadas, e fazendo falar a sua casaca bordada, a sua peruca, a sua caixa de rapé, a sua bengala e as suas luvas. Convém começar fazendo bulha com a sua carruagem na rua, e dando rijas aldravadas à porta, que estes anúncios captam a benevolência do auditório, e, sendo bom o exórdio, fazem-se toleráveis as sandices que depois se dizem, e que por fortuna vêm já tarde.

Juro-te que estas miúdas habilidades, de que se não faz nenhum caso no nosso país, valem aqui muito para os que têm a dita de as possuir, e que um sujeito de bom senso brilha muito pouco em presença daqueles que possuem estas prendas.

De Paris, 6 da lua de Rebiab 2, 1715.

Carta LXXXIII
Usbek a Redi

Em Veneza.

Se há um Deus, forçoso é que seja necessariamente justo; porque, se o não fosse, seria o mais perverso e mais imperfeito de todos os seres.

A Justiça é uma relação de congruência, que realmente existe entre duas coisas, relação que sempre é a mesma, qualquer que seja o ser que a considere, quer seja Deus, quer seja um Anjo, quer finalmente um homem.

Verdade é que nem sempre vêem os homens estas relações, que muitas vezes as vêem e se afastam delas, e que o que melhor vêem é sempre o seu próprio interesse. A Justiça ergue a voz, mas quase que se não ouve com o tumulto das paixões.

Os homens podem praticar injustiças, porque têm interesse em as cometer, e antepõem a sua própria satisfação à alheia. Sempre obram em virtude de um retrocesso em si próprios; que nenhum é mau gratuitamente. E' mister que haja uma razão determinante, e esta sempre é razão de interesse.

Mas é impossível que Deus cometa injustiça; uma vez que vê a Justiça, é força que necessariamente a siga; porque, não precisando de nada, e bastando-se a si próprio, seria o mais perverso de todos os seres, pois seria injusto sem interesse.

De sorte que, ainda quando não houvesse Deus, deveríamos amar sempre a Justiça, isto é, esforçar-nos por nos assemelharmos a este ser de que formamos tão sublime idéia, e que, se existira, fora necessariamente justo; e libertos do jugo da religião, não o deveríamos estar do da Eqüidade.

Isto faz-me crer, Redi, que a Justiça é eterna e não depende das convenções humanas; e, se delas dependesse, seria uma verdade tremenda, que deveríamos ocultar de nós mesmos.

Vivemos cercados de homens mais fortes que nós e que nos podem prejudicar de mil maneiras diversas, e as três quartas partes da vida impunemente. Que descanso para nós o sabermos que no coração de todos eles há um princípio interno que milita em nosso favor, e nos preserva de que nos disparem os seus tiros!

Sem isso, deveríamos viver em contínuo medo: passaríamos junto dos homens como junto dos leões, e não estaríamos nem um momento seguros da nossa fazenda, da nossa honra e da nossa vida.

Todos estes pensamentos me irritam contra os doutores que pintam a Deus como a um ser que exercita com tirania o seu poder; que afirmam que obra como não quiséramos obrar nós mesmos, com medo de o ofender; que o sobrecarregam com quantas imperfeições ele pune em nós; e, nas suas contraditórias opiniões, o figuram ora como um ser perverso. ora como um ser que aborrece o mal e o castiga.

Que satisfação é para um homem, quando se examina, ver que é justo o seu coração! Este prazer, por severo que seja, deve enchê-lo de júbilo: vê-se tão superior aos que não o desfrutam como o é aos tigres e aos ursos. Sim, Redi, se eu estivesse certo de seguir inviolavelmente esta eqüidade que tenho ante os olhos, reputar-me-ia o maior dos homens.

De Paris, 1º da lua de Gemmadi 1, 1715.

Carta LXXXIV
Rica a ***

Estive ontem nos Inválidos. Se eu fosse príncipe, antes quereria ser autor deste estabelecimento que ter ganhado três batalhas: aqui se descobre por toda parte a mão de um grande monarca[1], e creio que é o mais respeitável lugar da terra.

Que espetáculo é ver reunidas num mesmo lugar todas estas vítimas da Pátria, que só respiram para a defender, e que, tendo perdido as forças sem perder os brios, só se queixam de não poder tornar a sacrificar-se por ela!

Que coisa há mais admirável que ver estes guerreiros alquebrados observarem, neste asilo, uma disciplina tão rigorosa, como se se achassem em presença do inimigo, buscarem a sua satisfação extrema neste simulacro da guerra, e repartirem a sua inteligência e o seu coração entre os deveres da religião e os da arte militar!

Eu desejara que se conservassem nos templos os nomes dos que morrem pela Pátria, e se escrevessem em registos que fossem como o manancial da nobreza e da glória.

De Paris, 15 da lua de Gemmadi 1, 1715.

Carta LXXXV
Usbek a Mirza

Em Ispahan.

Já sabes, Mirza, que vários ministros de Xá Solimão tinham projetado obrigar todos os armênios da Pérsia a saírem do reino, ou a que se fizessem maometanos, crendo que sempre estaria profanado o nosso império, enquanto conservassem no seu seio estes infiéis.

Ter-se-ia acabado ali a grandeza da Pérsia, se se houvessem escutado neste lance os conselhos de uma cega devoção.

Não sabemos como não se pôs por obra o plano. Nem os que fizeram a proposta, nem os que a rejeitavam, conheceram as conseqüências que ela acarretava: o acaso desempenhou as funções da razão e da política, e livrou-se o império de mais grave perigo que o que teria corrido com a perda de uma batalha e a tomada de duas cidades.

---

[1] Foi Luís XIV quem mandou construir o hospício dos Inválidos.

A proscrição dos armênios teria destruído em um só dia todos os negociantes, e quase todos os oficiais mecânicos do reino. Certo estou de que o grande Xá Abas teria preferido cortar os braços ambos a assinar semelhante decreto, e que teria crido ceder a metade de seus domínios ao Mogol e aos outros soberanos da Índia, enviando-lhes os seus mais industriosos vassalos.

As perseguições que aos guebros fizeram os nossos mais fervorosos maometanos obrigaram aqueles a que se passassem em multidão à Índia, privando a Pérsia de um povo tão dado à lavoira, e que só por seu ímprobo trabalho podia vencer a esterilidade do nosso solo.

Outro golpe ainda queria dar-nos a devoção, e era acabar com a indústria: assim se desmoronava o império por si mesmo, e com ele, por conseqüência necessária, cairia essa mesma religião que tanto queriam que florecesse.

Raciociando, Mirza, sem prevenção, não sei se não seria útil que houvesse em um Estado muitas religiões.

Nota-se que os sectários das religiões toleradas são de ordinário mais úteis à sua pátria que os que professam a dominante, porque, longe dos cargos e não podendo distinguir-se senão por sua opulência e riquezas, se esforçam por adquiri-las com o suor do seu rosto, e abraçam as mais duras profissões da sociedade.

Como por outro lado contêm todas as religiões preceitos proveitosos para a sociedade, convém que sejam pontualmente observadas. Pois que coisa há mais própria para animar o seu fervor do que a sua multiplicidade?

São umas competidoras que nada perdoam umas às outras. Os ciúmes descem até aos particulares: cada um está alerta, temeroso de fazer coisas que redundem em desdoiro do seu partido, e o exponham aos doestos e à aspereza das censuras do contrário.

Por isso sempre se notou que a introdução de uma nova seita em um país era o meio mais eficaz de corrigir todos os abusos da antiga.

Inútil é alegar que tem interesse o príncipe em não consentir muitas religiões nos seus domínios: quando se reunissem neles todas as seitas do mundo, não lhe trariam prejuízo nenhum, porque nenhuma há que não prescreva a obediência e pregue a submissão.

Confesso que andam cheias as histórias de guerras de religião, mas repare-se bem: não foi a multiplicidade de religiões que ocasionou estas guerras, mas o espírito de intolerância que animava a que se cria dominante.

Ocasionou-as o espírito de proselitismo que dos egípcios se

pegou aos judeus, e que destes, como uma doença epidêmica e popular, se propagou aos maometanos e aos cristãos.

Ocasionou-as, enfim, aquele espírito de demência, cujos progressos só se podem atribuir a um eclipse total da razão humana.

Porque finalmente, ainda quando não fosse coisa inumana atormentar a consciência alheia, ainda quando não resultasse daí nenhum dos fatais efeitos que ocorrem aos milhares, seria mister estar louco para obrar assim. Aquele que quer que eu mude de religião, quer sem dúvida assim porque não deixaria ele a sua se pretendessem violentá-lo a isso: por que então estranha que eu não faça o que ele não faria talvez, se lhe dessem o império do mundo?

De Paris, 26 da lua de Gemmadi 1, 1715.

Carta LXXXVI
Rica a ***

Aqui parece que as famílias se governam por si sós.

O marido tem apenas uma sombra de autoridade sobre a mulher, o pai sobre os filhos, o senhor sobre os escravos. Em todas as suas desavenças intervém a justiça, e fica certo que sempre sentencia contra o marido ciumento, o pai displicente, e o senhor incômodo.

Fui há poucos dias ao lugar onde se administra a justiça. Antes de chegar, é mister passar pelas armas de uma infinidade de mercadoras jovens que nos chamam com vozes aduladoras. Este espetáculo é bastante risonho, mas torna-se lúgubre quando se entra nuns salões, onde se vêem pessoas que vestem um trajo inda mais lúgubre que o semblante. Alfim penetra o curioso no lugar sagrado onde se revelam todos os segredos das famílias, e se dá publicidade às mais ocultas ações.

Aqui vem uma modesta donzela confessar os tormentos de uma virgindade que guardou durante longo tempo, os seus combates e a sua dolorosa resistência; e longe de se ufanar com o seu triunfo, ameaça que vai deixar-se vencer, e para que seu pai não ignore as suas necessidades, di-las diante de toda a gente.

Depois vem uma mulher descarada expor os ultrajes que fez a seu esposo, como motivos para dele se separar.

Com igual modéstia diz outra que está cansada de que a tenham por mulher casada, sem gozar as vantagens do matrimônio; revela os mistérios ocultos na noite do himeneu; quer que a examinem os olhares dos peritos mais sagazes, e que uma sentença a restabeleça em todos os direitos da virgindade. Não faltam outras que se atrevem a desafiar os maridos a uma lide em público, que é tão árdua em presença de testemunhas: prova não menos infamante para a mulher que a sustenta, que para o marido que nela é vencido.

Um sem número de raparigas raptadas ou seduzidas pintam os homens muito piores do que eles são. O amor litiga sem cessar neste tribunal, e só se fala nele de pais agastados, de donzelas enganadas, de amantes infiéis, e de maridos desgraçados.

Segundo a lei que nele se segue, todo filho que nasce na constância do matrimônio se reputa do marido, e por mais razões que este alegue para crer o contrário, a lei o crê por ele, e poupa-o ao trabalho de tirar informações e ter escrúpulos.

Neste tribunal se decide por maioria de votos; mas dizem que a experiência provou que seria preferível decidir-se por minoria, e é coisa mui natural, porque há poucos que tenham a razão reta, e toda a gente confessa que há infinitos que vêem as coisas ao contrário do que são.

De Paris, 1º da lua de Gemmadi 2, 1715.

Carta LXXXVII
Rica a ***

Dizem ser o homem animal sociável. Neste conceito, parece-me que um francês é mais homem que nenhum outro, e que é o homem por excelência, pois parece unicamente destinado para a sociedade.

Mas notei, entre eles[1], alguns que não só são sociáveis, mas também a sociedade universal. Multiplicam-se em todos os cantos; num momento povoam os quatro ângulos de uma cidade. Cem homens desta espécie fazem mais vulto que dois mil cidadãos e ante os olhos dos estrangeiros poderiam reparar os estragos da fome e da peste. Perguntam os escolásticos se se pode achar um corpo em muitos lugares num mesmo instante, e estes são uma prova do que põem em dúvida os filósofos.

---

[1] Silepse. Os franceses. — A idéia do plural está contida na frase precedente.

Sempre estão apressados, porque têm o negócio importante de perguntar a quantos vêem donde vêm, e para onde vão.

Ninguém lhes tirará da cabeça que a etiqueta requer fazer uma visita diária ao público em particular, sem contar as que fazem em globo nos lugares onde a gente se reúne; mas, como isto é tomar pelo atalho[2], não se conta nas regras do seu cerimonial.

Gastam mais as portas das casas as aldravadas que os ventos e as tempestades. Se se examinassem as listas de todos os porteiros, cada dia se encontraria nelas o seu nome estropeado de mil modos nas garabulhas que aqueles escrevem[3]. Passam a vida a acompanhar enterros, a dar pêsames, ou felicitações de casamento. Não concede o rei uma recompensa a nenhum dos seus vassalos, sem que lhes custe a eles uma visita para lhe manifestar o seu júbilo. À noite, recolhem-se a casa vencidos de cansaço, e deitam-se para poderem recomeçar no dia seguinte a sua penosa tarefa.

Há dias morreu de fadiga um deles, e gravaram-lhe na pedra sepulcral este epitáfio: "Aqui descansa quem nunca descansou. Acompanhou quinhentos e trinta enterros. Assistiu ao batizado de duas mil e seiscentas e oitenta crianças. As pensões de que deu felicitações aos seus amigos, sempre em termos diferentes, ascendem a dois milhões e seiscentas mil libras; o caminho que pelas calçadas andou, a nove mil e seiscentos estádios[4], e a trinta e seis o que andou pelo campo. Era muito agradável a sua conversação; tinha um cabedal feito de trezentos e sessenta e cinco contos; possuía, ademais disso, desde moço, cento e dezoito apotegmas extraídos dos antigos que empregava nas ocasiões solenes. Morreu aos sessenta anos de idade. Aqui me calo, viandante, pois não é possível dizer-te minudenciosamente tudo quanto viu e tudo quanto fez".

Paris, 3 da lua de Gemmadi 2, 1715.

---

[2] Como é esse um brevíssimo meio de fazer visitas.

[3] *Caractères suisses*, diz o texto original. Tomavam-se freqüentemente suíços como guarda-portões, e daí veio chamar-se *suisses* a todos os porteiros:

> Un juge, l'an passé, me prit à son service;
> Il m'avoit fait venir d'Amiens pour être suisse.
> (Racine, les *Plaideurs*, act. I, sc. I.)

[4] O estádio valia 180 metros.

Carta LXXXVIII
Usbek a Redi

Em Veneza.

Em Paris reina a liberdade e a igualdade. Nem o nascimento, nem a virtude, nem as mais brilhantes façanhas militares eximem um homem da multidão em que se acha confundido. Não se conhece a inveja das posições, e dizem que o primeiro de Paris é o que melhores cavalos atrela à sua carruagem.

Um grande senhor é um homem que vê o rei, que fala com os ministros, e tem nobres avós, dívidas e pensões. Se com isto pode disfarçar a sua ociosidade com máscara de homem ocupado, ou fingindo-se apaixonado das diversões, julga-se o mais feliz dos viventes.

Na Pérsia não há outros magnates que aqueles a quem encomenda o monarca parte do governo. Aqui os há por seu nascimento; mas não gozam de crédito nenhum. Os reis são como aqueles hábeis artífices que, para executarem as suas obras, sempre se servem das máquinas mais simples.

A principal divindade dos franceses é a privança e o seu sumo sacerdote que lhe sacrifica infinitas vítimas o ministro. Os que o cercam não estão vestidos de branco, e ora sacrificadores, ora sacrificados, se oferecem espontaneamente ao seu ídolo com o povo inteiro.

De Paris, 9 da lua de Gemmadi 2, 1715.

Carta LXXXIX
Usbek a Ibben

Em Esmirna.

A sede de glória não se diferença daquele instinto de conservação que têm todas as criaturas. Parece que aumentamos o nosso ser quando o gravamos na memória dos demais, e que adquirimos uma vida nova, que não é para nós menos preciosa que a que recebemos do céu.

Mas assim como nem todos têm igual apego à vida, também, não anseiam igualmente pela glória. Sempre está impressa nos corações de todos tão nobre paixão; modificam-na, porém, de mil maneiras a imaginação e a educação.

Esta diferença que se encontra de homem a homem, inda mais se nota de povo a povo.

Pode-se assentar como máxima que, em cada Estado, cresce o desejo de glória com a liberdade dos seus habitantes, e diminui com ela: a glória nunca foi companheira da escravidão.

Dizia-me outro dia um sujeito de bom senso: "Em França, a muitos respeitos, somos mais livres que na Pérsia; por isso somos mais amantes da glória. Esta feliz fantasia faz que executem os franceses com gosto e satisfação o que dos seus vassalos não pode obter o sultão sem lhes pôr continuamente diante dos olhos o castigo e o prêmio.

Por isso, entre nós, o príncipe ampara a honra do último dos seus súditos. Para mantê-la há tribunais respeitáveis, que é o sagrado tesoiro da nação o único em que não tem poder o soberano, porque não pode tê-lo sem prejudicar o seu próprio interesse. De sorte que, se um vassalo se considerar ofendido na sua honra pelo príncipe, ou seja por alguma preferência, ou pelo mais leve indício de desprezo, deixa imediatamente a corte, o emprego, o serviço, e retira-se para sua casa.

A diferença da tropa francesa e a dos outros povos funda-se em que a destes, composta de escravos naturalmente cobardes, só pelo temor do castigo arrostam a morte, o que produz nos ânimos uma nova espécie de terror que os deixa como estúpidos, ao passo que a primeira se apresenta contente aos golpes, e perde o medo com uma satisfação superior aos perigos.

Mas onde parece estar fixado o santuário da honra, da reputação e da virtude é nas repúblicas e nos países onde se pode pronunciar a palavra *pátria*. Em Roma, em Atenas e em Lacedemônia a honra só remunerava os mais assinalados serviços. Era recompensa imensa de uma batalha ganha ou de uma cidade conquistada uma coroa de carvalho ou de louros, uma estátua, ou um elogio.

Ali ao que tinha praticado uma nobre ação, a sua mesma ação lhe servia de recompensa. Nunca podia olhar para um de seus compatriotas sem sentir a satisfação de ser um benfeitor seu; e pelo número deles contava o de seus serviços. Todo homem é capaz de fazer um benefício a outro homem; mas é semelhante aos deuses aquele que contribui para a felicidade de um povo inteiro.

Mas não há de estar totalmente apagada tão nobre emulação nos peitos dos persas, entre os quais são todos os empregos e dignidades atributos da fantasia do soberano? Ali se têm por imaginárias a virtude e a reputação, se não as acompanha o favor do príncipe; que com ele nascem e com ele morrem. Um homem que hoje goza da estima pública nunca está certo de não se ver amanhã desonrado. Ei-lo hoje general do exército: talvez que o príncipe o faça amanhã seu cozinheiro, e que não tenha outro elogio que esperar a não ser o de haver preparado bem um guisado".

De Paris, 15 da lua de Gemmadi 2, 1715.

CARTA XC
Usbek ao mesmo
Em Esmirna.

Desta geral paixão de glória que tem a nação francesa, formou-se no espírito dos particulares um não sei quê a que chamam *pundonor*, que propriamente é o caráter distintivo de cada profissão, mas é mais notável nos militares em quem é o pundonor por excelência. Dificílimo me fora dar-te a entender o que seja, porque nós não temos idéia exata dele.

Outrora os franceses, mormente os nobres, não seguiam outras leis que as do pundonor: por elas regulavam o proceder da sua vida, e eram tão severas que, sem um castigo mais cruel que a morte, não era possível, já não digo infringi-las, mas sofismar as suas mais leves disposições.

Sempre que se tratava de regularizar as questões, não prescreviam quase mais que uma maneira de decidir, que era o duelo, o qual cortava todas as dificuldades; mas o pior era que muitas vezes terminava a contenda por outras partes que as interessadas.

Por pouco que um homem conhecesse a outro, força era que se metesse na disputa e expusesse a sua vida, como se ele próprio fora o agastado. Sempre se tinha por honrado com tal escolha e com tão lisonjeira preferência; e, se não teria querido dar quatro vinténs a um homem para o salvar da forca, a ele e toda a sua família, não punha dificuldade nenhuma em aventurar por ele mil vezes a vida.

Este modo de decidir estava muito mal imaginado: porque de que fosse um homem mais destro ou mais forte que outro, não se concluía que lhe assistisse mais razão.

Proibiram-no por isso os reis sob as mais severas penas, mas em vão, porque a honra, que sempre quer imperar, se subleva, e desobedece à lei. De sorte que se acham os franceses num estado muito violento, porque as mesmas leis da honra obrigam a que se vingue um homem que a tem; mas, por outro lado, quando se vinga, castiga-o a justiça com as mais rigorosas penas. Quem segue as leis da honra morre num cadafalso; quem segue as da justiça fica para todo o sempre banido da sociedade dos homens. Não há, pois, senão esta cruel alternativa, ou morrer ou viver sem ser digno da vida.

Paris, 18 da lua de Gemmadi 2, 1715.

Carta XCI
Usbek a Rustan
Em Ispahan.

Anda aqui um homem disfarçado de embaixador da Pérsia, que zomba com insolência dos dois maiores monarcas do mundo. Traz ao rei dos franceses presentes que o nosso não enviaria a um reizete de Irimeta ou de Geórgia; e, com a sua avareza viloa, deslustrou a majestade de ambos os impérios.

Fez-se ridículo aos olhos de um povo que se preza de ser o mais culto da Europa, e deu lugar a que digam no Ocidente que o Rei dos Reis só governa bárbaros.

As honras que lhe tributaram, parece queria ele que lhe fossem negadas; e, como se a corte de França tivesse levado mais a peitos a grandeza persa do que ele, apresentou-o com dignidade a um povo que o despreza.

Não divulgues isto em Ispahan: poupa a vida de um desgraçado. Não quero que o castiguem os ministros pela imprudência deles próprios e pela indigna escolha que dele fizeram.

De Paris, último da lua de Gemmadi 2, 1715.

Carta XCII
Usbek a Redi
Em Veneza.

Desapareceu do número dos vivos o monarca que tanto tempo reinou em França[1]. Muito deu que falar em vida e todos se calaram assim que fechou os olhos. Firme e animoso nos seus últimos instantes, parece que somente cedeu ao Destino. Assim morreu o grande Xá Abas, depois de ter enchido com a sua fama a Terra inteira.

Não cuides que este grande acontecimento só haja dado aqui motivo a reflexões morais. Cada qual pensou nos próprios negócios, e em tirar vantagem desta mudança. Como o rei, bisneto do finado monarca, tem apenas cinco anos, um príncipe, seu tio[2], foi nomeado regente do reino.

O rei defunto fizera um testamento que limitava a autoridade do regente, mas este hábil príncipe foi ao Parlamento, e, tendo alegado os direitos do seu nascimento, fez anular as disposições do monarca, que, aspirando a sobreviver a si próprio, parece que pretendia reinar até depois da sua morte.

Parecem-se os parlamentos com aquelas ruínas que pisamos com os pés, mas que nos recordam sempre a idéia de algum templo célebre. A administração da justiça é quase a única função que ora desempenham, e é sempre froixo o seu poder, até que uma conjuntura impensada lhes restitui vigor e vida. Esses vastos corpos seguiram a vicissitude das coisas humanas, rendendo-se ao tempo que tudo destrói, à corrução dos costumes que tudo enfraqueceu, à autoridade soberana que tudo derribou.

Mas o regente, que se quis congraçar com o povo, deu a princípio mostras de respeito a estes simulacros da liberdade pública, e como se fora seu ânimo restaurar o templo e o ídolo, quis que fossem olhados como esteio da monarquia, e cimento de toda legítima autoridade.

De Paris, 4 da lua de Rhegeb, 1715.

---

[1] Luís XIV morreu no primeiro de setembro de 1715.
[2] Filipe, duque de Orléans.

Carta XCIII
Usbek a seu irmão

Santão[1] *do mosteiro de Casbim.*

Humilho-me e prosterno-me diante de ti, Santão sagrado, e contemplo os vestígios dos teus pés, como as meninas de meus olhos. Tão grande é a tua santidade que se me afigura teres o coração do nosso santo profeta; as tuas penitências assombram o próprio Céu; os Anjos contemplaram-te do vértice da glória e disseram: "Como é que ele inda está na terra, quando o seu espírito mora conosco e voa em torno do trono assentado nas nuvens?". Como não te hei de reverenciar eu que dos nossos doutores aprendi que até entre os infiéis têm os daroeses certo caráter de santidade que os faz respeitar dos verdadeiros Crentes, e que Deus escolheu, em todos os ângulos da Terra, almas mais puras que as outras, separando-as do mundo ímpio, para que com mortificações e ferventes orações suspendessem a sua cólera prestes a cair sobre tantos povos rebeldes?

Contam os Cristãos muitos milagres dos seus primeiros santões que se refugiaram aos milhares nos medonhos desertos da Tebaida e cujos chefes foram Paulo, Antônio e Pacômio. Se é verdade o que deles dizem, tão cheias estão de prodígios as suas vidas como as dos nossos mais santos emamos. Às vezes passavam dez anos arreio[2] sem ver a homem nenhum mas de noite e de dia habitavam com Demônios; atormentavam-nos sem cessar estes espíritos malignos; investiam-nos na cama, acometiam-nos à mesa; nunca achavam refúgio contra eles[3]. Se é verdade tudo isto, venerável Santão, cumpre confessar-se que ninguém jamais viveu em tão má companhia.

Os Cristãos sensatos consideram todas estas histórias como uma engenhosa alegoria que pode servir para nos dar a entender a miséria da humana condição. Em vão procuramos no erro o sossego: seguem-nos até lá as tentações, e não nos deixam as nossas paixões, figuradas pelos Demônios: monstros do coração, ilusões do espírito,

---

[1] Monge muçulmano.

[2] Advérbio desusado hoje e que significa *a fio*, *seguidamente*, *sem interrupção*: "Da Madre Sóror Elena, sua irmã, se conta que cinco anos *arreio* pediu a nosso Senhor lhe revelasse a hora de sua morte". (Fr. L. de Sousa, *Hist. de S. Dom.*, parte III, liv. III,. cap. 25.)

[3] A primeira parte da *Thais* (1890), de Anatole France, é a encantadora ilustração destas poucas linhas.

vãos fantasmas do erro e da mentira que sempre se nos põem diante para nos enganarem e até em meio dos jejuns e dos cilícios nos assaltam, é dizer em nossa força mesma.

De mim digo, Santão venerável, que não ignoro que o Enviado de Deus encadeou a Satanás e o precipitou no abismo, purificou a terra, outrora sujeita ao seu império, e a fez digna mansão dos Anjos e dos Profetas.

Paris, 9 da lua de Chahban, 1715.

Carta XCIV
Usbek a Redi

Em Veneza.

Sempre que ouvi falar de direito público, vi que começavam investigando atentamente qual era a origem das sociedades, o que me parece ridículo. Se os homens não se associassem, se se desviassem e fugissem uns dos outros, então sim fora necessário averiguar a causa, e indagar por que viviam separados. Mas todos nascem ligados uns com os outros; um filho nasce ao lado do pai, e fica com ele: eis a sociedade e a origem da sociedade.

Conhecem melhor o direito público na Europa que na Ásia; pode-se contudo asseverar que as paixões dos príncipes, a paciência dos povos, a lisonja dos escritores corromperam todos os seus princípios.

Este direito, tal como é hoje, é a ciência que ensina aos príncipes até que ponto podem violar a justiça sem comprometer os seus interesses. Que projeto, Redi, para endurecer a sua consciência querer arvorar a iniqüidade em sistema, dar as suas regras, assentar os seus princípios, e tirar as conseqüências!

O ilimitado poder dos nossos excelsos sultões, que não conhece outra regra que a si mesmo, não gera mais monstros que esta arte indigna que se esforça por curvar a justiça, com ser tão inflexível.

Dir-se-ia, Redi, que há duas justiças totalmente diversas: uma que regula os negócios dos particulares, e reina no direito civil; a outra que regula os conflitos que sobrevêm de povo a povo, e tiraniza no direito público: como se não fosse o direito público também direito civil, não certamente de um país particular, senão do mundo inteiro.

Em outra carta te explicarei as minhas idéias acerca deste ponto.

De Paris, 1º da lua de Zilhagé, 1716.

Carta XCV
Usbek ao mesmo

Devem os magistrados administrar justiça entre um cidadão e outro; e cada povo deve administrá-la entre si próprio e outro povo, e nestoutra distribuição da justiça não se podem seguir outras leis que na primeira.

De um povo a outro, raramente há necessidade de um terceiro para julgar, porque sempre os pontos da controvérsia são fáceis e claros. De ordinário os interesses de duas nações são tão distintos, que basta o amor da justiça para atinar com ela, e aqui poucas vezes se engana um homem na sua própria causa.

Não sucede o mesmo nas pendências entre particulares. Como vivem na mesma sociedade, estão os seus interesses tão mesclados e confundidos, e são de tão diferentes espécies, que é mister que um terceiro deslinde o que procura obscurecer a cobiça das partes.

Há apenas duas espécies de guerras justas: umas que se fazem para repelir um inimigo que ataca, e outras para socorrer um aliado que é atacado.

Não seria justo fazer a guerra por questões particulares do príncipe, a menos que fosse tão grave o caso que merecesse a morte do príncipe ou do povo que o cometeu. Assim não é lícito a um príncipe declarar a guerra, porque lhe recusaram uma honra que se lhe deve, ou porque trataram com pouco decoro os seus embaixadores, ou por outras causas semelhantes, como não é lícito a um particular matar a quem lhe nega a precedência, e a razão é porque, como deve ser a declaração de guerra um ato de justiça, conforme à qual há de ser proporcionada a pena ao delito, é preciso ver se aquele a quem declaram a guerra merece a morte, pois fazer guerra a alguém é querer castigá-lo com pena de morte.

Em direito público, o ato mais severo de justiça é a guerra, porque pode resultar dela a destruição da sociedade.

As represálias são de outra espécie. É lei que não puderam deixar de aplicar os tribunais, medir a pena pelo crime.

O terceiro ato de justiça é privar a um príncipe das utilidades que de nós pode tirar, proporcionando sempre a pena com o agravo.

O quarto ato de justiça, que deve ser o mais freqüente, renunciar à aliança do povo que nos fez um agravo; pena que corresponde à do desterro estabelecida pelos tribunais para separar da sociedade os delinqüentes. De sorte que um príncipe a cuja aliança renunciamos fica separado da nossa sociedade, e deixa de ser um dos membros que a compõem.

Não se pode fazer mor afronta a um príncipe que renunciar à sua aliança, nem maior honra que contraí-la com ele. Não há coisa que mais gloriosa e mais útil seja para os homens, que ver outros sempre atentos à sua conservação.

É mister, porém, que seja justa a aliança para que os obrigue; de modo que uma aliança de duas nações contraída para oprimirem a outra é ilegítima, e pode ser violada sem crime. Também não é honroso nem próprio da dignidade de um príncipe fazer aliança com um tirano. Dizem que admoestou um monarca do Egito ao rei de Samos, tirano e cruel, exortando-o a que se emendasse, e não o tendo este feito, mandou-lhe dizer que renunciava à sua amizade e à sua aliança[1].

A conquista não dá direito nenhum por si mesma. Quando subsiste o povo conquistado, é penhor da paz e da reparação do agravo, e se fica destruído ou disperso, é monumento de tirania.

Tão sagrados são os tratados de paz entre os homens que parecem a voz da natureza que reclama os seus direitos. São todos legítimos quando são tais as suas condições que se podem conservar ambos os povos; sem o que, aquela das duas sociedades que há de perecer, privada da sua natural defesa pela paz, pode buscá-la na guerra; porque a natureza, que repartiu os diversos graus de força e fraqueza entre os homens, não poucas vezes igualou esta com aquela por meio da desesperação.

Eis, meu prezado Redi, o que eu chamo direito público. Eis o direito das gentes, ou antes o da razão.

De Paris, 4 da lua de Zilhagé, 1716.

Carta XCVI
O primeiro eunuco a Usbek
Em Paris.

Aqui chegaram muitas mulheres amarelas do reino de Visapur: comprei uma para teu irmão, o governador de Mazanderan, que me mandou há um mês sua excelsa ordem com cem tomans.

[1] Amásis do Egito e Polícrates de Samos.

Sou entendedor em mulheres, tanto mais quanto em mim não fazem efeito, e os movimentos de meu coração não me perturbam os olhos.

Nunca vi beleza mais regular e perfeita: os seus brilhantes olhos animam-lhe o semblante, e realçam a viveza de uma cor que pode escurecer toda a brancura da mais formosa circassiana.

Também queria comprá-la o primeiro eunuco de um negociante de Ispahan; mas ocultava-se ela, com desdém, da sua vista, e parecia que ansiava por me ver, como se tivesse querido dar a entender que um vil mercador era indigno dela, e que estava destinada a mais ilustre esposo.

Confesso-te que sinto no peito um secreto júbilo pensando nos feitiços desta linda criatura: parece que a vejo entrar no serralho de teu irmão; folgo de prever o pasmo de todas as suas mulheres, o impetuoso sentimento de umas; a aflição silenciosa, porém mais dolorosa, de outras; o malicioso contentamento das que já nada esperam, e a sanhuda ambição das que ainda esperam alguma coisa.

De um extremo a outro do reino vou fazer mudar de aspecto um serralho inteiro. Quantas paixões vou suscitar! Quantos receios e quantos pesares! Mas em meio da perturbação interior, não estará menos sereno o exterior: ocultar-se-ão no imo do coração as grandes revoluções; dissimular-se-ão os pesares, e conter-se-ão as alegrias; não será menos pontual a obediência, nem menos inflexível a regra, e forçada a serenidade a manifestar-se na aparência, será o disfarce da desesperação mesma.

Notamos que, quanto mais mulheres temos a nosso cargo, menos que fazer nos dão. Com mais necessidade de agradarem, menos facilidade de se unirem, e mais exemplos de submissão, forjam elas para si novas cadeias. Umas vigiam sem cessar nas ações das outras; parece que, de concerto conosco, se esforçam por se tornar mais dependentes; desempenham uma parte da nossa obrigação, e abrem-nos os olhos quando os fechamos. Que digo? Incessantemente irritam o seu senhor contra as suas rivais, sem advertirem quão perto estão delas as que são castigadas.

Tudo isto, porém, magnífico senhor, tudo isto é nada onde falta a presença do amo. Que podemos fazer com a vã sombra de uma autoridade que nunca comunica toda inteira? Somos um fraco transunto da metade de ti próprio, e somente podemos mostrar-lhes uma odiosa severidade. Tu acalmas o medo com a esperança; inda mais absoluto quando acaricias que quando ameaças.

Volta, pois, magnífico senhor, volta a imprimir neste lugar por toda parte os vestígios da tua dominação. Vem aquietar desesperadas paixões, vem tirar todo pretexto de delinqüir; vem serenar o amor que murmura, e tornar amável o dever; vem, enfim, aliviar os teu fiéis eunucos de um fardo que cada dia se torna mais pesado.

Do serralho de Ispahan, 8 da lua de Zilhagé, 1716.

Carta XCVII
Usbek a Hassein
Daroês da montanha de Jaron.

O' tu, sábio daroês, cujo curioso espírito está ornado de tantos conhecimentos, escuta o que te vou dizer.

Aqui há filósofos[1] que, na verdade, não se elevaram ao fastígio da sabedoria oriental; não foram arrebatados até o trono luminoso, nem ouviram as inefáveis palavras, que nos concertos dos anjos ressoam, nem sentiram os formidáveis acessos de um estro divino; mas, entregues a si mesmos, privados das sagradas maravilhas, seguem em silêncio as pegadas da razão humana.

Não podes crer até onde os levou este guia. Desenredaram o caos e, por um mecanismo simples, explicaram a ordem da arquitetura divina. Comunicou o autor da natureza movimento à matéria, e isto bastou a produzir a prodigiosa variedade de efeitos que no universo vemos.

Proponham os legisladores vulgares leis que rejam as sociedades humanas, leis tão sujeitas a mudança como o espírito dos que as propõem e dos povos que as observam! Estes só tratam de leis gerais, imutáveis, eternas, que sem exceção nenhuma se cumprem, com infinita ordem, infinita regularidade e prontidão infinita na imensidão do espaço.

E que cuidas, varão divino, que são estas leis? Supões talvez que, chamado ao conselho do Eterno, te vais pasmar com o sublime de tão altos mistérios, e, renunciando de antemão entendê-las, só te propões contemplá-las absorto.

Mas mui breve sairás de tua equivocação: elas não deslumbram

---

[1] René Descartes, ou Cartésio, que é o nome latinizado do sumo filósofo e matemático.

com um enganoso respeito; a sua mesma simplicidade foi causa de que se ignorassem longo tempo, e, ao cabo de muitas e profundas meditações, conheceu-se toda a sua fecundidade e extensão.

A primeira é que todo corpo tende a descrever uma linha reta, a menos que encontre um estorvo que dela o desvie, e a segunda, que é conseqüência da outra, que todo corpo que gira em torno de um centro tende a afastar-se dele, porque quanto mais longe está, mais se aproxima da reta a linha que descreve.

Eis, sublime daroês, a chave da natureza; eis os fecundos princípios dos quais se tiram as conseqüências mais certas, mais vastas e mais remotas.

O conhecimento de cinco ou seis verdades encheu de milagres a sua filosofia, e fez que executassem tantas maravilhas e prodígios, como dos nossos sagrados profetas se contam.

Porque enfim estou persuadido de que qualquer dos nossos doutores se teria visto muito perplexo, se lhe tivessem dito que pesasse numa balança todo o ar que há em derredor da terra, ou que medisse toda a água que lhe cai todos os anos na superfície; que não teria ficado parado mais de quatro horas, antes de dizer quantas léguas anda o som em uma; quanto tempo gasta um raio de luz em vir do sol até nós; quantas toesas há daqui a Saturno: qual é a curva que há de seguir-se no corte de um navio para que seja o melhor veleiro possível.

Talvez que, se um varão divino tivesse ornado as obras destes filósofos com altos e sublimes períodos, se as tivesse enchido de atrevidas figuras e misteriosas alegorias, teria composto um livro magnífico, que só ao sagrado Alcorão teria sido inferior. Entretanto, se te hei de dizer o que penso, não me satisfaz muito o estilo figurado. No nosso Alcorão há uma porção de coisas mesquinhas que me parecem sempre ruins, por mais que lhes dêem realce a vida e a energia da expressão. Era de crer que fossem os livros inspirados nas idéias divinas traduzidas em linguagem humana. Pelo contrário, no nosso Alcorão, muitas vezes achamos a linguagem divina e as idéias humanas, como se, por admirável capricho, tivesse Deus ditado as frases, e tivesse o homem ministrado os pensamentos.

Dirás talvez que falo com demasiada liberdade acerca do que há mais sagrado entre nós, e crerás que é este o fruto da independência com que neste país se vive. Não, que graças ao Céu a minha razão não estragou o meu coração, e, enquanto eu viver, será Ali o meu profeta.

De Paris, 15 da lua de Chahban, 1716.

CARTA XCVIII
Usbek a Ibben
Em Esmirna.

Não há terra no mundo onde tão mudável seja a fortuna como nesta. Cada dez anos sucedem revoluções que precipitam o rico na miséria e elevam o pobre em rápido vôo ao cúmulo das riquezas. Um está pasmado com a sua pobreza, o outro com a sua abundância. Maravilha-se o novo rico da sabedoria da Providência, e o recente pobre, da cegueira do Destino.

Os que arrecadam os tributos nadam no meio dos tesoiros: entre eles são poucos os Tântalos, bem que comecem o ofício na maior miséria. Desprezam-nos como o pó da terra enquanto são pobres; quando são ricos, estimam-nos muito, e por isso não descuidam nada para grangear a estimulação. Agora se acham numa terrível situação. Acaba de se instituir uma sala a que chamam de *Justiça*[1], porque lhes vai tirar todo o seu cabedal. Não podem ocultar os seus bens, nem fazer alienações fictícias, porque os obrigam a declará-los precisamente, sob pena da vida, de sorte que os fazem passar por um desfiladeiro mui estreito, quero dizer entre a vida e o dinheiro. Por cúmulo de desgraça, há um ministro célebre por sua agudeza que os honra com os seus gracejos, e se diverte com todas as deliberações do conselho[2]. Não se acham todos os dias ministros que gostem de fazer rir o povo, e deve-se agradecer a este o ter tentado esta empresa.

O corpo dos lacaios é mais respeitável em França que noutros países, que é um seminário de senhores principais que enche o vácuo dos demais estados. Os que o formam ocupam o posto dos magnates desgraçados, dos magistrados que perderam a fazenda própria, dos nobres mortos nos furores da guerra, e quando por si mesmos não os podem substituir, realçam todas as casas principais por meio de suas filhas, que são como uma espécie de estrume que fertiliza as terras montanhosas e áridas.

Admirável me parece a providência, Ibben, no modo como repartiu as riquezas. Se as tivesse concedido só às pessoas de bem, não as teríamos distinguido o bastante da virtude, nem teríamos conhecido

---

[1] Março de 1717.

[2] O duque de Noailles, marechal de França, presidente do conselho das Finanças de 1715 a 1718.

toda a sua vacuidade. Mas, quando examinamos os sujeitos que mais carregados delas estão, à força de desprezar os ricos chegamos a desprezar as riquezas.

De Paris, 26 da lua de Maharram, 1717.

Carta XCIX
Rica a Redi
Em Veneza.

Os caprichos da moda, entre os franceses, enchem-me de espanto. Esqueceram-se de como estavam vestidos este verão, e ainda não sabem como se vestirão este inverno, mas é mais que tudo incrível quanto custa a um marido trajar sua mulher à moda.

Para que serviria que eu te fizesse uma exata descrição do seu trajo e dos seus adornos? Uma nova moda destruiria todo o meu trabalho, como o dos seus operários, e tudo teria variado antes que recebesses a minha carta.

Uma mulher que sai de Paris para passar seis meses no campo volta de lá tão ao antigo como se tivesse vivido ali trinta anos. Um filho não conhece o retrato da mãe: tão estranho lhe parece o trajo com que a pintaram, e imagina que é uma americana, ou que quis o pintor representar alguma das suas fantasias.

Às vezes sobem pouco a pouco os penteados, e uma revolução fá-los descer de repente. Tempo houve em que a imensa altura deles colocava o rosto de uma mulher no meio de sua pessoa; outro em que ocupavam os pés este lugar, formando os tacões um pedestal que as mantinha no ar. Quem poderia crer que se viram muitas vezes os arquitetos obrigados a levantar, abaixar e alargar as portas segundo requeriam esta mudança os adornos de suas mulheres, e se sujeitaram as regras de sua arte a estas fantasias? Vê-se às vezes em uma cara prodigiosa quantidade de sinais, e no dia seguinte já desapareceram. Outrora, tinham as mulheres dentadura e corpo, e hoje não se faz caso disso. Nesta nação tão mudável, digam o que quiserem os zombadores, as filhas têm diferente figura que as mães.

O que sucede com as modas, sucede com os costumes e método de vida: mudam os franceses de costumes com a idade do seu rei, e se a um monarca se lhe metesse isso na cabeça, conseguiria infundir gravidade à nação. O príncipe imprime o caráter do seu gênio à Corte; a Corte, à

Cidade, a Cidade, às províncias, e é a alma do soberano o molde em que se vazam todas as demais.

Paris, 8 da lua de Safar, 1717.

Carta C
Rica ao mesmo

Falei-te, na minha última carta, da prodigiosa inconstância dos franceses nas suas modas, mas é inconcebível até que ponto são apaixonados por elas. Tudo referem à moda; é a regra por que julgam de quanto fazem as outras nações: o que é estrangeiro sempre se lhes afigura ridículo. Confesso-te que não posso conciliar esta paixão pelos seus usos com a inconstância com que os mudam cada dia.

Quando te digo que desprezas o que é estrangeiro, somente falo de futilidades, porque nas coisas importantes parece que desconfiam tanto de si mesmos que se envilecem. Confessam franca, sinceramente que são mais ajuizados os outros povos, contanto que não se lhes negue que eles se vestem melhor. Consentem em sujeitar-se às leis de uma nação rival à sua, com a condição que os cabeleireiros franceses decidam, como legisladores, da forma das cabeleiras estrangeiras. Nada lhes parece mais invejável que verem reinar o fino gosto dos seus cozinheiros de setentrião ao meio-dia, e as pragmáticas das suas cabeleireiras observadas em todos os toucadores da Europa.

Com tão nobres prerrogativas, que lhes importa que o bom senso lhes venha de outra parte e que tenham devido a seus vizinhos quanto com o governo político e civil tem conexão?

Quem creria que o mais antigo e poderoso reino da Europa esteja regido, há mais de dez séculos, por leis que se não fizeram para ele? Se os franceses tivessem sido conquistados, não seria difícil explicar este fenômeno; mas são eles os conquistadores.

Abandonaram as leis antigas que fizeram os seus primeiros monarcas nas assembléias gerais da nação, e o singular é que as leis romanas, pelas quais foram aquelas substituídas, foram parte feitas e parte compiladas por imperadores coetâneos dos seus legisladores[1].

---

[1]Justiniano, imperador de Bizâncio (527-565): fez redigir os trabalhos de jurisp. *Corpus juris*.

E para que fosse completo o ganho e lhes viesse todo o bom senso de fora, adotaram todas as constituições dos papas compondo com elas uma nova parte do seu direito, que é novo gênero de escravidão.

Verdade é que, nestes últimos tempos, compilaram alguns estatutos de cidades e províncias; mas são tirados quase todos do direito romano.

E' tão grande a abundância de leis adotadas, e, por assim dizê-lo, naturalizadas, que por igual oprimem a justiça e os juízes. Mas estes volumaços de leis nada são comparados com o tremendo exército de glosadores, comentadores e compiladores; personagens não menos fracos por sua falta de razão que fortes pela superabundância de seus escritos.

Inda não é tudo: com estas leis estrangeiras se introduziram formulários cujo excesso é o opróbrio da razão humana. Difícil seria decidir se foram mais perniciosas as formalidades quando se meteram na jurisprudência ou quando as admitiram na medicina, e se causaram mais estragos sob a toga de um jurisconsulto que sob o barrete de um doutor, ou se empobreceram mais pessoas em uma do que tiraram vidas na outra.

De Paris, 12 da lua de Safar, 1717.

Carta CI
Usbek a ***

Aqui falam sem cessar da Constituição. Recentemente fui a uma casa onde vi um homem gordo com as faces muito coradas, que dizia com voz muito grossa e forte: "Publiquei a minha pastoral, e assim escuso de responder ao que o senhor me diz; leia-a, e verá que nela estão rebatidos todos esses argumentos. Suei", acrescentava correndo a mão pela testa; "precisei de toda a minha doutrina e não poucos autores latinos tive que revolver". "Estou bem certo", disse um que estava presente, "é obra magnífica, e eu desafiaria o jesuíta que vos vem ver tão amiúde, a que componha uma melhor". "Leia-a pois", replicou o meu homem, "leia-a, e num quarto de hora ficará sabendo mais na matéria que se lhe eu falara todo o dia". Destarte evadia a conversação, e evitava comprometer a sua ciência. Mas, vendo-se apertado, foi obrigado a sair das suas tranqueiras, e começou a expectorar muitos disparates teológicos, apoiado de um daroês que lhe respondia com outros com muito respeito. Quando dois sujeitos, que ali estavam, lhe negavam um princípio, dizia logo: "E' coisa inconcussa, assim o julgamos e somos juízes infalíveis". "E como", disse-lhes eu, "são os senhores juízes infalíveis?". "Não vê o senhor", replicou, "que nos ilumina o Espírito Santo?". "Não é pouca fortuna", respondi-lhe, "porque do modo que o senhor falou há muitas horas, grande necessidade tem de que o alumie o Espírito Santo".

De Paris, 18 da lua de Rebiab 1, 1717

CARTA CII
Usbek a Ibben
Em Esmirna.

Os Estados mais poderosos da Europa são os do imperador, dos reis de França, Inglaterra e Espanha. A Itália e grande parte da Alemanha estão divididas em infinitos estados pequenos, cujos príncipes, falando com propriedade, são mártires da soberania. Os nossos gloriosos sultões têm mais mulheres do que têm vassalos alguns destes príncipes. Os mais dignos de condoimento são os de Itália, que, estando menos unidos, estão os seus estados tão abertos como caravançarás[1], e se vêem obrigados a aposentar os primeiros que chegam; de sorte que têm de coligar-se com os monarcas poderosos e partir com eles antes os seus temores que a sua amizade.

A mor parte dos governos da Europa são monárquicos, ou melhor, assim são denominados, pois não sei que tenha havido nenhum que seja realmente tal; pelo menos difícil é que subsista muito tempo puro, porque é um estado violento que sempre degenera em despotismo ou república. Nunca se pode repartir com igualdade o poder entre o povo e o príncipe; é por demais difícil manter o equilíbrio. E' mister que diminua o poder de um lado, enquanto cresce do outro; mas de ordinário sai ganhando o príncipe, que está à frente dos exércitos.

Por isso é muito grande o poder dos reis da Europa, e pode-se dizer que têm todo o que querem, mas não o exercitam com tão pouca consideração como os nossos sultões: em primeiro lugar, porque não

[1] Edifício em que se recolhem os viajantes que vão em caravana. (Eguílaz y Yanguas, *Glosario de las palabras españolas de origen oriental*, Granada, 1886.)

querem chocar com os costumes e a religião de seus povos, e segundamente porque não lhes convém aumentá-lo tanto.

O que faz que medeie menos distância da condição de nossos príncipes à de seus súditos é o poder imenso que sobre estes têm, e o que mais também os sujeita aos caprichos e mudanças da fortuna.

O costume que há, de privar da vida a quantos incorrem no seu desagrado ao mais leve sinal que fazem, transtorna a proporção entre os delitos e as penas, que é como a condição e harmonia dos impérios; e esta proporção, que observam escrupulosamente os príncipes cristãos, dá-lhes infinita vantagem sobre os nossos sultões.

Um persa que, por imprudência ou desdita, cai no desagrado do príncipe está certo de perder a vida: a mais leve falta ou o mais ligeiro capricho o põe em semelhante necessidade. Mas se tivesse atentado contra a vida do seu soberano, se tivesse querido entregar ao inimigo as suas praças fortes, teria pagado também com a vida, de sorte que corre o mesmo risco em ambos os casos.

Por isso, ao menor desagrado, vendo certa a morte, e não conhecendo coisa pior, naturalmente se resolve a perturbar o Estado e conspirar contra o soberano, único recurso que lhe resta.

Não sucede o mesmo com os grandes da Europa, que com o desagrado só perdem a benevolência e o valimento. Retiram-se da corte, e não pensam em mais que em gozar de uma vida sossegada e das prerrogativas do seu nascimento. Como somente por crime de lesa-majestade lhes tiram a vida, temem cometê-lo, considerando o muito que perderiam, e o pouco que com ele ganham; por conseqüência, vêem-se pouquíssimas rebeliões, e mui poucos príncipes que morram violentamente.

Se, com o poder ilimitado que têm os nossos príncipes, não se esmerassem tanto em pôr em salvo a sua vida, não viveriam vinte e quatro horas, e se não assalariassem uma inumerável multidão de tropas para tiranizarem a seus vassalos, não duraria um mês o seu império.

Há apenas quatro ou cinco séculos que tomou guardas um rei de França[2], contra o que então se costumava, e foi para se preservar dos assassinos que tinha enviado para o matar um príncipe asiático[3]: até

---

[2] Filipe Augusto.

[3] O príncipe dos assassinos, ou bebedores de haxixe, que formaram de 1090 a 1255 uma seita política religiosa na Pérsia, Turquia, Síria.

então tinham vivido os reis em meio dos seus vassalos, como vivem os pais em meio dos seus filhos.

Longe de poderem os reis de França tirar por seu arbítrio a vida a um dos seus vassalos, como fazem os nossos sultões, acompanha-os sempre o perdão de todos os réus, e basta que um homem tenha a dita de ver o rosto augusto do seu príncipe, para que deixe de ser indigno de viver. Estes monarcas parecem-se com o sol, que a toda parte leva o calor e a vida.

De Paris, 8 da lua de Rebiab 2, 1717.

Carta CIII
Usbek ao mesmo

Seguindo a idéia da minha última carta, contar-te-ei que me dizia assim outro dia um europeu bastante sensato:

"A pior resolução que puderam tomar os príncipes da Ásia é esconderem-se como fazem. Querem-se fazer mais respeitáveis; mas fazem respeitar a monarquia e não o monarca, e o espírito dos vassalos adere-se a certo e determinado Trono, e não a certa e determinada pessoa.

Esta invisível potestade que governa sempre é a mesma para o povo. Bem que dez reis, que só por seus nomes se conhecem, se tenham degolado um após outro, não vê diferença nenhuma, que é para ele como se o tivessem sucessivamente governado espíritos do outro mundo.

Se o detestável parricida[1] do nosso grande rei Henrique IV tivesse dado este golpe a um rei da Índia, senhor do selo real e do imenso tesoiro que parecia que para ele se tinha amontoado, teria tomado tranqüilamente as rédeas do império, sem que um único homem tivesse pensado em reclamar o monarca, sua família e seus filhos.

Admiramo-nos de que quase nunca haja mudanças no governo dos príncipes do Oriente. Donde provém isto, senão de que é tirânico e horrendo?

Só o príncipe e o povo é que podem fazer uma mudança; mas ali os príncipes se guardam de efetuá-la, porque em tão alto grau de

[1] Ravaillac. Cometeu o crime em 14 de maio de 1610.

poder gozam tudo o que podem gozar: se alguma coisa mudassem, seria sempre em prejuízo próprio.

Quanto aos vassalos, se concebe um deles um plano, não o pode levar a efeito contra o Estado, pois fora indispensável que de repente contrabalançasse um poder tremendo e sempre único; e faltando-lhe para isto com os meios, não lhe resta mais que fazer que ir à fonte do poder, para o que lhe basta um braço e um momento.

O assassino sobe ao trono, enquanto o monarca desce, cai, e vai morrer a seus pés.

Na Europa um descontente pensa em manter secretas correspondências, em reunir-se com os inimigos, em apoderar-se de alguma fortaleza, e excitar murmurações vãs entre os vassalos. Na Ásia um descontente vai direito ao príncipe, assombra, fere, derriba; apaga até a sua idéia: escravo e senhor em um momento, usurpador e legítimo.

Infeliz do rei que só tem uma cabeça! Se na aparência reúne em si todo o poder, é para indicar ao primeiro ambicioso o lugar onde o há de achar todo inteiro".

De Paris, 17 da lua de Rebiab 2, 1717.

Carta CIV
Usbek ao mesmo

Nem todos os povos da Europa estão igualmente avassalados aos seus príncipes: por exemplo, a impaciente condição dos ingleses quase não deixa lugar aos seus reis para que aumentem o seu poder. As virtudes que menos apreciam estes insulanos são a submissão e a obediência, e sobre este ponto dizem coisas muito estranhas. Em seu conceito, um só vínculo pode unir os homens, que é o da gratidão: um marido; uma mulher, um pai e um filho só estão ligados entre si pelo amor que têm, ou pelas vantagens que se proporcionam a si próprios; e estes vários motivos de gratidão são origem de todos os reinos e de todas as sociedades.

Mas se um príncipe, longe de fazer que vivam felizes os seus vassalos, quer acabrunhá-los e destruí-los, cessa o fundamento de sua obediência: nada os obriga nem os estreita com ele, e tornam à sua natural liberdade. Sustentam que nenhum poder ilimitado pode ser legítimo, porque nunca pôde ter legítima origem. "Não podemos", dizem, "dar a outro mais poder sobre nós que o que a nós mesmos compete; ora, não temos sobre nós mesmos poder ilimitado: por exemplo, não podemos tirar a própria vida. Ninguém, pois, concluem eles, tem na terra semelhante poder".

Segundo eles, o crime de lesa-majestade não é outra coisa senão o crime que comete o mais fraco contra o mais forte desobedecendo-lhe, seja qual for a sua desobediência. Por isso o povo de Inglaterra, vendo-se mais forte que um de seus reis[1], declarou que era crime de lesa-majestade em um príncipe fazer guerra aos seus vassalos. Dizem, pois, com muita razão que não é difícil cumprir com o preceito do seu Alcorão que os manda sujeitar-se aos poderes, porque é impossível não observá-lo; tanto mais quanto não obriga a submeter-se ao que é mais virtuoso, senão ao que é mais forte.

Acrescentam os ingleses que, tendo um de seus reis vencido e aprisionado um príncipe que aspirava ao sólio, lhe exprobrou a infidelidade e perfídia: "Há apenas um momento", replicou o desventurado príncipe, "acaba de decidir a sorte qual de nós dois é o traidor".

Um usurpador declara rebeldes todos quantos não oprimiram, como ele, a pátria, e, imaginando que não há leis onde não vê juízes, faz que sejam acatados como decretos da providência os caprichos do acaso e da fortuna.

De Paris, 20 da lua de Rebiab 2, 1717.

Carta CV
Redi a Usbek
Em Paris.

Falaste-me extensamente, numa das tuas cartas, das letras, das ciências e das artes que no Ocidente se cultivam.

Vais-me ter por um bárbaro quando te disser que não sei se as utilidades que delas se auferem indenizam os homens do contínuo abuso que destes conhecimentos fazem.

Ouvi dizer que a invenção só das bombas tinha privado da liberdade todos os povos da Europa. Não podendo os príncipes confiar a guarda das praças aos burgueses, que, à primeira bomba que lhes disparassem,

[1] Carlos I.

se renderiam, tiveram pretexto para manter numerosos corpos de tropas de linha, com as quais, ao depois, oprimiram seus vassalos.

Sabes que desde a invenção da pólvora não há fortaleza inexpugnável; isto é, que não resta na terra, Usbek, refúgio contra a violência e a injustiça.

Receio sempre que consigam por fim descobrir um segredo que ensine um meio mais breve de matar homens, e destruir povos e nações inteiras.

Considera-o bem tu que leste os historiadores: quase todas as monarquias foram fundadas por homens que ignoravam as artes, e caíram por as haverem cultivado em demasia. O antigo império da Pérsia oferece-nos um exemplo palpável desta verdade em nossa própria casa.

Não há muito que estou na Europa, e ouvi já falar a sujeitos sisudos dos estragos que causa a química que parece que é o quarto flagelo que perde os homens e os destrói pouco a pouco, mas sem cessar, ao passo que os outros três, a guerra, a peste e a fome, os destroem por atacado, mas com intervalos.

Para que nos serviu a invenção da bússola e o havermos descoberto tantos povos senão para nos comunicarem as suas doenças antes que as suas riquezas? Por um convênio geral tinha-se estabelecido a prata e o ouro para que fossem preço de todas as mercadorias e penhor do seu valor, em razão de serem estes metais raros e não servirem para outro uso. Que nos importava, pois, que se tornassem mais comuns, e que para indicar o valor de uma coisa se necessitassem dois ou três sinais em vez de um? Aumentava-se com isto a incomodidade.

Mas, por outro lado, foi mui perniciosa esta invenção aos países recém-descobertos. Nações inteiras foram destruídas, e os habitantes que escaparam da morte, reduzidos a tão dura escravidão, que só o ouvi-lo contar faz tremer os muçulmanos.

Venturosa ignorância a dos filhos de Maomé! Simplicidade amável tão cara ao nosso santo profeta, lembras-me sem cessar a ingenuidade dos antigos séculos, e a tranqüilidade que reinava nos corações dos nossos primeiros pais.

De Veneza, 2 da lua de Ramazan, 1717.

Carta CVI
Usbek a Redi
Em Veneza.

Ou não crês o que dizes, ou são as tuas obras melhores que a tua crença. Deixaste a tua pátria para te instruíres, e desprezas toda instrução. Vens educar-te a um país onde se cultivam as artes, e as consideras como perniciosas. A dizer-te a verdade, Redi, mais acorde estou eu contigo que tu próprio.

Refletiste bem no bárbaro e calamitoso estado a que nos arrastaria a perda das artes? Não é necessário imaginá-lo, que qualquer o pode ver. Inda há povos no mundo em que um macaco meãmente instruído poderia viver sem desdoiro, que se encontraria quase de nível com os demais moradores; nem lhes pareceria singular o seu entendimento, nem extravagante o seu gênio; seria como outro qualquer, e até o apreciariam por seu chiste.

Dizes que quase todos os fundadores de impérios ignoraram as artes. Não te nego que povos bárbaros bem puderam, como impetuosas torrentes, espalhar-se pela terra, e cobrir com os seus ferozes exércitos os reinos mais civilizados. Mas atende bem a que ou aprenderam eles as artes, ou fizeram que as cultivassem os povos vencidos, que sem isso se teria esvaecido o seu poder, como o estampido do trovão e o fragor da tempestade.

Receias, dizes, que se invente algum modo de destruição mais cruel que o que hoje se usa. Não: se se chegasse a descobrir tão fatal invento, em breve o vedaria o direito das gentes, e se sepultaria no esquecimento semelhante invenção por unânime convênio das nações. Não têm os príncipes interesse em fazer conquistas por esses meios: buscam vassalos e não terras.

Queixas-te da invenção da pólvora e das bombas, e estranhas que não haja praça inexpugnável, isto é que estranhas que concluam hoje as guerras mais cedo que antigamente.

Quando leste as histórias, pudeste reparar que desde a invenção da pólvora são muito menos cruentas as batalhas que noutro tempo, porque quase nunca vêm os combatentes às mãos.

Supondo que em alguns casos particulares tivesse sido prejudicial uma arte, havia-se de proscrever por isso? Pensas, Redi, que seja perniciosa a religião que nos trouxe do céu o nosso santo profeta, porque servirá um dia de confusão aos pérfidos cristãos?

Crês que as artes efeminam os povos, sendo assim causa da ruína dos impérios, e falas da queda do dos antigos persas, que foi efeito de sua molície; mas tão longe está de ser decisivo este exemplo, que os gregos, que tantas vezes os venceram e avassalaram, cultivavam as artes infinitamente com maior esmero que eles.

Quando se diz que as artes efeminam os homens, sem dúvida se excetuam pelo menos os que as cultivam, pois que não vivem na ociosidade, vício que mais que nenhum amolece os ânimos. De sorte que só se trata dos que as gozam; mas como num país civilizado os que gozam as comodidades de uma arte estão obrigados a cultivar outra, se se não querem ver reduzidos a ignominiosa miséria, infere-se que são incompatíveis com as artes o ócio e a molície.

E' Paris talvez a cidade mais sensual do mundo, e onde se mais apurou a arte de gozar, e é também talvez aquela onde a vida é mais dura. Para um homem viver com delícias, é forçoso que trabalhem sem descanso outros cem. Se se mete na cabeça de uma mulher apresentar-se numa concorrência com este ou aquele trajo, já é mister que não durmam cinqüenta artistas, nem tenham tempo para comer nem beber: ela manda, e é obedecida mais prestesmente do que o seria o nosso monarca, porque o monarca mais poderoso da terra é o interesse.

Este ardor do trabalho, esta paixão de enriquecer, propaga-se de classe em classe desde o obreiro até o magnate.

Ninguém quer ser mais pobre que o que vê em um grau imediatamente inferior ao seu. Em Paris vemos um homem que tem com que viver até o dia do juízo final, trabalhar sem cessar, e encurtar a vida para ganhar, diz ele, com que viver.

O mesmo espírito anima toda a nação; só indústria e trabalho se vê nela. Onde é que está então esse efeminado povo de que tu falas?

Suponhamos, Redi, que num reino não se tolerassem mais artes que as que são absolutamente indispensáveis para o cultivo da terra, que são todavia mui numerosas, e que se desterrassem todas as que somente servem para o gosto ou para a moda; sustento que seria este Estado um dos mais infelizes que no mundo haveria.

Ainda quando tivessem os seus habitantes valor bastante para se privarem de tantas coisas como lhes faltariam e lhes seriam necessárias, diminuiria cada dia a população, e viria o Estado a ficar tão fraco que a mais pequena potência o poderia conquistar.

Fácil coisa me fora esmiuçar o que digo, mostrando-te que cessaria quase totalmente a renda dos particulares, e por conseqüência a do príncipe. Quase não mediaria relação de faculdades entre os cidadãos; ver-se-ia parar a circulação de riquezas, e a progressão de rendas que procede da conexão e dependência recíproca das artes; viveria cada particular com os frutos de suas terras, e só lavraria o necessário para não morrer de fome. Mas, como isto não constitui muitas vezes nem a vigésima parte da renda de um Estado, seria mister que diminuísse na mesma proporção o número de seus habitantes, não ficando mais que uma vigésima parte.

Considera bem a quanto sobem as rendas da indústria.

Uma terra rende anualmente a seu dono a vigésima parte de seu valor; mas com um dobrão de tintas fará um pintor um quadro que venderá por mil. O mesmo podemos dizer dos ourives, dos tecedores de lã, de seda e dos obreiros de toda espécie.

De tudo isto se conclui, Redi, que, para um príncipe ser poderoso, é mister que vivam seus vassalos nas delícias, e que se esforce por proporcionar-lhes todo gênero de superfluidades com tanto afã como as coisas mais necessárias para a vida.

De Paris, 14 da lua de Chalval, 1717.

Carta CVII
Rica a Ibben
Em Esmirna.

Vi o jovem monarca. A vida dele é muito preciosa para os seus vassalos, e não menos para a Europa inteira, pelas grandes perturbações que poderia produzir a sua morte. Mas os reis são parecidos com os deuses, e, enquanto vivem, devem ser tidos como imortais. O seu semblante, ainda que formoso, é majestoso, e parece que uma excelente educação concorre com a sua boa índole, e já promete um grande príncipe.

Dizem que nunca se pode conhecer o caráter dos reis do Ocidente, até que se tenham visto nas duas grandes provas da sua dama e do seu confessor. Em breve os veremos ambos empenhados em se assenhorearem do espírito deste, e, para isso, travar-se-ão tremendos combates, porque, quando reina um príncipe moço, sempre são rivais estas duas potências; quando, porém, é velho, reconciliam-se e reúnem-se. Quando é moço, é mui difícil de representar o papel do daroês, que a força do rei redunda em fraqueza do outro, mas a dama triunfa por igual de sua fraqueza e de sua força.

Quando cheguei a França, encontrei o falecido rei inteiramente governado pelas mulheres, posto que dos anos que tinha creio que seria o monarca que menos, neste mundo, as necessitava. Um dia ouvi a uma que dizia: "E' mister fazer-se alguma coisa por esse coronel jovem; sei que é valente, e falarei ao ministro". Outra dizia: "E' esquisito que não se tenham lembrado daquele padre moço; é preciso que o façam bispo; é de boa origem, e eu poderia abonar-lhe os costumes". Não cuides que as que assim falavam fossem validas do príncipe; talvez não lhe tivessem falado duas vezes em sua vida, bem que seja uma coisa tão fácil entre os príncipes europeus. A razão disto é que nenhum de quantos têm um cargo na corte, em Paris ou nas províncias, está sem uma mulher por cujas mãos se repartem todas as graças, e às vezes todas as injustiças que ele pode fazer. Todas estas mulheres têm relações umas com as outras e formam uma espécie de república, cujos membros sempre ativos se ajudam e se servem reciprocamente, como um novo Estado dentro do Estado, e aquele que, estando na corte, em Paris e nas províncias, vê o que fazem os ministros, os magistrados e os prelados, e não conhece as mulheres que os governam, está como o que vê o movimento de uma máquina, sem saber as molas que a fazem andar.

Imaginas, Ibben, que seja uma mulher a amante de um ministro para se ir deitar com ele? Que disparate! Não senhor, que o é para lhe apresentar todas as manhãs cinco ou seis memoriais, e transparece a sua muita bondade do ardor com que serve a infinitos desgraçados que lhe dão cem mil libras por ano.

Queixamo-nos, na Pérsia, de que governam o reino duas ou três mulheres; pois muito pior é em França, onde governam as mulheres em geral, e não só usurpam o poder por atacado, mas o distribuem entre si por miúdo até a última migalha.

De Paris, último da lua de Chalval, 1717.

Carta CVIII
Usbek a ***

Uma espécie de livros há aqui, que não temos na Pérsia, e neste país estão muito em voga: são os jornais. A preguiça compraz-se lendo-os, e fica encantada com poder percorrer trinta tomos num quarto de hora.

Na mor parte dos livros, o autor inda bem não terminou os cumprimentos de estilo, e já estão aborrecidos os leitores, e entram meio mortos de fadiga na matéria alagada em um mar de palavras. Este quer imortalizar-se com um livro em doze; aquele com um em quarto; o outro, que é mais ambicioso, aspira a um em fólio. Força é que dê à proporção ensancha ao assunto, e assim o faz sem compaixão do trabalho de seus pobres leitores que se matam por encurtar o que tanto se empenhou o autor em alargar.

Não sei, ***, que mérito têm semelhantes obras, e fá-las-ia eu também se quisera arruinar a minha saúde e algum livreiro.

O grande erro dos jornalistas é não falarem de outros livros que dos novos, como se a verdade não fora velha. Entendo que não há razão para um homem preferir os livros novos, sem haver lido antes todos os antigos.

Mas quando se impõem a obrigação de só falarem das obras que saem quentes da forja, contraem outra, que é a de serem fastidiosíssimos, porque têm bem cuidado de não criticar os livros que extratam, por maus que sejam; e, efetivamente, quem há tão ousado que queira amanhar dez ou doze inimigos por mês?

A mor parte dos autores parecem-se com os poetas, que levarão uma tarefa real sem tugir nem mugir, mas que, pouco ciosos das suas costelas, o são tanto das suas obras que não podem sofrer a mais leve crítica. Muito importa, pois, não os tocar em parte tão delicada, coisa que sabem muito bem os jornalistas. Por isso fazem inteiramente o contrário. Começam elogiando a matéria que tratam os autores: primeira sensaboria; daí passam ao elogio do escritor: elogio violento, porque falam de homens que inda estão na estacada, dispostos à peleja, e a fulminar com penadas qualquer jornalista temerário que os acometa.

De Paris, 5 da lua de Zilcadé, 1718.

Carta CIX
Rica a ***

E' a Universidade de Paris a filha mais velha dos reis de França, e muito mais velha, pois tem mais de novecentos anos, e tresvaria não poucas vezes.

Contaram-me que, algum tempo há, teve uma terrível disputa com uns doutores acerca da letra Q, que ela queria se pronunciasse como um K[1], e tanto se azedou a discussão, que muitos foram privados de seus bens, e o Parlamento teve de intervir, concedendo, por sentença solene, a todos os vassalos do rei de França licença de pronunciar esta letra como bem quisessem. Bela coisa era ver os dois corpos mais respeitáveis da Europa ocupados em decidir da sorte de uma letra do ABC!

Parece-me, meu caro ***, que se apoucam as cabeças dos maiores homens quando estão reunidos, e que onde há mais sábios juntos há menos sabedoria. As grandes corporações mostram tanto apego às minudências e aos usos fúteis, que descuidam as coisas essenciais. Ouvi dizer que, havendo convocado um rei de Aragão os estados de Aragão e Catalunha, se gastaram as primeiras sessões em decidir em que língua se haviam de redigir as deliberações; foi mui violenta a contenda, e mil vezes se teriam separado os Estados, se não tivessem imaginado um expediente, que foi que a pergunta se fizesse em língua catalã e a resposta em aragonês.

De Paris, 25 da lua de Zilhagé, 1718.

Carta CX
Rica a ***

Muito mais sério é do que parece o papel de uma mulher bonita. E' importantíssimo o que se passa todas as manhãs no seu toucador em meio das suas criadas: um general de exército não emprega mais estudo e atenção em colocar a sua ala direita ou o seu corpo de reserva, que uma mulher em colocar um sinal que pode não pegar, mas no qual ela fia a esperança de uma conquista.

Que cuidado, que atenção não é indispensável para conciliar sem cessar os interesses de dois competidores, para parecer neutral com ambos, enquanto se entrega a um e outro, e para constituir-se medianeira em todos os motivos de queixa que lhes dá!

Que ocupação a de dar pé a contínuas diversões e precaver todos os acidentes que poderiam rompê-las!

---

[1] Trata-se das palavras *Quisquis* e *Quanquam,* que Ramus (ou François de la Ramée), em 1559, nas suas *Lições de gramática,* queria que se pronunciassem *Kiskis* e *Kankan.* Veja-se o *Dicionário filosófico* de Voltaire.

Não obstante, não é a principal dificuldade para elas o divertirem-se, senão aparentarem que se divertem: aborrecei as mulheres tanto quanto quiserdes, que vo-lo perdoarão, contanto que se creia que se divertiram muito.

Há alguns dias fui cear com umas damas ao campo. No caminho diziam sem cessar: "Valente diversão vamos ter". Os gênios simpatizavam pouco, e por conseqüência estávamos todos muito sérios. "Confessemos", disse uma das senhoras, "que nos divertimos muito; não há hoje, em Paris, tão alegre reunião como a nossa". Como eu estava a toscanejar de puro aborrecido, uma delas deu-me uma sacudidela, dizendo-me:

"Que tal? não estamos mui joviais?". "Sim", respondi-lhe com um bocejo, "creio que estoirarei de riso". A tristeza era, não obstante, mais poderosa que as minhas reflexões, e pouco a pouco, de bocejo em bocejo, senti que caía num pesadíssimo letargo que pôs termo a todos os meus prazeres.

De Paris, 11 da lua de Maharram, 1718.

Carta CXI
Usbek a ***

O reinado do falecido rei foi tão dilatado, que o fim fizera que a gente se esquecesse do princípio. Hoje é moda só se ocuparem com os acontecimentos que se deram em sua menoridade, e só se lêem as memórias daqueles tempos[1].

Eis o discurso de um dos generais da cidade de Paris num conselho de guerra, e confesso que não entendo nem uma palavra dele:

"Senhores, ainda que tenha sido repelida e desbaratada a nossa tropa, creio que será fácil remediar esta derrota. Tenho preparadas seis coplas de uma canção que vou publicar, e estou certo que reporão todas as coisas em equilíbrio. Escolhi vozes mui claras que saiam da cavidade de peitos mui fortes, e que farão uma maravilhosa impressão no povo. A letra está posta em uma música que até agora foi da maior eficácia.

[1] As célebres *Memórias* do cardeal de Retz, que passam por ser uma das obras-primas da literatura clássica francesa, acabavam de aparecer em 1717.

Se isto não bastar, publicaremos uma estampa que figure Mazarino enforcado. Por fortuna que este não fala bem o francês e que o estropia de maneira que é impossível que seus negócios não declinem. Nunca deixamos de fazer que note o povo o tom risível da sua pronunciação. Notamos-lhe há poucos dias um erro gramatical tão crasso, que em todas as esquinas se diziam chalaças acerca dele.

Espero que antes de oito dias faça o povo do nome de Mazarino um vocábulo genérico para significar todos os animais de carga e os de tiro.

Desde a nossa derrota fez-lhe passar tão maus momentos a nossa música sobre o pecado original, que, por não ver reduzidos à metade os seus partidários, se viu obrigado a despedir todos os seus pagens.

Reanimai-vos pois; perdei o medo, e estai certos de que a assobios o obrigaremos a tornar a passar os montes".

De Paris, 4 da lua de Chahban, 1718.

Carta CXII
Redi a Usbek
Em Paris.

Durante a minha permanência na Europa, leio os historiadores antigos e modernos, cotejo todas as épocas, comprazo-me em passar-lhes, digamo-lo assim, revista, e detenho especialmente a minha meditação naquelas grandes mudanças que tornaram uns séculos tão distintos de outros séculos, e o mundo tão dessemelhante de si mesmo.

Não prestaste talvez atenção a uma coisa que cada dia me causa mais maravilha. Como está a terra tão pouco povoada relativamente ao que antes estava? Como pôde perder a natureza a prodigiosa fecundidade dos primitivos tempos? Estará já por acaso decrépita e morre de inanição?

Demorei-me mais de um ano em Itália, e só vi as ruínas daquela Itália tão célebre nos passados tempos. Inteiramente despovoadas e ermas estão as cidades, posto que todos vivam nelas, e parece que só subsistem ainda para indicar o lugar onde estavam aquelas poderosas cidades tão nomeadas na história.

Não falta quem afirme que só a cidade de Roma continha mais gente outrora do que há hoje num grande reino da Europa. Havia cidadãos romanos senhores de dez mil e vinte mil escravos, sem levar em conta os que trabalhavam em suas terras; e, como havia quatrocentos ou quinhentos mil cidadãos, não é possível fixar o número de seus habitantes, sem que pasme a imaginação.

A Sicília continha antigamente reinos opulentos, e numerosos povos que depois desapareceram, não havendo agora nesta ilha outra coisa notável que os seus vulcões.

Tão deserta está a Grécia que nem a centésima parte de seus antigos habitantes há nela.

Na Espanha, outrora tão cheia, só se vêem hoje campos desabitados, e não é nada a França comparada à antiga Gália de que fala Júlio César.

Os países do Norte estão despovoadísimos, e não é agora como quando se viam obrigados a dividir-se como antigamente, enviando a países remotos colônias e nações inteiras, como enxames, a buscarem novas mansões.

A Polônia e a Turquia européia quase que não têm gente.

Na América não encontraríamos nem a quinquagésima parte dos homens que formavam tão vastos impérios.

A Ásia não está em melhor estado. Na Ásia menor, que tantas poderosas monarquias e tão prodigioso número de cidades populosas continha, só duas ou três cidades restam. Da Ásia grande, a parte que está sujeita ao turco está despovoada; a que dominam os nossos reis, se se compara com o florescente estado em que antigamente se achava, se verá que contém pequeníssimo número de moradores que eram sem conto do tempo dos Xerxes e dos Darios.

Quanto aos pequenos Estados que estão em torno destes grandes impérios, estão realmente desertos: tais são os reinos de Irimeta, de Circássia e de Guriel. Estes príncipes, com vastos Estados, contam apenas cinqüenta mil súditos.

Não está menos despovoado o Egito que os demais países.

Finalmente percorro a terra, e só encontro destroços, e parece-me que saí dos estragos da peste e da fome.

Tão desconhecida foi sempre a África, que não podemos falar dela com a mesma precisão que das outras partes do globo; mas, se só atendemos às costas do Mediterrâneo, conhecidas em todos os tempos, vemos quanto decaíram do que foram sob os cartagineses e os romanos. Hoje são tão fracos os seus príncipes, que são as potências mais mesquinhas do mundo.

Por um cálculo tão exato como nesta espécie de coisas se pode fazer, achei que apenas há na terra a décima parte de habitantes que antigamente continha. O que há de admirável é que cada dia se despovoa, e a continuar assim, dentro de dez séculos será toda ela um deserto.

Esta é, meu querido Usbek, a mais terrível catástrofe que sucedeu no mundo. Mas quase ninguém reparou nisso, porque sucedeu pouco a pouco, e no transcurso de uma larga série de séculos; o que denota um vício interno, um veneno secreto e oculto, e uma enfermidade de consumação que aflige a natureza humana.

De Veneza, 10 da lua de Rhegeb, 1718.

Carta CXIII
Usbek a Redi

Em Veneza.

O mundo, meu amado Redi, não é incorrutível que nem os céus o são; boas testemunhas são os astrônomos de suas variações, naturais conseqüências do movimento universal da matéria.

A Terra está, como os demais planetas, sujeita às leis do movimento; dentro dela há um perpétuo combate dos seus princípios; o mar e o continente parecem estar em guerra eterna, e cada instante produz combinações novas.

Em mansão tão sujeita a vicissitudes encontram-se os homens em estado não menos vacilante; cem mil causas capazes de os destruírem podem conspirar para a sua ruína, e com mais razão diminuir ou aumentar o seu número.

Não te falarei daquelas catástrofes particulares, tão freqüentes nos historiadores, as quais destruíram cidades e reinos inteiros; outras há gerais que várias vezes puseram o gênero humano a pique de sua total ruína.

Estão cheias as histórias de pestes universais que alternativamente assolaram o mundo. De uma, entre outras, referem que queimou até as raízes das plantas, e se sentiu, em todo o orbe conhecido, até o império do Catay, e talvez um grau mais de corrução houvesse dado fim, em um só dia, à natureza humana[1].

---

[1] A peste de 1348, chamada peste negra, que vinha do Egito e da Ásia, sorveu, ao que se diz, a metade da população francesa.

Não há dois séculos que se sentiu na Europa, Ásia e África a mais vergonhosa de todas as doenças, que se propagou prodigiosamente em pouquíssimo tempo, e teria acabado com os homens, se tivessem continuado com a mesma fúria os seus progressos. Acabrunhados de males desde o seu nascimento, incapazes de agüentar o peso das cargas da sociedade, teriam perecido todos eles miseravelmente[2].

Que teria sido se se tivesse feito mais ativo o veneno? Pois assim se teria tornado sem dúvida, se não tivéssemos tido a felicidade de achar um remédio tão eficaz como o que se descobriu. Talvez que esta enfermidade, atacando as partes da geração, tivesse impossibilitado a mesma geração.

Mas para que é falar da destruição que teria podido sobrevir ao gênero humano? Não sobreveio realmente? Não o reduziu o dilúvio a uma só família?

Filósofos há que distinguem duas criações: a das coisas e a do homem, não podendo compreender que as coisas criadas não tenham mais de seis mil anos, que haja Deus diferido suas obras toda a eternidade, e não tenha usado até ontem de seu poder criador. É porque não podia, ou porque não queria? E se não podia em um tempo, como pôde em outro? Logo, foi porque não quis. Como, porém, em Deus não há sucessão, se supomos que uma vez quis uma coisa, qui-la em todos os tempos, e desde o princípio.

Não obstante, todos os historiadores mencionam o nosso primeiro pai, e falam do berço do gênero humano. Não é coisa natural pensar que se salvou Adão de uma ruína geral, como se preservou Noé do dilúvio, e que foram freqüentes estes acontecimentos na terra desde a criação do mundo?

Mas nem todas as destruições são violentas. Muitas partes da terra vemos que se cansam de produzir coisas que sirvam para a subsistência dos homens. E que sabemos se há na terra causas gerais, lentas e imperceptíveis deste cansaço?

Pareceu-me conveniente apontar-te estas idéias gerais, antes de responder mais pelo miúdo à tua carta acerca da diminuição dos povos, que se nota de dezessete a dezoito séculos a esta parte. Far-te-ei ver na minha seguinte carta que, independentemente das causas físicas, há outras morais que produzem este efeito.

De Paris, 8 da lua de Chahban, 1718.

[2] A enfermidade de que se fala, a sífilis, foi sobretudo observada desde

Carta CXIV
Usbek ao mesmo

Queres saber por que está menos povoada a terra do que antigamente, e se bem o reparares, verás que provém esta diferença tão importante da que sucedeu nos costumes.

Desde que se dividiu o orbe romano entre a religião cristã e a maometana, há uma mudança notável, porque estão muito longe de ser estas religiões tão favoráveis à propagação de nossa espécie, como o era a dos antigos senhores do universo.

Nesta última estava vedada a poligamia, no que levava grandíssima vantagem à religião de Maomé, e permitido o divórcio, no que não se avantajava menos à cristã.

Não acho contradição mais palpável que a pluralidade de mulheres, permitida por nosso santo Alcorão, e a ordem de satisfazê-las que impõe este mesmo livro. "Vede vossas mulheres", diz o Profeta[1], "porque necessitam elas de vós como de seus vestidos, e vós delas como de vossos vestidos". Preceito é este que torna muito laboriosa a vida de um muçulmano. O que tem as quatro mulheres que estabelece a lei e somente outras tantas concubinas ou escravas, há de ficar sufocado com tantos vestidos em cima.

"Vossas mulheres são vossa lavoira", acrescenta o Profeta; "aproximai-vos, pois, de vossa lavoira; fazei bem por vossas almas, e encontrá-lo-eis um dia[2]".

Considero um bom muçulmano como a um atleta destinado a combater sem tréguas, mas que, em breve enfraquecido e abatido de suas primeiras fadigas, se rende no campo mesmo da vitória, e fica, por assim dizer, sepultado nos próprios triunfos.

Sempre obra a natureza com lentidão e, por dizê-lo assim, com economia: nunca são violentas as suas operações. Até nas suas produções requer temperança; sempre vai com regra e medida; se a aceleram, desmaia logo, e gasta em conservar-se toda a força que lhe resta, perdendo totalmente a virtude de produzir, e a potência generativa.

---

o séc. XV, mas a sua origem é desconhecida, e chamavam-lhe então "mal americano, mal napolitano, mal francês ou mal gálico".

[1]Alcorão, II, 183.

[2]Alcorão, II, 223.

Neste estado de desfalecimento nos põe sempre a multidão de mulheres, que mais contribui para nos deixar exaustos do que para nos satisfazer. Entre nós é coisa mui comum ver-se um homem num serralho imenso com mui poucos filhos, e quase sempre estes filhos são enfermiços e débeis, ressentindo-se do pouco vigor do pai.

Inda não é tudo: obrigadas as nossas mulheres a uma castidade forçosa, necessitam homens que as guardem, que não podem ser outros que eunucos: não permitem a religião, o ciúme e a razão mesma que se deixem aproximar delas outros. Estes guardas hão de ser numerosos, ora para manter a tranqüilidade em meio da contínua guerra que têm estas mulheres umas com outras, ora para impedir as tentativas externas. De sorte que um homem que tem dez mulheres ou concubinas necessita pelo menos outros tantos eunucos para as guardar. Que perda para a sociedade a de tantos homens mortos desde que nascem, e que despovoação há de resultar dela!

As donzelas escravas que vivem no serralho, destinadas com os eunucos a servir tão crescido número de mulheres, envelhecem quase sempre numa triste virgindade; não se podem casar enquanto estão com suas amas, e estas, uma vez acostumadas a elas, quase nunca as despedem.

Assim um homem só ocupa em seus prazeres tantas pessoas de um e outro sexo, privando-as da vida útil ao Estado, e fazendo-as incapazes de propagar a espécie.

Constantinopla e Ispahan são as capitais dos dois impérios mais vastos do mundo; ali vai parar tudo, e ali se amontoa de todas as partes a gente atraída de mil modos, e não obstante em breve se extinguiriam ambas, se, em cada século, não fizessem vir os soberanos nações inteiras para as repovoar. Noutra carta direi o que me falta sobre o assunto.

De Paris, 13 da lua de Chahban, 1718.

Carta CXV
Usbek ao mesmo

Não tinham os romanos menos escravos que nós; tinham ainda mais; mas faziam melhor uso deles.

Longe de se oporem por meios violentos à multiplicação dos ditos escravos, favoreciam-na, quanto lhes era possível, reunindo-os com uma espécie de matrimônio, e por este meio enchiam as suas casas de criados de todos os sexos e de todas as idades, e o Estado de uma população inumerável.

Os meninos que, com o tempo, constituíam a riqueza de seu senhor, nasciam sem conto em torno dele. Ele só estava encarregado de mantê-los e criá-los; isentos os pais deste fardo, seguiam unicamente a sua natural inclinação e procriavam sem receio uma numerosíssima família.

Já te disse que entre nós estão ocupados todos os escravos na guarda de nossas mulheres, e nada mais; que respectivamente ao Estado vivem num letargo absoluto, de sorte que é preciso restringir o cultivo das artes e dos campos a uns poucos homens livres, a uns poucos chefes de família e que estes se ocupam nele o menos que podem.

Não sucedia assim entre os romanos, que se aproveitava com infinita utilidade a república destes exércitos de escravos. Tinha cada um deles o seu pecúlio, que possuía com as condições que lhe impunha o seu senhor, e com este pecúlio trabalhava, e empregava-o no que lhe sugeria a sua indústria. Um era banqueiro; outro se dava ao comércio marítimo; este vendia gêneros a retalho; aplicava-se aquele a um ofício mecânico, ou arrendava e lavrava terras; mas nenhum havia que se não esforçasse com todo o seu poder por tirar utilidade do seu pecúlio, que lhe proporcionava ao mesmo tempo comodidades em sua atual escravidão, e a esperança da sua liberdade futura, o que formava um povo laborioso, e animava a indústria e as artes.

Enriquecidos estes escravos por seu afã e por seu trabalho, faziam-se forrar e declarar-se cidadãos. Assim se refazia sem cessar a república, recebendo em seu seio novas famílias, conforme se destruíam as antigas.

Terei talvez, em minhas seguintes cartas, ocasião de te provar que tanto mais floresce o comércio em um Estado quanto mais abunda a sua população, e com igual facilidade provarei que quanto mais floresce o comércio, mais cresce o número dos seus habitantes; ajudando-se e favorecendo-se mutuamente ambas estas coisas.

Se assim é, quanto devia crescer e aumentar esta prodigiosa multidão de escravos sempre laboriosos! Nascidos da abundância e da indústria, eram, por sua parte, perene manancial de indústria e abundância.

De Paris, 16 da lua de Chahban, 1718.

Carta CXVI
Usbek ao mesmo

Até aqui falamos dos países maometanos, indagando a razão por que estão menos povoados que os que estavam sujeitos à dominação romana; examinemos agora que causas produziram o mesmo efeito nos países cristãos.

A religião pagã permitia o divórcio, que o cristianismo veda. Esta diferença que, ao princípio, pareceu de tão pouca entidade, pouco a pouco acarretou terríveis conseqüências, e tais que mal se podem calcular.

Não só foi privado o matrimônio de toda a sua serenidade, mas também desviado do seu primitivo fim; querendo estreitar os seus vínculos, afrouxaram-nos, e em vez de unirem, como pretendiam, os corações, separaram-nos para sempre.

Em tão livre ação, em que tanta parte há de ter o coração, estabeleceu-se a violência, a necessidade e até a fatalidade do destino. Em nada se prezaram a repugnância, os caprichos, a insociabilidade dos gênios; quiseram fixar o coração, convém a saber, o mais variável e o mais inconstante que há na natureza, jungiram ao mesmo jugo, sem recurso nem esperança, pessoas insuportáveis uma para a outra, e quase sempre discordantes, fazendo como aqueles tiranos que atavam os homens vivos com cadáveres.

Nenhuma coisa contribuía mais para o mútuo afeto que a faculdade do divórcio: o marido e a mulher sofriam com paciência os pesares domésticos sabendo que estava em sua mão o pôr-lhes termo, e muitas vezes conservavam esta faculdade toda a sua vida, sem usar dela, pela só consideração de que tinham liberdade de o fazer.

Não é assim entre os cristãos, a quem os atuais pesares desesperam para o futuro. Nos desgostos do matrimônio vêem a sua duração, ou, digamo-lo assim, a sua eternidade: daqui procedem as antipatias, as discórdias, os menosprezos, que redundam todos em detrimento da sua posteridade. Apenas se passaram três anos de matrimônio, descuidam o essencial, e seguem-se trinta de tibieza, formando-se separações intestinas tão fortes e quiçá mais perniciosas que se fossem públicas; cada um vive de seu lado, e tudo isto em prejuízo das gerações futuras. Em breve aborrecido um homem de uma mulher eterna, se entregará às prostitutas: comércio torpe e tão oposto à sociedade, que, sem preencher o fim do matrimônio, representa, ao mais, os seus deleites.

Se das duas pessoas ligadas desta sorte uma só não é apta para o fim da natureza e para a propagação da espécie quer por seu temperamento, quer por sua idade, sepulta a outra consigo, fazendo-a tão inútil como ela o é.

Não nos espantemos, pois, se vemos que, entre os cristãos, tantos casamentos produzem tão limitado número de cidadãos. Abolido o divórcio, os matrimônios mal unidos nunca se reconciliam, nem passam as mulheres, como entre os romanos, sucessivamente, por mãos de muitos maridos, que de caminho tiravam delas quantas vantagens eram possíveis.

Atrevo-me a dizer que, se numa república como Lacedemônia, onde sem cessar estavam atados os cidadãos por estranhas e sutis leis, e onde não havia mais que uma família, que era a república, se tivesse disposto que os maridos mudassem de mulheres todos os anos, teria resultado uma população inumerável.

Mui difícil é atinar com a razão que moveu os cristãos a abolirem o divórcio. Em todas as nações do mundo é o casamento um contrato susceptível de quaisquer convênios, e somente se deviam excluir aqueles que podiam desviá-lo do alvo que se propõe; mas não o encaram os cristãos debaixo deste aspeto, e, por isso, custa-lhes muito a explicar que coisa seja. Não o fazem consistir nos prazeres sensuais, e pelo contrário, como eu já te disse, parece que os querem desterrar tanto quanto lhes é possível. Segundo eles, o matrimônio é um simulacro, uma figura, o que quer que seja de misterioso, que não te posso decifrar.

De Paris, 19 da lua de Chahban, 1718.

Carta CXVII
Usbek ao mesmo

A proibição do divórcio não é a causa única da despovoação dos países cristãos; que não é menos eficaz o crescido número de eunucos que entre eles há.

Falo dos clérigos e dos daroeses de ambos os sexos que fazem voto de eterna continência. Entre os cristãos esta é a virtude por excelência, e confesso que os não entendo, nem alcanço que coisa seja uma virtude de que não resulta nada.

Parece-me que se contradizem palpavelmente os seus doutores

quando dizem que o matrimônio é santo, e que inda o é mais o celibato que é o seu contrário, sem atender a que, em matéria de preceitos e dogmas fundamentais, sempre o bom é o melhor.

É assombrosa a multidão de pessoas que fazem profissão de celibato. Outrora os pais condenavam os filhos desde o berço a este estado; hoje fazem este voto os filhos assim que perfazem os catorze anos[1], o que vem a ser quase o mesmo.

Este ofício de guardar castidade deu cabo de mais homens que as pestes e as guerras mais cruentas. Cada casa religiosa apresenta uma família imortal, onde ninguém nasce, e que se mantém à custa de todas as demais. Estas casas sempre estão abertas, como sorvedoiros onde se somem as famílias futuras.

Mui diferente é esta política da dos romanos, que estabeleciam leis penais contra os que se recusavam às do matrimônio por gozarem de uma liberdade tão contrária ao bem público.

O que eu te disse não se aplica senão aos países católicos. Na religião protestante todos têm faculdade de ter filhos; que ela não consente clérigos nem daroeses, e se quando se estabeleceu esta religião que tomou por norma única os primitivos tempos, não tivessem lançado em rosto sem cessar aos seus fundadores a sua pouca temperança, é indubitável que, depois de terem feito universal a prática do matrimônio, também lhe teriam suavizado o jugo, acabando de remover a barreira que, neste ponto, separa o Nazareno de Maomé.

Como quer que seja, o certo é que a religião apresenta imensamente mais vantagens aos protestantes que aos católicos, e atrevo-me a dizer que, no atual estado da Europa, é impossível que subsista nela quinhentos anos o catolicismo.

Antes da decadência do poder de Espanha, eram muito mais pujantes que os protestantes os católicos. Pouco a pouco chegaram estes últimos a equilibrá-los. Os protestantes crescerão cada dia mais em poder e riquezas e os católicos irão perdendo em proporção.

Os países protestantes devem estar, e estão efetivamente, mais povoados que os católicos; daqui resulta primeiro que são mais quantiosas as contribuições, as quais se aumentam à proporção do número de contribuintes; segundo, que estão mais bem cultivados os campos, e finalmente que floresce mais o comércio, porque há

---

[1] Dezesseis anos, segundo os cânones do concílio de Trento.

mais pessoas que façam cabedal, e com mais necessidades têm mais meios de as satisfazer. Quando em um país não há mais habitantes que os necessários para a agricultura, é força que desfaleça o comércio, e quando há somente os que são indispensáveis para manter o comércio, é força que decaia a agricultura, isto é, é força que decaiam ambas as coisas ao mesmo tempo, porque nunca se adianta em tal caso uma, que não seja à custa da outra.

Nos países católicos não só está abandonada a agricultura, mas também é perniciosa a indústria, porque se cifra em aprender cinco ou seis palavras de uma língua morta. Assim que um homem grangeou este pecúlio, já se pode deitar a dormir quanto a fazer cabedal, que dentro de um claustro acha uma vida sossegada, que, no século, lhe teria custado suores e fadigas.

Inda não é tudo. Os daroeses têm nas mãos quase todas as riquezas do Estado, e formam uma associação de avarentos que sempre tomam e nunca dão, acumulando sem cessar rendas para adquirirem capitais. Todas estas riquezas se tornam, por assim dizer, paralíticas, e acabou-se a circulação, acabou-se o comércio, acabaram-se as artes, e acabaram-se as manufaturas.

Não há príncipe protestante que faça os seus povos pagar tantos tributos como o papa faz que os paguem os seus vassalos, posto que estes sejam miseráveis, e que aqueles vivam na opulência. O comércio vivifica tudo entre os primeiros, e o monaquismo inficiona tudo entre os últimos.

De Paris, 26 da lua de Chahban, 1718.

Carta CXVIII
Usbek ao mesmo

Nada mais temos que dizer da Ásia e da Europa. Passemos à África. Aqui só das costas podemos falar, porque o interior não é conhecido.

As da Barbária, onde reina a religião maometana, não estão tão povoadas como em tempo dos romanos, pelas razões que eu já te disse. As costas de Guiné devem estar terrivelmente desertas, de duzentos anos a esta parte que os régulos ou chefes das aldeias tomaram o costume de vender os seus vassalos aos príncipes da Europa, para os levarem às colônias da América.

O mais estranho é que esta América que cada ano recebe tantos novos habitantes, está erma, sem se aproveitar das contínuas perdas da África. Os escravos, que para outro clima se trasladam, morrem aos milhares, e os trabalhos das minas, em que sem cessar ocupam os naturais e os estranhos, as malignas exalações que das ditas minas saem, e o azougue que nelas continuamente se emprega, os destroem sem remédio.

Não há coisa mais extravagante que causar a morte de uma inumerável multidão de homens, para tirar das entranhas da terra o oiro e a prata, metais em si de todo em todo inúteis, e que, se são riquezas, não é senão porque os escolheram para sinais delas.

De Paris, último da lua de Chahban, 1718.

Carta CXIX
Usbek ao mesmo

Às vezes depende a fecundidade de um povo das mais miúdas circunstâncias, de maneira que sucede com freqüência que, tomando uma nova direção a sua imaginação, se povoa em breve muito mais do que estava povoado.

Exterminados sem cessar e sem cessar renascentes, os judeus ressarciram as suas perdas e as suas contínuas destruições com a só esperança arraigada em todas as famílias de que há de nascer deles um rei que há de ser o senhor da terra.

Se tinham os antigos reis da Pérsia tão crescido número de vassalos, a causa era este dogma da religião dos magos, que a ação mais grata a Deus que podem praticar os homens é gerar um filho, lavrar um campo e plantar uma árvore.

Se é tão prodigiosa a população da China, também procede isto de certo modo peculiar de pensar, que consiste em que os pais são havidos dos filhos por deuses, acatados como tais desde esta vida, honrados com sacrifícios depois da sua morte, em força dos quais crêem eles que, aniquiladas suas almas no Tien[1], recobram nova vida: portanto aspira cada qual a aumentar uma família tão submissa nesta vida, e tão necessária na outra.

Por outro lado, os países maometanos cada dia estão mais ermos,

[1] O céu da Cosmogonia chinesa.

por causa de uma opinião que, com ser santa, não deixa de acarretar perniciosíssimos efeitos quando se arraiga nos ânimos, e é esta: que nos consideramos como peregrinos que devem ter sempre postos os olhos em outra pátria, e assim nos parecem loucura as úteis e duradoiras tarefas, o empenho de assegurar o bem-estar dos nossos filhos, e quantos projetos se elevam além desta breve e passageira vida. Satisfeitos com o presente, sem curarmos do futuro, não nos damos ao trabalho nem de reparar os edifícios públicos, nem de arrotear as terras maninhas, nem de cultivar as que estão em estado de remunerar os nossos trabalhos, e, vivendo numa completa apatia, deixamos que tudo corra por conta da Providência.

Nos povos europeus um enganoso espírito de vaidade introduziu o direito injusto de primogenitura, tão funesto para a propagação, pois concentra a atenção de um pai num só de seus filhos, diverte as suas vistas de todos os demais, obriga-o a que se oponha ao estabelecimento de muitos por consolidar o cabedal de um só, e finalmente acaba com a igualdade de todos os cidadãos, que é toda a sua opulência.

De Paris, 4 da lua de Rhamazan, 1718.

Carta CXX
Usbek ao mesmo

Geralmente estão mal povoados os países onde vivem os selvagens, pela aversão que têm quase todos à lavoira e cultivo da terra. Tão violenta é esta malfadada aversão, que, quando rogam pragas contra um de seus inimigos, não lhe desejam outro mal senão que se veja obrigado a lavrar um campo, persuadidos de que os únicos exercícios nobres e dignos deles são a caça e a pesca.

Mas, como sucede com freqüência que há anos em que estas rendem pouquíssimo, atormentam-nos fomes mui repetidas; sem contar que não há país que abunde tanto de caça e pesca que possa abastecer a subsistência de um povo numeroso, porque sempre se albergam as alimárias nos lugares mais despovoados.

Além de que, os aduares de selvagens, que contêm duzentos ou trezentos habitantes, separados um dos outros e com interesses mais opostos que os de dois impérios distintos, não se podem ajudar uns aos outros por não terem os recursos dos grandes Estados, cujas partes se correspondem e se auxiliam todas reciprocamente.

Entre os selvagens há outro costume não menos prejudicial que o primeiro, e é o costume cruel que têm as mulheres de provocar o aborto, para que a prenhez não seja causa de elas se fazerem repugnantes aos maridos.

Neste país há contra esta desordem tremendas leis que chegam ao furor. Toda rapariga solteira que não declarou a sua gravidez ao magistrado tem pena de morte se perece o seu fruto, sem que lhe possam servir de desculpa o pudor, a ignorância nem tampouco os casos fortuitos.

De Paris, 9 da lua de Rhamazan, 1718.

Carta CXXI
Usbek ao mesmo

O comum efeito das colônias é enfraquecer os países donde se tiram, sem povoar aqueles para onde se enviam.

Convém que os homens permaneçam onde estão, porque há certas doenças que provêm de se mudar de bons ares para maus, e outras que procedem somente da mudança de ares.

Da mesma maneira que as plantas impregna-se o ar das partículas de terra de cada país, e atua de tal modo em nós que fixa o nosso temperamento. Quando nos transferimos a outro país, caímos doentes, porque, estando acostumados os líquidos a certa consistência, a certa disposição os sólidos, e uns e outros a certo grau de movimento, não podem suportar outro distinto, e resistem a outra modificação qualquer.

Quando está deserto um país, é sinal de que padece de algum achaque peculiar da natureza do seu terreno ou do seu clima, e assim os que tiram os homens de um céu propício para mandá-los para semelhantes países executam precisamente o contrário do que se propõem. Experiência tinham disto os romanos, que relegavam à Sardenha todos os criminosos e conduziam também a esta ilha os judeus, consolando-se facilmente de perdê-los pelo sumo desprezo com que olhavam estes miseráveis.

Quando quis o grande Xá Abas tirar aos turcos a faculdade de manterem numerosos exércitos, transportou quase todos os armênios para fora do seu país, enviando mais de vinte mil famílias para a província de Guilan, onde pereceram quase todas em brevíssimo tempo.

Nunca foram de proveito nenhum as transportações de povos que a Constantinopla se fizeram. Não se encheu a América com o prodigioso número de negros de que falamos. Desde a destruição dos judeus em tempo de Adriano, está sem gente a Palestina.

Devemos, pois, confessar que são quase irremediáveis as grandes destruições, porque, quando um país chega a certo grau de despovoamento, permanece sempre no mesmo estado, e, se por acaso se reergue, é ao cabo de muitos séculos.

Se em sua desfalecente situação se apresenta a mais leve circunstância de quantas apontei, não só não se ressarce, senão que decai de dia para dia, e se endereça para a sua total aniquilação.

Hoje, como no primeiro dia, está-se ressentindo a Espanha da expulsão dos moiros, e em vez de se encher o vácuo que deixaram, torna-se cada dia maior.

Des que os espanhóis, tendo assolado a América, exterminaram os seus antigos habitantes, pondo-se no lugar deles, não puderam repovoá-la, e muito pelo contrário, por uma fatalidade a que melhor pudera chamar-se justiça de Deus, destroem-se os destruidores a si próprios, e consomem-se todos os dias.

Não devem, pois, pensar os príncipes em povoar por meio de colônias dilatados países. Não digo que estas não dêem fruto algumas vezes: climas há tão venturosos que sempre se multiplica neles a espécie: para prova, invoco o testemunho daquelas ilhas povoadas por enfermos abandonados por alguns navios e que imediatamente recobravam a saúde[1].

Mas ainda mesmo quando prosperem as ditas colônias, não farão mais que dividir as forças em vez de as aumentar, a não ser que sejam de pouquíssima extensão, como são as que se enviam para ocupar alguma praça para o comércio.

Os cartagineses tinham descoberto a América, como os espanhóis, ou pelo menos umas ilhas mui grandes, com as quais faziam imenso comércio; vendo, porém, esta república que ia diminuindo o número dos seus habitantes, vedou aos seus súditos esta navegação e este comércio.

Afoito-me a dizer que em vez de que passassem os espanhóis às Índias, conviria fazer que passassem os índios e os mestiços à Espanha; conviria restituir a esta monarquia todos os seus povos dispersos; e contanto que conservasse só a metade das suas vastas colônias, seria a mais formidável potência da Europa.

[1]Alude talvez o autor à Ilha de Bourbon. (Nota de Montesquieu.)

Os impérios podem-se comparar a uma árvore, cujos ramos, quando são desmedidos, tiram ao tronco todo o suco, e só servem para dar sombra.

Não há coisa mais capaz de fazer que se emendem os príncipes da mania de conquistar países remotos que o exemplo dos portugueses e espanhóis.

Tendo conquistado estas duas nações com incrível rapidez imensos reinos, mais atônitas com as suas vitórias que os povos vencidos com as suas derrotas, imaginaram meios para conservar as suas conquistas, e cada uma adotou um plano diferente.

Perdendo os espanhóis a esperança de que se mantivessem fiéis as nações vencidas, resolveram exterminá-las, substituindo-as por uma população fiel de Espanha, e nunca se levou a efeito com tanta pontualidade um projeto tão horroroso. Viu-se um povo tão numeroso como todos juntos os da Europa inteira desaparecer da terra com a chegada destes bárbaros, que com o descobrimento das Índias parece que pensaram em descobrir aos homens qual era o mais alto crime da crueldade.

Por meio desta desumanidade, conservaram sob a sua dominação este país. Julgue-se por aqui quão funestas são as conquistas, pois tais efeitos trazem consigo; porque finalmente este horrendo remédio é o único. Se não, como podiam manter na obediência tantos milhões de homens? Como haviam de resistir a uma guerra civil desde tão longe? Que teria sido deles, se tivessem dado tempo a estes povos de que se recobrassem do assombro que lhes havia causado a chegada destes novos deuses e o medo de seus raios?

Os portugueses trilharam o caminho oposto, e não cometeram crueldades; por isso foram em breve lançados de quantos países haviam descoberto. Os holandeses auxiliaram a rebelião destes povos e aproveitaram-se dela.

A que príncipe pode parecer invejável a sorte destes conquistadores? Quem faria as suas conquistas com as mesmas condições? Uns foram logo expulsos delas; outros as converteram em desertos e do seu próprio país fizeram outro deserto.

Fado é dos heróis arruinarem-se por conquistar países que num momento perdem ou por avassalar nações que eles mesmos se vêem obrigados a destruir, como aquele louco que gastou todo o seu cabedal em comprar estátuas que atirava logo ao mar, e espelhos que imediatamente fazia em astilhas.

De Paris, 18 da lua de Rhamazan, 1718.

Carta CXXII
Usbek ao mesmo

A suavidade do governo contribui sobremaneira para a propagação da espécie. Prova palpável são desta verdade todas as repúblicas, e mais que todas a Suíça e a Holanda, que, sendo os dois países piores da Europa pela qualidade do seu terreno, são, não obstante, os mais povoados.

Nada atrai tanto os estrangeiros como a liberdade e a opulência que sempre a acompanha; a primeira faz-se amar por si mesma, e as nossas necessidades levam-nos aos países onde se encontra a outra.

Num país onde acham os filhos mantimento abundante, sem que diminua o de seus pais, a espécie se multiplica.

A própria igualdade dos cidadãos, que geralmente produz igualdade de cabedais, infunde a abundância e a vida em todas as partes do corpo político e esparze-as por todo ele.

Não sucede assim nos países sujeitos a um poder arbitrário: o príncipe, os cortesãos e alguns particulares possuem todas as riquezas, enquanto gemem todos os mais na extrema pobreza.

Se um homem se acha falto de comodidades e conhece que seus filhos hão de ser mais pobres que ele, ou não se casará, ou, se se casar, receará ter muitos filhos, que acabariam de o pôr na miséria, e teriam que descer da condição de seu pai.

Bem sei que o aldeão ou o jornaleiro, uma vez casado, povoará sem reflexão, quer esteja rico, quer pobre, porque não se detém nestes cuidados, que sempre tem uma herança segura que deixar a seus filhos, que é o seu enxadão, e nada o impede de seguir cegamente o seu instinto natural.

Mas de que serve em um Estado esta multidão de crianças que definham na miséria? Quase todas elas morrem assim que nascem; nunca prosperam; débeis e fracas, mil achaques as matam pouco a pouco, ou as levam por junto as contínuas enfermidades populares, que sem cessar se geram da miséria e da má alimentação; e as que delas escapam chegam à idade viril sem terem as forças de homem e vivem enfermiças até a sua morte.

Os homens são como as plantas, que nunca vêm bem onde não estão bem cultivadas: nos povos miseráveis atrasa-se a espécie e às vezes degenera.

Um exemplo notável desta asserção oferece a França.

Nas passadas guerras, o medo, em que viviam todos os filhos de famílias, de serem alistados na milícia, obrigava-os a matrimoniarem-se em idade por demais tenra, e uma pobreza extrema. Tantos consórcios produziam uma multidão de filhos que se buscam debalde em França, porque a miséria, a fome e as enfermidades acabaram com eles. Se, num clima tão feliz e num reino tão civilizado como a França, se nota semelhante fenômeno, que será em outros Estados?

De Paris, 23 da lua de Rhamazan, 1718.

Carta CXXIII
Usbek ao mollah[1] Mehmet Ali, guarda dos três túmulos.

Em Com.

Que valem os jejuns dos emamos e os cilícios dos *mollahs*? Duas vezes descarregou Deus o seu braço sobre os filhos da Lei. O sol escurece, e parece que só alumia as suas derrotas; os seus exércitos congregam-se, e são dissipados como a poeira.

O império dos osmanlis está abalado pelos dois mais violentos golpes que jamais recebeu. Só a custo o sustenta um *mufti*[2] cristão, e o grão-vizir de Alemanha[3] é o flagelo de Deus enviado para castigo dos sequazes de Omar; a toda parte ele leva a ira do céu, irritado da rebelião e da perfídia dos omaristas.

Tu, espírito sagrado dos emamos, choras noite e dia sobre os filhos do Profeta transviados pelo detestável Omar; as tuas entranhas se comovem contemplando as suas desventuras; pedes a Deus a sua conversão, e não a sua perda, e quiseras pelas lágrimas dos santos vê-los reunidos sob o estandarte de Ali, e não dispersas por temor dos infiéis nas areias dos desertos e nas cavernas das montanhas.

De Paris, 1º da lua de Chalval, 1718.

---

[1] Almuádem, sacerdote muçulmano que convoca a certas horas o povo à oração, desde as almiaras ou torres das mesquitas. (Etim. Árabe *al-moula*, título de distinção que se dá aos sacerdotes.)

[2] *Mufti*, doutor da lei entre os maometanos. (Etim. Árabe *mufti*, jurisconsulto.)

[3] O príncipe Eugênio, que se apoderara de Belgrado em 1717 e acabava de assinar a paz de Passarovitz (1718.)

Carta CXXIV
Usbek a Redi
Em Veneza.

Qual poderá ser o motivo das imensas liberalidades com que os príncipes remuneram os seus cortesãos? Querem ganhar o seu afeto? Pois já o têm ganho quanto é possível, e demais, se ganham alguns de seus vassalos comprando-os, é força que, pela mesma causa, percam outros infinitos empobrecendo-os.

Quando considero a situação dos príncipes, sempre cercados de homens cobiçosos e insaciáveis, não posso deixar de condoer-me deles, e inda mais me condoo quando não têm força para resistir a solicitações sempre onerosas para os que nada solicitam.

Nunca oiço falar das suas liberalidades, das graças e das pensões que concedem, que me não entregue a mil reflexões: acode-me ao espírito uma multidão de idéias, e parece-me que oiço publicar a pragmática seguinte:

"A infatigável constância de alguns dos meus vassalos, que me pedem pensões, teve em exercício ininterrupto a minha régia munificência. Enfim cedi ao dilúvio de memoriais que me foram apresentados, e que constituíram até agora o principal objeto das solicitudes do trono. Representaram-me que, des que fui assunto ao sólio, nunca deixaram de achar-se em todos os beija-mãos; que sempre os vi por onde eu passava, imóveis como postes, e que se ergueram nos bicos dos pés para contemplarem por entre a gente a majestade do meu gesto. Também recebi vários memoriais de pessoas do sexo fraco, suplicando-me que atendesse a quem era coisa notória o muito que tinham que gastar para se manterem, e algumas, já carregadas de anos, representaram-me, meneando a cabeça, que tinham sido a flor e ornamento da corte dos reis meus predecessores, e que se os generais de seus exércitos tornaram temível o Estado com as suas façanhas mavórcias, elas, por sua parte, fizeram não menos famosa a corte por seus galanteios. Desejando, portanto, tratar com benignidade os suplicantes e deferir a tudo quanto pedem, ordeno o que se segue:

Todo lavrador que tenha cinco filhos lhes cerceará cada dia a quinta parte de sua ração de pão ordinária. Ordeno aos pais de família que façam esta diminuição a cada um de seus filhos com a mor justiça que for possível. Proíbo terminantemente a quantos cultivam as suas terras próprias, ou as dão em arrendamento, que façam nelas reparação nenhuma, seja de que espécie for.

Mando que toda pessoa que se exercitar em ofícios vis e mecânicos, e que, como tal, não se achou nunca em nenhum beija-mão, que daqui em diante não possa comprar vestidos para si, para sua mulher e para seus filhos senão de quatro em quatro anos, vedando a todos eles, sob as mais graves penas, que tenham as diversões e banquetes que costumavam ter suas famílias nas festas principais do ano.

E havendo eu sido informado de que a mor parte dos habitantes das minhas cidades se ocupam mui deveras em casar suas filhas, as quais não têm outra recomendação mais no Estado que uma triste e fastidiosa modéstia, mando que aguardem os pais para lhes dar marido até que, havendo chegado as suas filhas à maioridade, os obriguem a isso por sentença de juiz, proibindo aos magistrados de meus reinos que se ocupem em fazer educar os filhos que de tais matrimônios nascerem".

De Paris, 1º da lua de Chalval, 1718.

CARTA CXXV
Rica a ***

Todas as religiões ficam em talas quando têm que dar idéia dos deleites destinados aos que bem viveram. Fácil coisa é atemorizarem os maus, ameaçando-os com uma dilatada série de castigos; mas não sabem que hão de prometer aos homens virtuosos. A natureza dos prazeres parece que exige serem eles de pouca dura, e com dificuldade pode a imaginação conceber outros.

Vi descrições do paraíso que eram capazes de fazer que todo sujeito sensato renunciasse a ele: uns dizem que as sombras bem-aventuradas tangem frauta sem cessar; outros as condenam ao suplício de estarem eternamente a passear; por fim outros querem que pensem lá no assento etéreo nas amantes que tiveram cá neste baixo mundo, crendo que não eram bastantes cem milhões de anos para que se lhes tirasse o gosto dos amorosos cuidados.

Lembro-me a este respeito de uma história que ouvi contar a um homem que estivera no país do Mogol, e que prova não serem menos estéreis que os restantes os sacerdotes índios nas idéias que formam da felicidade dos bem-aventurados.

Enviuvando, certa mulher veio pedir com toda a cerimônia ao

governador da cidade que lhe desse licença para se queimar; mas, como os maometanos abrogam quanto podem este inumano costume nos países sujeitos ao seu domínio, negou-lha redondamente.

Vendo a viúva que eram inúteis os seus rogos, inflamou-se em cólera, e pegou a dar gritos dizendo: "Vejam que tirania! Não deixar a uma pobre mulher que se arremesse ao fogo quando lho pede a vontade! Já se viu coisa igual? Queimaram-se minha mãe, minha tia e minhas irmãs. E porque venho pedir vênia para me queimar a este maldito governador, zanga-se, e põe-se a gritar como um energúmeno".

Achava-se ali, por acaso, um bonzo jovem. "Infiel", disse-lhe o governador, "foste tu que encasquetaste este disparate nos miolos desta mulher?". "Não por certo", respondeu o bonzo, "nunca lhe falei de tal coisa; mas, se quer crer-me, consumará o sacrifício, e fará uma obra grata ao deus Brama, que lhe dará a merecida recompensa, pondo-a no outro mundo junto a seu marido, onde tornará a começar segundo e perdurável matrimônio". "Que dizeis?", replicou pasmada a mulher. "Tornarei a ver meu marido? Pois se é isso, não me queimo. Era homem ciumento, resmungão e, com isso, tão velho, que, se o deus Brama não fez algum milagre com ele, para nada tinha necessidade de mim. Queimar-me eu por ele!... nem sequer a ponta de um dedo, inda que fosse para o tirar dos abismos do inferno. Bem cuidado tinham dois bonzos velhos que me traziam enganada, e que sabiam o mal que vivíamos ele e eu, de me não dizerem o que havia. Se não tem outro presente que fazer-me o deus Brama, renuncio à sua bem-aventurança. Faço-me maometana, senhor governador. E vós", continuou voltando-se para o bonzo, "podeis, quando quiserdes, ir dizer a meu marido que estou sã como um pero".

De Paris, 2 da lua de Chalval, 1718.

Carta CXXVI
Rica a Usbek
*Em ****

Não obstante contar contigo aqui amanhã, envio-te as tuas cartas de Ispahan. As minhas me dizem que o embaixador do Grão-Mogol teve ordem de sair do reino, acrescentando que mandaram prender o príncipe, tio do rei e encarregado da sua educação[1], e o puseram num castelo onde o guardam com muito rigor, tendo-o privado de todos os seus cargos. Muito me penaliza a sorte deste príncipe, e deveras me compadeço dele.

Confesso-te, Usbek, que nunca vi ninguém chorar sem me enternecer; a humanidade se me representa em favor dos desgraçados, como se fossem eles os únicos homens, e até os magnates, a quem o meu coração olha com certo desamor enquanto ocupam altos cargos, têm em mim um amigo assim que caem. E, efetivamente, de que lhes serve na prosperidade uma inútil ternura que nos aproxima a igualarnos com eles? Mas, quando caíram de sua elevação, só os nossos lamentos lhes trazem à memória a idéia do que foram.

Parecem-me mui naturais e não menos nobres as palavras de um príncipe que, prestes a cair nas mãos dos inimigos, disse, vendo as lágrimas dos seus cortesãos: "As vossas lágrimas me provam que inda sou o vosso rei".

De Paris, 3 da lua de Chalval, 1718.

Carta CXXVII
Rica a Ibben
Em Esmirna.

Mil vezes ouviste falar do rei da Suécia[1]. Estava sitiando uma praça num reino chamado a Noruega, e visitando a trincheira só com um engenheiro, quando recebeu na cabeça uma bala, de que morreu. Imediatamente foi preso o seu primeiro-ministro, juntaramse os Estados e condenaram-no à morte, em pena de um enorme delito de que o acusavam, que era ter caluniado a nação, tirando a

---

[1] O duque de Maine, envolvido na conspiração de Cellemare.

[1] Carlos XII, o famoso rei da Suécia, de 1697 a 1718. Foi morto no assédio de Fredrickshald. O seu primeiro-ministro era o barão de Goertz, executado em Estocolmo a 2 de março de 1719. Voltaire escreveu a *História de Carlos XII*, que é um modelo de narração histórica, livro atraente como uma novela, mas como uma novela que é ao mesmo tempo uma obra histórica de primeira ordem em que concorrem a arte e a erudição, o método e o estilo. Muitos dos episódios da *História de Carlos XII*, as batalhas de Narva e de Poltava, por exemplo, se consideram exemplares clássicos.

seu rei a confiança nela, atrocidade que, a meu ver, é digna de mil mortes. Porque, finalmente, se é uma ação iníqua denegrir no espírito do príncipe o último de seus vassalos, que será caluniar a nação inteira e tirar-lhe a estimação daquele que a Providência estabeleceu para fazer a sua felicidade?

Quisera eu que os homens falassem com os reis como falam os anjos com o nosso sagrado profeta.

Sabes que nos sacrossantos banquetes, onde desce o Senhor dos Senhores do trono mais sublime do mundo para se comunicar com os seus escravos, impus-me a inviolável lei de cativar uma língua indócil e nunca me ouviram soltar uma só palavra que pudesse ser amarga para o último de seus vassalos. Quando foi forçoso que deixasse de ser sóbrio, nunca deixei de ser homem de bem; e se às vezes, nesta prova de lealdade, arrisquei a vida, nunca aventurei a virtude.

Não sei como é que nunca há príncipe tão mau, que o não seja inda mais o seu ministro. Se obra uma ação má, quase sempre lha aconselharam, de modo que nunca é tão perigosa a ambição dos príncipes como a vilania da alma dos seus conselheiros. Mas como podes entender que um homem que só de ontem para cá é ministro, e que talvez não o seja amanhã, se torne num instante inimigo capital de si próprio, de sua família, de sua pátria e de todas as gerações vindoiras do povo que ele vai oprimir?

Um príncipe tem paixões; o seu ministro as atiça, dirigindo ao fim de as satisfazer as funções do seu ministério, sem conhecer outro objeto, nem querer conhecê-lo. Os áulicos seduzem-nos com as suas lisonjas, e ele adula-o de modo mais perigoso com os seus falazes conselhos, com as resoluções que lhe inspira e as máximas que lhe dita.

De Paris, 25 da lua de Safar, 1719.

Carta CXXVIII
Rica a Usbek

Em ***

Recentemente ia eu pela Ponte-Nova com um dos meus amigos, o qual se encontrou com um conhecido seu, que ele me disse ser um geômetra, e bem se via, pois estava imerso em meditação tão profunda, que foi mister que o meu amigo lhe puxasse pela manga do casaco e que lhe desse dois ou três empurrões, para que reparasse nele; tão preocupado o trazia uma curva, que o atormentava havia talvez mais de oito dias. Os dois trocaram muitas cortesias e contaram um ao outro várias novidades literárias e, praticando disto, chegaram à porta de um café, onde entrei com eles.

Notei que o nosso geômetra era de todos acolhido obsequiosamente, e que os criados do café mais caso faziam dele que de dois mosqueteiros que estavam a um canto. Pareceu-me que também ele se achava muito a gosto; pois se lhe desfranziu um pouco o semblante, e se pôs a rir como se não tivera a mais leve tintura de geometria.

Não obstante, o seu espírito medido a compasso pesava tudo quanto na conversação se dizia, assemelhando-se àquele que com uma espada cortava, no seu jardim, quantas flores sobressaíam às demais[1]. Mártir da sua exatidão, ofendia-o um dito agudo e engenhoso, como se ofende uma vista fraca com uma luz demasiado viva. Coisa nenhuma era indiferente para ele, contanto que fosse certa, e por isso era mui singular a sua conversação. Naquele dia vinha do campo com outro homem que tinha visto um soberbo castelo e magníficos jardins, e ele o único que tinha visto era um edifício de sessenta pés de comprido e trinta e cinco de largo, e um bosque quadrilongo[2] de dez fangas de terra: teria desejado que se houvessem observado de tal modo as leis da perspectiva, que as alamedas tivessem parecido de igual largura em toda a sua extensão, para o que teria ele indicado um método infalível. Agradou-lhe muito um quadrante, que tinha visto, de estrutura mui caprichosa, e zangou-se com um erudito que estava ao meu lado, o qual, por infelicidade, lhe perguntou se o tal quadrante indicava as horas babilônicas. Um

---

[1] Trasíbulo de Mileto cortou assim espigas diante do embaixador de Periandro para lhe indicar como podia ver-se livre dos notáveis de Corinto (segundo Heródoto e Diógenes Laércio). Tarquínio o Soberbo, decapitando as papoilas do seu jardim, deu o mesmo conselho a seu filho Sexto para fazer perecer os notáveis de Gábies.

[2] O original diz: *Un bosquet barlong.* Este adj., pouco usado hoje em francês, é composto do prefixo pejorativo *bar* (lat. *bis*) e *long*, e quer dizer: que tem a forma de um quadrilongo, mas quadrilongo imperfeito. Veja-se o dicionário de Hatzfeld e Darmesteter, continuado por Thomas, que, se faz mal de admitir locuções viciosas e neologismos de duvidosa correção, é, sem debate, o melhor de todos pela ciência etimológica e pelo cuidado com que é indicada a filiação lógica dos sentidos de uma mesma palavra.

novelista falou dos bombardeamentos de Fontarrabia[3], e logo nos explicou ele as propriedades da linha que, no ar, tinham descrito as bombas; e, contente de saber isto, empenhou-se absolutamente em que parou o bombardeio. Queixou-se alguém de que, no inverno anterior, o deixara arruinado uma inundação, e disse-lhe então o geômetra: "Tenho infinita satisfação em sabê-lo, por ver que me não enganei nas minhas observações, que este ano caíram na terra, pelo menos, duas polegadas de água mais que o ano passado".

Dali a pouco tempo, foi-se embora e nós após ele. Como andava muito depressa e não tratava de olhar para a frente, encontrou-o diretamente outro homem; deram reciprocamente um rude choque, e deste encontrão saltou cada um para seu lado, em razão recíproca de sua velocidade e de suas massas. Quando tornaram a si do seu atordoamento, disse o outro ao geômetra, pondo a mão na testa: "Folgo muito que me tenha dado uma cabeçada, pois tenho uma grande novidade que lhe dizer, e é que acabo de publicar o meu Horácio". "Como", disse o geômetra, "se há dois mil anos que está publicado?". "O senhor não me entende", replicou o outro; "é uma tradução deste autor antigo que acabo de dar à luz; há vinte anos que me ocupo em fazer traduções". "Como! há vinte anos", lhe disse o geômetra, "que o senhor não pensa! Quer isto dizer que fala o senhor em vez dos outros, e os outros pensam em vez do senhor". "Pois crê o senhor", lhe respondeu o erudito, "que não fui mui útil ao público, familiarizando-o com a leitura dos bons autores?". "Não digo isso; prezo, como o que mais os prezar, os sublimes engenhos que o senhor parodia; mas o senhor não se parece com eles, porque, se traduz sempre, jamais o traduzirão. As traduções são como as moedas de cobre, que, posto que valham tanto como uma de oiro, e sejam mais úteis para o uso do povo, sempre são más e de baixo quilate. Diz o senhor que quer ressuscitar entre nós esses ilustres defuntos, e confesso que lhes dá um corpo, mas não os revoca à vida, porque lhes falta aquele espírito que os animava. Por que se não dedica antes o senhor à investigação de tantas verdades sublimes que cada dia nos ensina a descobrir um cálculo muito fácil?"

Havendo-lhe dado este conselho de amigo, separaram-se, segundo creio, mui descontentes um do outro.

De Paris, último da lua de Rebiab 2, 1719.

[3] Por Berwick, em 18 de junho de 1719.

Carta CXXIX
Usbek a Redi
Em Veneza.

A mor parte dos legisladores foram homens de pouco alcance que o acaso pôs à frente dos demais, e quase nunca seguiram outro norte mais que os seus caprichos ou os seus preconceitos, e, como se tivessem desconhecido a alteza e a dignidade da obra que faziam, divertiram-se em imaginar pueris instituições, conformando-se, na verdade, com o gosto dos espíritos apoucados, mas desacreditando-se com os homens de bom senso.

Lançando-se em inúteis minudências, meteram-se nos casos particulares; o que indica uma mesquinha inteligência que só por partes vê as coisas e nada abraça com uma vista geral.

Alguns tiveram a afetação de se valer de outro idioma que o vulgar: coisa disparatada num legislador. Como se hão de observar as leis se não se conhecem?

Não raro aboliram sem necessidade as que viam estabelecidas, que é dizer que acarretaram aos povos as desordens imprescindíveis de uma mudança.

Verdade é que por uma extravagância que antes procede da natureza que do espírito humano, é necessário às vezes mudar certas leis. Estes casos, porém, são raríssimos, e, quando sucedem, há de se tocar nelas tremendo, e hão de observar-se tantas solenidades e pôr-se tantas precauções, que o povo conclua naturalmente que são as leis uma coisa sacrossanta, pois tantas formalidades são indispensáveis para as abrogar.

Às vezes as fizeram mui sutis, seguindo antes conceitos lógicos que a natural eqüidade. Mais adiante pareceram demasiado duras, e por espírito de eqüidade se acreditou que se deviam eludir; remédio que era novo mal. Sejam quais forem as leis, sempre se hão de respeitar e considerar como a consciência pública, à qual se deve conformar sempre a dos particulares.

Confesso, não obstante, que puseram alguns legisladores muito esmero numa coisa que indica que foram muito prudentes, e é em darem aos pais muita autoridade sobre os filhos: nada alivia mais os magistrados, nada despeja tanto os tribunais, nada finalmente conserva mais sossego num Estado, onde sempre os costumes fazem melhores os cidadãos que as leis.

Esta potestade é a de que menos abusam os homens; é a mais

sagrada das magistraturas; a única que não depende de convênios e é anterior aos convênios todos.

Nos países onde se põem nas mãos paternas mais castigos e mais recompensas, nota-se que há mais ordem nas famílias. Os pais são vivas imagens do criador do universo, o qual, bem que possa guiar os homens por seu amor, não deixa de estreitá-las também consigo pelos vínculos da esperança e do temor.

Não quero rematar esta carta sem te fazer notar o disparatado do espírito francês. Dizem que das leis romanas conservaram um sem número de coisas inúteis e até prejudiciais, e não adotaram o pátrio poder que haviam aquelas estabelecido como a primeira autoridade legítima.

De Paris, 4 da lua de Gemmadi 2, 1719.

Carta CXXX
Rica a ***

Falar-te-ei, nesta carta, de certa nação a que chamam os noveleiros, os quais se juntam num magnífico jardim[1], onde sempre acha ocupação a sua ociosidade[2]. Estes são os membros mais inúteis do Estado, e cinqüenta anos da sua tagarelice produziram o mesmo efeito que teria resultado de cinqüenta anos de silêncio, e, não obstante, se crêem sujeitos de grande porte, porque discorrem sobre magníficos projetos e ventilam os maiores interesses.

É o fundamento das suas conversações uma frívola e risível curiosidade: não há tão secreto gabinete que não presumam penetrá-lo; não podem crer que ignoram coisa nenhuma; sabem quantas mulheres tem o nosso magnífico sultão, quantos filhos lhes ele faz cada ano; e sem gastar nada em espiões, estão inteirados das medidas que toma para abater a soberba dos imperadores da Turquia e do Grão-Mogol[3].

---

[1] O jardim das Tulherias. Cf. em La Bruyère, X, os retratos de Demófilo e Basílides.

[2] Sêneca, *De brevitate vitae,* XII: "Quorumdam otium occupatum est".

[3] O império dos mongóis (ou ainda mogóis ou do Grão-Mogol ou Grão-Mogor" já não existe. Tinha sido fundado nas Índias por Baher, descendente de Tamerlã. Datam do século XVIII a decadência e a ruína do império mongol.

Inda bem não acabaram com o presente, lançam-se ao futuro, e, tomando a dianteira à Providência, põem-se em lugar dela em todas as ações humanas. Seguram pela mão um general, e elogiando-o por mil disparates que não fez, prescrevem-lhe outros mil que também não fará.

Fazem voar os exércitos como grous, e derribam muralhas como pedaços de papelão; têm pontes em todos os rios, sendas ocultas em todos os montes, e armazéns imensos nos areais ardentes; do que somente carecem é de senso comum[4].

Um sujeito com quem moro recebeu a seguinte carta de um novelista, que copiei por me parecer singular, e dizia deste teor:

"Raramente me engano, meu senhor, nas minhas conjeturas sobre assuntos políticos.

No dia primeiro de janeiro de 1711, prognostiquei que o imperador José morreria naquele mesmo ano. Verdade é que, como passava muito bem, temendo que se rissem de mim se me explicasse com clareza, o anunciei em termos alguma coisa enigmáticos; mas entenderam-me muito bem os que sabem raciocinar. Aos 17 de abril do mesmo ano morreu de bexigas.

Assim que rompeu a guerra entre o imperador e os turcos, fui procurar todos os companheiros às Tulherias, e, reunindo-os junto ao tanque, profetizei-lhes que a cidade de Belgrado ia ser assediada, e que se renderia.

Tive a fortuna de ver verificado o meu vaticínio. É verdade que, na metade do cerco, apostei cem dobrões que a tomaria no dia 18 de agosto[5] e só se rendeu no dia seguinte. Pode-se perder ao jogo com tão boas cartas? Quando vi que desembarcava em Sardenha a armada espanhola, pensei que conquistaria esta ilha: assim o disse eu, e assim o foi. Ufano com este acerto, acrescentei que esta vitoriosa frota desembarcaria em Final para conquistar o Milanesado, e achando resistência em admitirem esta idéia, qui-la sustentar com glória: apostei cinqüenta dobrões, e também os perdi; porque o maldito Alberoni, não obstante a fé dos tratados, enviou a Sicília a sua esquadra, enganando ao mesmo tempo a dois grandes políticos: ao duque de Sabóia e a mim.

Tudo isto, meu senhor, me desconcerta de tal maneira, que determinei de prognosticar sempre, sem apostar nunca. Outrora não se

---

[4] Os progressos do jornalismo, que tem agora a seu serviço meios de informação rápidos e seguros, diminuíram a importância dos novelistas.

[5] Ano 1717. (Nota de Montesquieu.)

conhecia nas Tulherias o uso das apostas, e não o consentia o finado senhor conde de Lione; desde, porém, que se meteu entre nós um bando de petimetres, não sabemos onde estamos, e apenas abrimos a boca para dizer uma novidade, um destes peraltas propõe uma aposta pela contrária.

Um dos dias últimos, quando abria eu o meu manuscrito e montava as cangalhas no nariz, aproveitando-se um destes pretensiosos do intervalo do primeiro vocábulo ao segundo, me disse: 'Aposto cem dobrões que isso é mentira'. Fiz que não tinha ouvido este disparate, e, lendo em voz mais alta, continuei dizendo: 'Tendo sabido o sr. marechal de ***...'. 'É falso', interrompeu-me o da aposta; 'sempre nos vem o senhor com disparatadas notícias; tudo isso não tem senso comum'.

Peço-lhe, meu senhor, que tenha a bondade de me emprestar trinta dobrões, porque lhe confesso que me atrasaram muito estas apostas. Envio-lhe cópia de duas cartas que escrevi ao Ministro.

Sou, etc.".

Cartas de um novelista ao ministro

"Excelentíssimo senhor,

Sou o vassalo mais zeloso do bem público que tem Sua Majestade. Fui eu que obriguei um dos meus amigos a executar o projeto que eu formara de um livro, que demonstrava que Luís o Grande era o maior de quantos príncipes mereceram o nome de Grande. Há muito tempo que estou trabalhando noutra obra, que inda será mais honrosa para a nossa nação se V. Exa. se dignar protegê-la, sendo meu propósito provar que, desde a origem da monarquia, nunca foram vencidos os franceses, e que tudo o que até agora disseram de nossas derrotas os historiadores são meras imposturas. Sou forçado a retificá-los em muitos lugares, e lisonjeio-me de que o que mais brilha na minha obra é a crítica sã e judiciosa.

Sou, exc. senhor, etc."

"Excelentíssimo senhor,

Havendo nós perdido o sr. conde de Lione, suplicamos a V. Exa. que nos permita eleger um presidente. Introduziram-se tantas desordens nas nossas conferências, que se não tratam os negócios de Estado com a mesma madureza de juízo que antes: os nossos rapazes vivem sem ter absolutamente respeito nenhum aos anciãos e sem disciplina entre si, e formam o mesmo conselho que o de Roboão[6], onde os moços faziam calar os velhos. Por mais que lhes representemos que éramos possessores pacíficos das Tulherias vinte anos antes que eles viessem ao mundo, creio que por fim nos expulsarão delas, e obrigados a abandonar este lugar, onde tantas vezes evocamos as sombras dos nossos heróis franceses, será força que vamos ter as nossas conferências ao Jardim Botânico, ou a outro sítio inda mais distante. Sou, ..."

De Paris, 7 da lua de Gemmadi 2, 1719.

Carta CXXXI
Redi a Rica
Em Paris.

Uma das coisas que mais me excitaram a curiosidade des que cheguei à Europa foi a história e a origem das repúblicas. Sabes que a mor parte dos asiáticos nem sequer têm idéia deste governo, e que não lhes pode sugerir ainda a sua imaginação que haja na terra outro que não seja o despótico.

Os primeiros governos que conhecemos eram monárquicos; só por acaso e na série dos séculos se formaram as repúblicas.

Havendo-se alagado a Grécia em um dilúvio, vieram povoá-la novos habitantes. Quase todas estas colônias eram do Egito e dos países mais imediatos da Ásia, e estando regidos por monarcas todos estes países, os povos que deles saíram adotaram o mesmo governo. Mas havendo-se agravado em demasia a tirania destes príncipes, sacudiram o jugo, e das ruínas de tantos reinos nasceram aquelas repúblicas que tanto fizeram florescer a Grécia, única nação civilizada no meio dos bárbaros.

Por largo espaço de tempo mantiveram independente a Grécia o amor da liberdade e o ódio dos reis, estendendo-se o governo republicano. As cidades gregas encontraram aliados na Ásia menor, para onde enviaram colônias tão livres como elas, que lhes serviram de

[6] No Livro dos Reis (XII, 8) diz-se que Roboão, "deixando o conselho que os velhos lhe tinham dado, tomou conselho com os mancebos que se haviam criado com ele".

baluarte contra os embates dos reis da Pérsia. Não contente com isto, a Grécia povoou a Itália, e esta a Espanha e talvez as Gálias. Toda a gente sabe que a Hespéria magna, tão célebre na antiguidade, foi no começo a Grécia, que os povos comarcãos consideravam como a mansão da felicidade. Os gregos, que a não achavam em seu próprio país, foram-na buscar a Itália; os de Itália, a Espanha; os de Espanha, à Bética ou a Portugal: de modo que todas estas regiões foram chamadas Hespéria pelos antigos. As colônias gregas traziam consigo aquele espírito de liberdade em que se tinham embebido no seu venturoso país. Por isso, naqueles arredados tempos, quase que não vemos uma monarquia na Itália, na Espanha, nem nas Gálias. Em breve verás que não eram menos livres os povos do Norte e a Alemanha; e se encontramos neles vestígios de realeza, é porque chamaram reis aos chefes do exército ou da república.

Assim se governava a Europa, porquanto a Ásia e a África sempre estiveram acabrunhadas sob o despotismo, excetuando-se umas poucas cidades da Ásia menor de que já falamos, e, em África, a república de Cartago.

Dividiu-se o mundo entre duas poderosas repúblicas: a de Roma e a de Cartago. Ninguém ignora qual foi a origem da república romana; a origem de Cartago ninguém a sabe, nem se conhece a série de príncipes africanos desde Dido, nem como perderam o seu poder. Grande felicidade teria sido para a universo o prodigioso engrandecimento da república romana, se não tivesse havido uma injusta desigualdade entre os cidadãos romanos e os povos vencidos; se tivessem dado menos ilimitada autoridade aos governadores das províncias; se se tivessem observado as sagradas leis feitas para reprimirem a sua tirania, e se não se tivessem valido os procônsules, para as eludir, dos mesmos tesoiros que, a poder de injustiças, tinham amontoado.

César oprimiu a república romana, sujeitando-a a um poder arbitrário.

Gemeu longo tempo a Europa sob um governo militar e violento, convertida a brandura romana em cruel opressão.

Saíram entretanto do Norte infinitas nações desconhecidas, que se esparziram à guisa de torrentes pelas províncias romanas; e, encontrando não menos facilidade em fazer conquistas que em praticar piratarias, desmembraram o império fundando reinos. Estes povos eram livres, e coartavam tanto a autoridade dos seus reis, que não eram propriamente mais que chefes ou generais; portanto, estes reinos, posto fossem fundados pela força, sentiram pouco o jugo do vencedor. Os povos da Ásia, como, por exemplo, os turcos e os tártaros, sujeitos à vontade de um homem só, quando faziam conquistas, só pensavam em dar a seu senhor novos vassalos e cimentar com as armas a sua autoridade violenta. Pelo contrário, livres em seu país os povos do Norte, quando se apoderaram das províncias romanas, não deram muita autoridade aos seus chefes. Alguns deles, como os vândalos em África e os godos em Espanha, logo que não estavam satisfeitos com os seus reis, depunham-nos. Os outros tinham limitado a autoridade do príncipe de mil modos diferentes: não se declaravam as guerras sem o seu consentimento; repartiam-se os despojos entre o chefe e os soldados; nenhum dos impostos era para o príncipe, e faziam-se as leis nas assembléias da nação. Eram estes os princípios fundamentais de todos os Estados, que se formaram com os restos do império romano.

De Veneza, 20 da lua de Rhegeb, 1719.

Carta CXXXII
Rica a ***

Estive há cinco ou seis meses em um café, onde reparei num cavalheiro muito bem vestido, a quem toda a gente estava escutando. Falava da dita de viver em Paris, lamentando-se da sua situação que o obrigava a ir-se enfadar a uma província. "Quinze mil libras tenho de renda", dizia ele, "em bens de raiz, e ter-me-ia por mais ditoso se possuísse a quarta parte da minha fazenda em dinheiro e letras de câmbio. Quanto mais aperto os meus arrendatários, quanto mais custas judiciárias lhes carrego, mais insolventes eles estão, e nunca pude ver-me com cem dobrões juntos. Se eu devesse dez mil francos, penhorar-me-iam todas as minhas terras e eu teria de ir para um hospital".

Saí sem fazer caso desta parlenda; mas, achando-me ontem no bairro, entrei no mesmo café, e lá vi um sujeito grave, de rosto amarelo e comprido, que, no meio de cinco ou seis interlocutores, parecia triste e pensativo, e que, soltando de repente a taramela, em voz descompassada disse:

"Perdido estou, senhores; não tenho para viver. Na minha gaveta há duzentas mil libras em notas do banco, e cem mil escudos em prata, e acho-me na mais horrorosa situação. Supus-me rico, e tenho de ir para um hospício: se, ao menos, tivesse uma miserável quinta para onde me pudesse retirar, saberia que tinha com que viver; mas não tenho nem tanta terra como cobre a copa do meu chapéu".

Virei por acaso a cabeça para o outro lado, e vi outro que fazia mais esgares do que um endemoninhado. "De quem se há de fiar a gente?", exclamava. "Um maroto, que eu supunha ser meu amigo e a quem tinha emprestado dinheiro, mo restituiu. Que horrível perfídia! Por mais que ele faça nunca o poderei considerar como homem de bem."

Junto estava um homem muito mal entrajado, que dizia, levantando os olhos para o céu: "Abendiçoe Deus os planos dos nossos ministros, e oxalá que subam a dois mil as ações, e que fiquem todos os lacaios de Paris mais ricos do que os amos". Tive curiosidade, e perguntei quem era. "E' um homem pobríssimo", disseram-me, "que exercita uma pobre profissão, porque é genealogista, e espera que lhe renderá muito a sua arte, se continuarem as novas riquezas, porque terão necessidade dela os ricos recentes para reformar os seus apelidos, alimpar os seus antepassados e fazer os seus escudos de armas. Como imagina que vai enobrecer a quantos quiser, não lhe cabe o coração no peito de contentamento vendo quantos clientes terão que acudir a ele".

Finalmente vi entrar um velho magro e macilento, que, antes que se tivesse assentado, conheci que era novelista. Não era este dos que resistem a todos os reveses com impávido peito, e sempre prognosticam vitórias e troféus; ao contrário, era um desses medrosos que só anunciam novidades funestas. "Pessimamente vão os negócios", disse, "em Espanha; não temos cavalaria na fronteira, e é de recear que o príncipe Pio[1], que dela tem um corpo numeroso, meta a saque todo o Linguadoc."[2]

Em frente de mim estava um filósofo maltrapilho que, compadecendo-se do novelista, encolhia os ombros quando o outro levantava a voz. Abeirei-me dele, que me disse ao ouvido: "Que lhe parece ao senhor este fátuo que nos está falando há uma hora de seus temores dos sucessos do Linguadoc, e eu, que descobri ontem à tarde uma

---

[1] O príncipe Pio de Sabóia comandava em 1719 o exército espanhol, no tempo da campanha de Berwick.

[2] O Languedoc aparece com a forma Linguadoc, de que usamos no texto, em Fr. Luís de Sousa, *Vid. do Arceb.*, liv. 11, cap. IV. tom. I, p. 190, da edição rolandínia: "Daqui se entra na Província de Linguadoc". Cândido de Figueiredo traz a forma Linguedoque. (*Estrang.*, II, apênd., 1).

mancha no Sol, que, se crescer um pouco, poderá impedir-lhe que vivifique toda a natureza, eu não disse nem uma palavra a ninguém?".

De Paris, 17 da lua de Rhamazan, 1719.

Carta CXXXIII
Rica a ***

Outro dia fui visitar uma vasta biblioteca a um convento de daroeses[1], que são como os seus depositários, com a obrigação, porém, de deixarem entrar toda a gente a certas horas.

Ao entrar, vi um grave personagem passeando no meio de um número inumerável de volumes que em torno dele havia. Cheguei-me a ele, e pedi-lhe me dissesse que livros eram alguns daqueles que mais bem encadernados estavam. "Senhor", respondeu-me, "vivo aqui em país estranho e não conheço ninguém. Fazem-me outros muitos a mesma pergunta; mas já vê o senhor que não hei de ir ler todos esses livros para responder a ela. Para isso está o meu bibliotecário que lhe dará informações. Noite e dia trabalha por decifrar tudo quanto o senhor está vendo aí; é um homem sem préstimo nenhum, e é uma carga para o convento, porque nunca se emprega em negócios da comunidade... Mas queira perdoar, que tocam ao refeitório, e os que estão, como eu, à frente da comunidade hão de ser os primeiros para todos os exercícios". Dizendo isto, o frade pôs-me fora da porta, fechou-a, e súbito desapareceu diante dos meus olhos.

De Paris, 21 da lua de Rhamazan, 1719.

Carta CXXXIV
Rica ao mesmo

No dia imediato voltei à mesma biblioteca, e encontrei-me com um homem muito diferente do que eu tinha visto da primeira vez: tinha cara de sujeito de inteligência, aspecto de homem natural e maneiras muito afáveis. Assim que lhe disse o que desejava saber,

[1] A biblioteca da abadia de São Vítor, aberta ao público em 1707.

prometeu-me satisfazer a minha curiosidade, e, como estrangeiro, instruir-me também.

"Padre", lhe disse eu, "que livros grossos são esses que ocupam todo esse lado da biblioteca?". "São", respondeu-me, "os intérpretes da Escritura". "Há muitos", lhe disse; "é mister que a Escritura estivesse antigamente muito obscura, e que esteja agora muito clara. Restam ainda algumas dúvidas? Há passagens contestadas?". "Se as há, Deus meu, se as há", me respondeu, "há quase tantas quantas são as linhas". "Sim!", lhe repliquei. "Então de que servem todos esses autores." "Esses autores", continuou ele, "não indagaram na Escritura o que se deve crer, mas o que eles criam; nem a consideraram como um livro que continha os dogmas que deviam admitir, mas como uma obra que podia dar autoridade às suas próprias idéias. Por isso adulteraram todos os seus sentidos e meteram a tormentos todas as suas passagens. A Escritura é um país onde fazem correrias os sequazes de todas as seitas, entrando nele como a saque; um campo de batalha onde se investem as nações inimigas que se encontram, travam combates e pelejam de mil maneiras.

Junto aos intérpretes tem o senhor os livros ascéticos ou de devoção; em seguida os de moral, muito mais úteis; os de teologia, ininteligíveis por duas razões: pelas matérias que tratam, e pelo modo como as tratam; as obras dos místicos, ou os devotos ternos de coração". "Ah, padre", disse-lhe eu, "vamos mais devagar; diga-me alguma coisa desses místicos". "Senhor", disse-me ele, "a devoção inflama um coração inclinado à ternura, e dirige ao cérebro espíritos animais que também o inflamam, e daqui procedem os êxtases e os arroubos. Este estado é o delírio da devoção, que muitas vezes se aperfeiçoa, ou melhor degenera no quietismo: o senhor sabe que um quietista não é outra coisa mais que um homem louco, devoto e libertino[1].

Aí tem o senhor os casuístas que trazem à luz do dia os segredos da noite, que forjam na imaginação quantos monstros pode produzir o demônio do amor, os reúnem e os comparam, fazendo-os eterno objeto das suas meditações; felizes se não toma parte também o seu

---

[1] O fundador do quietismo foi Miguel de Molinos, jesuíta espanhol que, em Roma, ano 1675, publicou em língua italiana o seu famoso *Guia espiritual*. A fórmula do quietismo, dada pelo padre espanhol na sua obra, fora aprovada por Mad. de la Mothe Guâon (*Le Moyen court de faire oraison*, 1689) e por Fénelon (*Explication des maximes des saints sur la vie intérieure*, 1696).

próprio coração, fazendo-se cúmplice de tantos desvarios com tanta naturalidade descritos e tão sem rebuço pintados.

Já vê o senhor que penso com liberdade e que lhe digo tudo quanto penso. Naturalmente, sou ingênuo, e inda mais com um estrangeiro que quer saber as coisas, e sabê-las como elas são. Bem teria podido falar-lhe de tudo isto com admiração, dizendo-lhe sem cessar: 'São obras divinas, livros respeitáveis, escritos maravilhosos'; e das duas uma: enganá-lo-ia eu, ou o senhor olharia para mim com desprezo".

Nisto estávamos, quando, não sei para que, chamaram o daroês e ficou interrompida a nossa conversação até o dia seguinte.

De Paris, 23 da lua de Rhamazan, 1719.

Carta CXXXV
Rica ao mesmo

À hora aprazada voltei e conduziu-me o meu homem justamente ao lugar onde me havia deixado. "Aqui estão os gramáticos", disse-me, "os glosadores e os comentadores". "Reverendíssimo senhor", disse-lhe eu, "todos esses autores não se podem dispensar de ter senso comum?". "Sim podem", respondeu-me, "e assim o fazem, sem que sejam por isso piores os seus escritos, o que é muito cômodo para os escritores".

"Assim é a verdade", lhe disse eu; "e conheço não poucos filósofos que não fariam mal em se aplicar a esse gênero de ciências".

"Eis", prosseguiu ele, "os oradores que têm habilidade para persuadir sem terem razão, e os geômetras, que obrigam um homem a que, contra a sua vontade, se persuada, e o convencem tiranicamente.

Aqui estão os livros de metafísica, que tratam de tão grandes interesses, e onde se encontra a cada passo o infinito; os de física, que não acham menos maravilhosa que a economia deste vasto universo, a mais simples máquina dos nossos artífices; os livros de medicina, monumento da fragilidade da natureza e do poder da arte, que metem pavor, ainda quando tratam das mais leves doenças, mostrando-nos a morte como inevitável termo delas, e nos deixam inteiramente serenos quando apregoam a eficácia dos remédios, que, segundo eles, bastam para nos fazer imortais.

Perto deles estão os de anatomia, que não tanto contêm a descrição das partes do corpo humano, como os nomes bárbaros que lhes puseram, coisa que não cura o doente do seu mal, nem o médico da sua ignorância.

Cá está a química, que ora reside nos hospitais, ora nas casas de doidos, sendo igualmente boas para ela ambas as residências.

Temos aqui os livros da ciência, ou mais exato da ignorância oculta: tais são os que contêm coisas de bruxaria, execráveis na opinião da mor parte da gente, risíveis a meu ver. Tais são ainda os livros de astrologia judiciária". "Que diz, meu padre? Os livros de astrologia judiciária!", repliquei com muita vivacidade. "São esses os que mais apreciamos na Pérsia, os que regulam todas as ações da nossa vida e são o norte de todos os nossos projetos. Os astrólogos são propriamente os nossos diretores, e ainda os que governam o Estado." "Sendo assim", me respondeu, "vivem os senhores sob um jugo muito mais duro que o da razão, e o seu império é o mais estranho do mundo. Muito me compadeço de uma família, e ainda mais de uma nação que assim se deixa dominar dos planetas". "Servimo-nos", repliquei, "da astrologia como os senhores se servem da álgebra. Cada nação tem a sua ciência, pela qual regula ela a sua política. Nunca fizeram todos os astrólogos juntos em nossa Pérsia tantas necedades, como fez aqui um só dos vossos algebristas. Crê o senhor que não é o concurso fortuito dos astros uma regra tão certa como os belos raciocínios do vosso fabricante de sistemas[1]? Se contássemos os votos sobre a matéria em França e na Pérsia, não seria pequeno triunfo o da astrologia, e veria o senhor se saíam airosos os calculistas, e a tremenda conseqüência que contra eles se poderia tirar".

Interrompeu-se aqui a disputa, e foi mister separarmo-nos.

De Paris, 26 da lua de Rhamazan, 1719.

Carta CXXXVI
Rica ao mesmo

Na seguinte entrevista levou-me o douto daroês a um gabinete particular. "Estes são", me disse, "os livros de história moderna. Os primeiros que o senhor vê são os historiadores da Igreja e dos papas,

[1] O algebrista fabricante de sistemas é Law.

livros que, compostos para minha edificação, produzem em mim um efeito oposto *ex diametro*. Ali estão os que tratam da decadência do formidável Império romano, formado dos restos de tantas monarquias, e de cuja queda tantas novas se formaram. Apareceu de golpe uma infinita cópia de povos bárbaros, tão desconhecidos como os países que eles habitavam, os quais o inundaram, o devastaram, o escangalharam, e fundaram todos os reinos que existem agora na Europa. Estes povos não eram propriamente bárbaros, pois eram livres; mas se converteram em tais desde que, submetendo-se os mais deles a um poder absoluto, perderam a doce liberdade, tão conforme com a razão, com a humanidade e com a natureza.

Aqui estão os historiadores do império de Alemanha, que não é mais que sombra do primeiro império, mas que, segundo creio, é a única potência na terra que se não enfraqueceu com a sua divisão, e também creio que seja a única que se fortaleceu em proporção das suas perdas, e que, se é lenta em tirar vantagem dos seus triunfos, as derrotas a tornam invencível.

Essoutros são os historiadores de França, onde vemos formar-se e morrer duas vezes o poder real, renascer depois e não medrar por espaço de muitos séculos, mas que, cobrando insensivelmente força, cresce por todas as partes, elevando-se ao seu mais alto grau: semelhante àqueles rios que, no seu curso, perdem as águas ou se metem debaixo da terra, mas que, saindo de novo, opulentados com os que neles se despejam, arrastam com violência tudo quanto resiste à sua corrente.

Aqueles representam a nação espanhola saindo das brenhas dos montes; os príncipes maometanos tão lentamente vencidos, como foram rápidas as suas vitórias; tantos reinos reunidos numa vasta monarquia que quase chegou a ser a única, até que acabrunhada por sua própria grandeza e por sua falaz opulência, perdeu as suas forças e a sua reputação e só conservou a vã arrogância do seu antigo poderio.

Estes são os historiadores de Inglaterra, onde vemos a liberdade sair continuamente das fogueiras da discórdia e da sedição; vacilante sempre o príncipe num trono inabalável, e uma nação impaciente e sensata até em seus mesmos furores, e que, senhora do mar (coisa até então sem exemplo) enlaça o império com o comércio.

Junto estão os historiadores da outra rainha do mar, a República de Holanda, tão respeitada na Europa e tão formidável na Ásia, onde os seus comerciantes vêem tantos reis prostrados a seus pés.

Os historiadores de Itália nos representam uma nação senhora antigamente do mundo, e hoje escrava de todas as mais, divididos e fracos os seus príncipes, e sem mais atributo de soberania que uma vã política.

Esses são os historiadores das repúblicas: de Suíça, que é a imagem da liberdade; de Veneza, que cifra na sua economia os seus recursos, e de Gênova, que só nos seus edifícios é soberba.

Aqueloutros são os das nações do Norte; entre elas, da Polônia, a qual usa tão mal da sua liberdade e do direito de eleger os seus reis, que não parece senão que quer consolar por esse meio os povos vizinhos que perderam este e aquela".

Isto dito, separamo-nos até o dia seguinte.

De Paris, 2 da lua de Chalval, 1719.

Carta CXXXVII
Rica ao mesmo

No outro dia, levou-me a outro gabinete. "Aqui estão os poetas", me disse ele, "quer dizer os autores que têm por ofício pôr peias ao senso comum, e afogar a razão a poder de adornos, como outrora se sepultavam as mulheres sob os seus trajos e os seus atavios. O senhor bem os conhece; não faltam entre os Orientais, onde parece que um sol mais ardente inflama até a imaginação dos habitantes. Temos aqui os poemas épicos". "Que vem a ser isso de poemas épicos?", lhe disse eu. "Verdadeiramente que o não sei", me respondeu; "dizem os entendidos que não há senão dois[1], e que os demais, posto que assim lhes chamem, não o são: é coisa que também não sei. Acrescentam que não é possível comporem-se outros novos, e isto é mais estranho ainda.

Eis os poetas dramáticos, que, a meu parecer, são os poetas por excelência, e os senhores das nossas paixões. São de duas espécies: os cômicos, que tão brandamente nos movem, e os trágicos, que com tanta veemência nos perturbam e agitam.

Essoutros são os líricos, a quem desprezo tanto como aprecio os anteriores, e que cifram a sua arte numa melodiosa extravagância.

[1] A *Ilíada* e a *Odisséia*.

Vemos em seguida os autores de idílios e églogas, que agradam aos mesmos palacianos, porque lhes dão idéia de certa serenidade de que estes não gozam, mostrando-lha na condição dos pastores.

Eis os mais perigosos de quantos autores temos visto: são os que afiam os epigramas, que são setas mui penetrantes e mui delgadas que fazem uma chaga profunda, que se não cura com remédio nenhum.

Veja o senhor aqui os romances cujos autores são uma espécie de poetas, que exageram igualmente a linguagem da razão e a dos afetos, e passam a vida correndo após da natureza sem nunca a alcançar, sendo os seus heróis tão alheios dela como os dragões alados e os hipocentauros".

"Li alguns dos vossos romances", lhe disse eu, "mas, se o senhor visse os nossos, inda mais lhe repugnariam. São tão pouco naturais como os vossos, e em extremo embaraçados pelos nossos costumes: dez anos de paixão são precisos antes que um amante possa ver sequer o rosto da sua dama, e os autores vêem-se obrigados a que passem os seus leitores por todos estes fastidiosos preliminares. Não sendo, pois, possível que haja variedade nos incidentes, recorrem a um artifício pior que o mal que com ele pretendem remediar, e são os prodígios. Certo estou de que ao senhor não lhe parecerá bem uma maga que faz sair um exército das entranhas da terra, nem um herói que, sozinho, acaba com cem mil homens. Pois são esses os nossos romances: aventuras tão insulsas e que a cada passo se repetem, nos enfadam, e repugnam os prodígios disparatados de que estão cheios".

De Paris, 6 da lua de Chalval, 1719.

Carta CXXXVIII
Rica a Ibben

Em Esmirna.

Aqui se sucedem e destroem os ministros do mesmo modo que as estações: em três anos vi variar quatro vezes o sistema da Fazenda Real. Hoje em dia se arrecadam os tributos na Turquia e na Pérsia, como os arrecadavam os fundadores destes impérios; mas está muito longe de que aqui suceda o mesmo. Verdade é que não empregamos tantas sutilezas como os ocidentais, persuadidos nós de que não há outra diferença entre a administração das rendas do príncipe e a do cabedal de um particular, que a que há entre contar cem mil tomans e contar cem. E' mister que trabalhem noite e dia homens de consumado engenho, que concebam sem cessar, e quebrando a cabeça, novos projetos; que oiçam a opinião de infinitas pessoas que trabalham por eles, sem que lho digam; que vivam retirados num gabinete impenetrável para os grandes e sagrado para os pequenos; que tenham continuamente cheia a cabeça de importantes segredos, planos milagrosos e novos sistemas, e que absortos nas suas meditações se privem do uso da fala e às vezes do da urbanidade.

Assim que fechou os olhos o falecido rei, pensaram em estabelecer nova administração, sentindo que se achavam mal, mas não sabendo que fazer para melhorarem. Tinham-se dado mal com a autoridade ilimitada dos anteriores ministros, e resolveram dividi-la. Para este efeito criaram-se seis ou sete conselhos, e, entre todos os ministérios que governaram a França, este é talvez o que se portou com mais pulso, mas foi tão curta a sua duração como a do bem que produziu[1].

Quando foi da morte do seu último rei, era a França um corpo prostrado por mil doenças: N***[2] empunhou a lanceta, cortou a carne inútil e aplicou alguns tópicos; mas sempre ficava por sarar um vício interno. Veio um estrangeiro[3] que empreendeu a cura, e crendo, depois de muitos remédios violentos, haver-lhe restituído a sua robustez, não fez senão dar-lhe inchação.

Quantos eram ricos há seis meses são todos agora pobres, e os que não tinham pão, nadam na opulência. Nunca se tocaram tão de perto estes dois extremos. O tal estrangeiro virou o Estado como um adelo vira um vestido, colocando em cima o que estava embaixo e pelo direito o que estava do avesso. Que de riquezas inesperadas, incríveis para os mesmos que as adquiriram! Não tirou Deus os homens do nada com mais rapidez. Que de criados servidos pelos seus companheiros e talvez amanhã pelos seus amos!

---

[1] Os conselhos criados em 15 de setembro de 1715 (Regência, Negócios do Interior, Consciência, Guerra, Marinha, Fazenda, Negócios Estrangeiros, Comércio) foram dissolvidos pela maior parte no fim do ano 1718, e voltou-se aos secretários de Estado.

[2] O duque de Noailles.

[3] O escocês João Law, o fundador do famigerado banco, que tantas famílias arruinou.

Tudo isto ocasiona cenas muito extravagantes. Os lacaios que tinham enriquecido no reinado passado encarecem hoje a sua fidalguia, restituem aos que acabam de deixar a sua libré em certa rua[4] todos os desapreços que lhes faziam há seis meses, e dizem voz em grita: "A nobreza está arruinada. Que desordem no Estado; que confusão de classes! Não se vêem senão adventícios que enriquecem". Prometo-te que estes se desforrarão com os que vierem depois, e que, dentro de trinta anos, farão não pouco ruído estes novos cavalheiros.

De Paris, 1º da lua de Zilcadé, 1720.

Carta CXXXIX
Rica ao mesmo

Não já uma mulher, mas uma rainha acaba de dar um raro exemplo de afeto conjugal. Querendo a todo o custo a rainha da Suécia[1] associar à coroa o príncipe consorte, enviou aos Estados uma declaração pela qual desiste da regência no caso que o elejam em rei.

Há mais de sessenta anos que abdicou o cetro outra rainha, Cristina de nome[2], para se dedicar à filosofia. Não sei eu qual dos dois exemplos é mais digno de admiração.

Suposto que me pareça bem que fique cada um no lugar em que o colocou a natureza, e não possa louvar a fraqueza dos que abandonam por uma espécie de deserção o seu posto, reputando-se incapazes de o desempenhar, pasma-me, não obstante, a grandeza de alma destas

---

[4] A rua Quincampoix, onde estava localizado o banco de Law.

[1] Ulrica Eleonora, irmã de Carlos XII, morta a 5 de dezembro de 1751, aos cinqüenta e quatro anos. Seu marido, Frederico de Hesse-Cassel, associado ao trono da Suécia em 4 de abril de 1720, morreu em 5 de abril de 1751, aos setenta e dois anos.

[2] Cristina da Suécia, filha de Gustavo Adolfo, a quem sucedeu em 1632, abdicou, em 1654, em favor de Carlos Gustavo, seu primo. Verdade é que, anos depois, esta mulher singular, filósofa e erudita, tentou recuperar o seu trono. Acedendo às suas reiteradas instâncias, Descartes foi, em 1649, a Estocolmo, onde fixou a sua residência e foi acolhido com todas as honras. A rainha Cristina quis ouvir-lhe as lições, e Descartes ia todos os dias às cinco da manhã à biblioteca da corte, para que a rainha o ouvisse dissertar sobre

duas princesas, cuja razão numa e cujo coração na outra são tão superiores à sua alta jerarquia. No tempo que os demais só pensam em gozar, Cristina pensou em saber; e a outra, se quer gozar, é para pôr toda a sua felicidade nas mãos do seu augusto esposo.

De Paris, 27 da lua de Maharram, 1720.

Carta CXL
Rica a Usbek
Em ***

O parlamento de Paris acaba de ser exilado para uma cidadinha a que chamam *Pontoise*[1]. O conselho enviou-lhe a publicar ou aprovar uma declaração que o desonrava, e ele publicou de maneira que desonrou o conselho.

Alguns parlamentos do reino correm risco de ser tratados do mesmo modo.

Estas companhias sempre são odiosas. Se se acercam dos ouvidos dos reis, é para lhes dizerem verdades que amargam, e enquanto a multidão dos cortesãos sem cessar lhes representam o povo feliz sob o seu governo, vêm desmentir as suas lisonjas, pondo aos pés do trono os soluços e lágrimas de que são depositários.

Pesada carga, meu querido Usbek, é a da verdade, quando se tem de levar até os príncipes. Bem podem estes presumir que vão por força os que a isso se determinam, e que nunca se deliberariam a dar passos tão tristes e dolorosos para quem os dá, se não compelidos por sua obrigação, por seu respeito, e até por seu amor ao monarca.

De Paris, 21 da lua de Gemmadi 1, 1720.

---

questões de filosofia. Como não estava acostumado a tão frio clima como o da Suécia, não pôde suportar por muito tempo aquelas excursões às cinco da manhã, a que o obrigava a sua qualidade de professor da rainha. Um dia apanhou um resfriado, e apesar disso comungou na capela do embaixador. Ao voltar para casa, ateou-se-lhe um febrão e naquele dia — 11 de fevereiro de 1650 — partiu desta vida para a eterna o grande filósofo, aos cinqüenta e três anos de idade.

[1] O Parlamento foi desterrado para Pontoise em 20 de julho de 1720 por ter recusado registrar as medidas vexatórias pelas quais Law tentava sustentar o seu crédito abalado.

Carta CXLI
Rica ao mesmo

*Em ****

Irei visitar-te no fim da semana. Que agradáveis dias vou passar contigo!

Há poucos dias fui apresentado a uma dama da corte que tinha muita vontade de ver a minha cara estrangeira. Pareceu-me formosíssima, digna das atenções do nosso monarca e de uma alta jerarquia no sagrado lugar onde repoisa o seu coração. Fez-me muitas perguntas a respeito dos costumes dos persas e do modo de viver das persas, e pareceu-me que lhe não agrada a vida do serralho, e que lhe repugnava muito ver a um homem dividido entre dez ou doze mulheres. Não pode deixar de lhe causar inveja a felicidade de um e compaixão a sorte das outras. Como gosta de ler, em especial poesias e novelas, quis que eu lhe falasse das nossas, e crescendo a sua curiosidade com o que delas lhe disse, pediu-me que lhe traduzisse um trecho das que tinha trazido comigo. Assim o fiz, e enviei-lhe poucos dias depois um conto persa. Folgarás talvez de ver a minha versão.

História de Ibraim

No tempo do Xeque Ali Can[1] havia na Pérsia uma mulher por nome *Zulema*, a qual sabia de cor todo o sagrado Alcorão; não havia daroês que, melhor que ela, entendesse as tradições de todos os santos Profetas, não havendo os doutores árabes escrito coisa tão misteriosa que não compreendesse ela todos os seus sentidos. Aliava a todos estes conhecimentos certa amenidade de espírito tal, que mal se podia averiguar se queria divertir ou instruir aqueles com quem falava.

Um dia que estava com as suas companheiras num dos salões do serralho, perguntou-lhe uma destas que pensava da outra vida, e se dava crédito à antiga tradição, dos nossos doutores, de que está o paraíso destinado tão-somente para os homens.

---

[1] "Xeque" era autoridade administrativa e judicial entre os moiros, espécie de governador. *Xeque* é a escrita portuguesa, e não as errôneas estrangeiras *cheque*, *cheik*, *scheik*, *scheikh*. Também, no decurso deste livro, temos escrito *paxá* e não *pachá*, e o título dos soberanos da Pérsia, *Xá* e não *shah*, *schah*, *chah*. Veja-se Gonçalves Viana, *Ortogr. nacional* (Lisboa, 1904).

"Essa é a opinião comum", respondeu, "porque puseram especial cuidado em envilecer por todos os meios o nosso sexo. Existe uma nação espalhada em toda a Pérsia, chamada a *nação judaica*, que, fundando-se na autoridade dos seus livros sagrados, chega até a sustentar que carecemos de alma.

Tão injuriosas opiniões não têm outra origem mais que a soberba dos homens, que querem manter a sua supremacia até além dos limites da vida, e não reparam que, no tremendo dia, aparecerão ante Deus todas as criaturas como o nada, sem que medeie entre elas mais diferença nem prerrogativa que a das suas virtudes.

Deus não será parco nas suas recompensas, e assim como os homens que tenham vivido bem e feito bom uso do império que, cá na terra, exercem sobre nós, hão de morar num paraíso cheio de celestiais e encantadoras beldades, tais que, se as vira um mortal, daria incontinenti a morte a si mesmo para ir gozá-las, assim também irão as mulheres virtuosas a um lugar de delícias, onde se embriagarão num mar de prazeres com homens divinos, sobre quem terão elas absoluto domínio: cada uma terá um serralho, onde viverão encerrados os seus amantes, e eunucos, inda mais fiéis que os nossos, para os guardar.

"Li num livro árabe", continuou, "que um homem, chamado *Ibraim*, era de um ciúme insofrível. Tinha doze mulheres em extremo formosas, a quem tratava com suma aspereza, e, sem se fiar nem dos seus eunucos nem das paredes do seu serralho, tinha-as sempre fechadas a chave no seu aposento, sem se poderem ver nem falar, porque era cioso até de uma inocente amizade. Todas as ações de Ibraim tomavam a cor de sua ingênita brutalidade, e nunca fez o mais leve movimento que não fosse um novo rigor na dura escravidão das suas infelizes mulheres.

Um dia que as reunira a todas numa sala do seu serralho, uma delas, mais afoita que as outras, reprochou-lhe[2] a sua má condição. 'Quem tanto se esforça', disse-lhe, 'por se fazer temer, consegue em breve

[2] *Reprochar* é pouco usado, e aos que o têm por galicismo lhes recomendamos a leitura destas linhas do nosso Machado de Assis, que sabia a língua destramente: "Cerca de dois anos para cá, recebi duas cartas anônimas, escritas por pessoa inteligente e simpática, em que me foi notado o uso do vocábulo *reproche*. Não sabendo como responda ao meu estimável correspondente, aproveito esta ocasião. *Reproche* não é galicismo. Nem *reproche* nem *reprochar*. Morais cita, para o verbo, este trecho dos *Ined.* II fl. 259: 'Hum non tinha que *reprochar* ao outro'; e aponta os lugares de Fernando de Lucena, Nunes de Leão e D. Francisco Manuel de Melo, em que se encontra o

fazer-se aborrecer. Tão desgraçadas somos, que não podemos deixar de desejar uma catástrofe. Outras, em meu lugar, desejariam a tua morte; eu só a minha desejo, e não podendo esperar ver-me separada de ti de outra maneira, verei com gosto a morte que me separe'. Estas palavras, que deveriam tê-lo enternecido, excitaram-lhe a sanha, e, desnudando um punhal, ensopou-o no peito desta infeliz. 'Queridas companheiras', disse ela em voz desfalecida, 'prometo-vos vingança se se condoerem os céus da minha virtude'. Ao pronunciar estas palavras, trocou esta miserável vida pela mansão de delícias, onde as mulheres que viveram bem gozam de uma felicidade que incessante se renova.

Primeiramente viu um ridente prado, cuja verdura esmaltavam os matizes de mil pintadas flores: regava-o um ribeiro de águas mais claras que o cristal, formando infinitos labirintos. Entrou em seguida em deleitosos bosques, cujo silêncio apenas era interrompido pelo doce chilrear dos passarinhos. Descobriram-se depois à sua vista soberbos jardins que a natureza ornara com tanta singeleza como magnificência. Encontrou enfim um suntuoso palácio, disposto para ela só e cheio de homens celestiais destinados para os seus prazeres.

Dois destes ofereceram-se logo para a despir; meteram-na outros num banho, perfumando-a com os mais excelentes cheiros; trouxeram-lhe em seguida vestidos infinitamente mais ricos que os seus; levaram-na depois a um vasto salão, onde achou um lume aceso com odoríferas madeiras e a mesa cheia das mais regaladas iguarias. Tudo parecia concorrer para lhe encantar os sentidos: aqui ouvia uma música tão melodiosa como terna; ali via as danças daqueles homens divinos, unicamente ocupados em lhe agradarem. Tantos prazeres somente eram prelúdio de outros prazeres mais inefáveis. Levaram-na ao seu aposento, e tendo-a segunda vez despido, meteram-na numa soberba cama, onde a receberam nos braços dois homens de uma formosura sem par. Foi então que se embriagou em deleites que ultrapassaram até os seus mais vivos desejos. 'Estou completamente fora de mim', dizia-lhes, 'e creria que ia morrer, se não estivesse certa da minha imortalidade. Já é demais; deixai-me, que sucumbo debaixo da veemên-

---

substantivo *reproche*. Os espanhóis também os possuem. Resta a questão de eufonia. *Reproche* não parece mal soante. Tem contra si o desuso. Em todo caso, o vocábulo que lhe está mais próximo no sentido, *exprobração*, acho que é insuportável. Daí a minha insistência em preferir o outro, devendo notar-se que não o vou buscar para dar ao estilo um verniz de estranheza, mas quando a idéia o traz consigo". (*Papéis avulsos*, ed. de 1882, p. 293.)

cia dos meus prazeres. Sim, já torna a calma aos meus sentidos, já começo a respirar e a voltar a mim. Por que apagaram as luzes? Por que não posso contemplar a vossa divina beleza? Por que não posso ver?... Mas que hei de ver, se me sumis de novo nos meus primeiros raptos? Oh, deuses, que amáveis que são estas trevas! Como! hei de ser imortal, imortal convosco! hei de ser!... Não, não mais; cessai, eu vo-lo peço, que bem vejo que sois incansáveis'.

Depois de outras muitas e reiteradas ordens foi enfim obedecida[3]; mas não o foi até que quis deveras sê-lo, e em lânguido repoiso adormeceu nos braços deles. Dois instantes de sono reparam-lhe as forças, e recebendo dois beijos que a inflamaram de novo e a fizeram descerrar os olhos: 'Estou inquieta', disse, 'e temo que me não ameis mais'. Não queria estar muito tempo duvidosa; de sorte que imediatamente lhe deram quantas demonstrações de carinho podia desejar. 'Já estou desenganada', exclamou. 'Perdão, perdão! Certa estou do vosso amor. Não me dizeis palavra, mas mo provais melhor que com as mais convincentes razões. Sim, sim, eu vo-lo confesso; nenhuma mulher foi nunca tão amada. Mas quê! ambos vos esforçais à porfia por me persuadir? Ah, se sois contendores e se une a emulação à satisfação de render-me, estou perdida: ambos sereis vencedores, eu só serei a vencida, mas vender-vos-ei muito cara a vitória.'

Interrompeu estes prazeres a luz do dia. Entraram no seu aposento os seus fiéis e amáveis criados, e, mandando aos dois mancebos que se levantassem, os levaram dois anciões aos lugares onde estavam encerrados para os prazeres dela. Levantou-se ela em seguida, e apresentou-se à sua corte que a idolatrava, primeiro com as graças singelas de um traje caseiro, e depois ornada com as mais pomposas galas. A passada noite alindara-a, dando novo realce à sua tez e mais expressão às suas graças. Passou-se todo o dia em danças, em músicas,

---

[3] A construção passiva é as mais das vezes pedra de toque para comprovar o caráter transitivo do verbo; mas o uso a tem admitido para acepções intransitivas. *Obedecer* é verbo intransitivo com o dativo da pessoa: obedecer *a* alguém (*obedire alicui*) — Obedeceram-lhe — o filho obedece *ao* pai (*filius obedit patri*, em latim, com o nome *patri* no dativo). Apesar de ser intransitivo, o verbo *obedecer* admite a construção passiva: "Saul, por não vir cair nas mãos de seus inimigos, vencido em uma batalha, mandou ao seu pagem da lança que o matasse, e porque não foi obedecido, ele, pondo a ponta da espada no peito, com todo o peso do corpo se atravessou nela". (A. Vieira, *Serm.*, tom. II, p. 210.) Não é caso este singular, pois também dizemos: A sentença *apelada*, a obra *aludida*.

em banquetes, em jogos e em passeios, notando-se que de vez em quando se eclipsava Anaís em busca dos dois heróis jovens, e, passados alguns preciosos momentos de conversação com eles, voltava para a companhia que deixara, sempre com semblante mais sereno. Por fim, ao anoitecer, deixou a sociedade e encerrou-se no seu serralho, porque queria entrar em relações com todos os cativos imortais que haviam de viver eternamente com ela. Visitou, pois, os mais recônditos e mais formosos aposentos deste delicioso lugar, e achou neles cinqüenta escravos de maravilhosa beleza: toda a noite andou de quarto em quarto, recebendo em todos homenagens sempre diversas e sempre as mesmas.

Assim vivia a imortal Anaís, ora entre brilhantes prazeres, ora em prazeres solitários; admirada por uma luzida multidão ou muito querida por um amante apaixonado. Repetidas vezes deixava o seu encantado palácio por uma gruta rústica; debaixo das suas pisadas brotavam flores, e os deleites acudiam de tropel a inebriá-la em inefáveis venturas.

Passava de oito dias que estava nesta ditosa mansão, e, sempre em contínuo êxtase, não tinha tido tempo para fazer reflexão nenhuma, havendo gozado da sua felicidade sem a conhecer, nem ter um só daqueles instantes de serenidade em que a alma dá conta a si de si própria, escutando-se no silêncio das paixões.

Gozam os bem-aventurados tão vivos prazeres, que raramente podem desfrutar esta serenidade de espírito. Por isso, invencivelmente apegados aos objetos presentes, perdem de todo a memória das coisas passadas, e não se inquietam por quanto conheceram e amaram nesta vida.

Mas Anaís, cujo espírito era verdadeiramente filosófico, tinha meditado muito em vida e feito reflexões mais profundas que as que de uma mulher, entregue a si própria, era lícito esperar, sendo este o único fruto que tinha colhido do retiro austero a que a tinha condenado o seu marido. Em virtude deste vigor de ânimo havia arrostado os temores de que estavam possuídas as suas companheiras, e a morte que devia dar fim aos seus desgostos e princípio à sua ventura.

Saiu, pois, pouco a pouco da embriaguês dos prazeres e encerrou-se só num aposento do seu palácio, onde se entregou às mais gratas reflexões acerca da sua passada desventura e da sua felicidade presente. Enterneceu-a depois a contemplação da desgraça de suas companheiras, que sempre nos sensibilizam os tormentos que sofremos. Não contente Anaís com doer-se da sua sorte, fez mais por estas malaventuradas, e quis aliviar-lhes as penas. Mandou, pois, a um dos mancebos que com ela estavam, que, tomando a forma de seu marido, fosse ao seu serralho, se apoderasse dele, pusesse no olho da rua a Ibraim e se subrogasse em seu lugar até que ela o chamasse.

Executou-se prontamente o seu mandado: fendendo rápido os ares, o mancebo chegou à porta do serralho de Ibraim, o qual tinha saído. Bate, abrem-lhe, e prostram-se-lhe aos pés os eunucos. Vai correndo aos aposentos onde estavam encerradas as mulheres, porque antes, fazendo-se invisível, tinha tirado as chaves da algibeira do ciumento. Entra e surpreende-as, primeiro, com as suas afáveis e meigas razões, e em breve cresce a surpresa com os seus carinhos e as suas incansáveis proezas amorosas. A todas deu motivo de assombro, e teriam imaginado que era sonho o que lhes estava acontecendo, se ele não lhes tivesse feito demasiado palpável que era coisa real.

Enquanto se representavam no serralho tão novas cenas, bate à porta Ibraim, dá-se a conhecer, blasfema e grita. Depois de não poucas dificuldades, entra e põe em suma confusão os eunucos. Caminha a passos largos; mas volta atrás, e fica fora de si vendo ao fingido Ibraim, sua verdadeira imagem que tomava todas as liberdades de um amo. Brada por socorro, quer que lhe dêem ajuda os eunucos para matar o impostor, mas ninguém lhe obedece. Não lhe resta, enfim, mais que o fraco recurso de se submeter ao parecer de suas mulheres. Em uma hora, porém, tinha subornado as suas juízas o fingido Ibraim. O outro foi expulso e lançado, com opróbrio, do serralho, e ter-lhe-iam dado mil mortes, se o seu competidor não tivesse ordenado que lhe poupassem a vida. O novo Ibraim, que ficou senhor do campo de batalha, mostrou-se cada vez mais digno do seu triunfo, assinalando-se com prodígios até então não conhecidos. 'Não te pareces com Ibraim', diziam-lhe as suas mulheres. 'Dizei antes', respondia o triunfante Ibraim, 'que se não parece comigo esse impostor. Que quereis que eu faça para ser esposo vosso, se não é bastante tudo quanto faço?'. 'Ah, não nos passa pela imaginação duvidá-lo', replicaram as mulheres. 'Se não és Ibraim, basta que tenhas bem merecido para sê-lo: mais Ibraim foste tu num dia do que o foi ele no espaço de dez anos'. 'Prometeis-me então', continuou ele, 'declarar-vos em meu favor contra esse impostor?' 'Não o duvides', exclamaram todas à uma; 'juramos-te fidelidade eterna; por muito tempo nos trouxe enganadas; não tinha o traidor suspeitas contra a nossa fidelidade; tinha-as, sim, da sua fraqueza. Já vemos que não são os demais homens como ele; sem dúvida que se assemelham a ti. Se soubesses quanto no-lo fizeste aborrecer!'. 'Ah! novos motivos penso dar-vos de o odiardes', replicou o fingido Ibraim; 'inda não sabeis todos os agravos que vos ele fez'. 'Medimos a injustiça dele', responderam elas, 'pela grandeza da tua vingança'. 'Razão tendes', disse o mancebo divino; 'proporcionei a expiação ao crime, e estou certo de que vos agradou o meu modo de punir'. 'Se voltar, porém, o impostor', perguntaram as mulheres, 'que faremos?'. 'Creio que lhe não seria fácil', respondeu o jovem, 'enganar-vos; no lugar que ocupo a vosso lado, pouco serve a impostura para manter-se; além de que o mandarei para tão longe que não tornareis a ouvir falar dele, e então só pensarei em vos fazer felizes. Não serei ciumento, e saberei assegurar-me de vós sem vos incomodar, porque tenho a suficiente confiança nos meus dotes para presumir que me guardareis fidelidade. Se comigo não fôsseis virtuosas, com quem o haveríeis de ser?'.

Durou largo espaço esta conversação entre ele e as mulheres, que, mais impressionadas com a diferença entre os dois Ibrains que com a semelhança, nem sequer pensavam em averiguar a causa de tanto mistério. Enfim voltou desesperado a incomodá-las o marido, e encontrou toda a casa em festa, e mais incrédulas que antes as suas mulheres. O ciumento não pôde agüentar: saiu do serralho fora de si, e pouco depois o seguiu o pseudo Ibraim, e, levando-o pelos ares, o deixou a duas mil léguas de distância. Oh, deuses, em que aflição deixou aquelas mulheres a ausência do seu querido Ibraim! Já tinham voltado os eunucos à sua natural aspereza; toda a casa ressoava com lamentos; às vezes imaginavam elas que era sonho quanto lhes sucedera e, olhando umas para as outras, lembravam-se todas das mais miúdas circunstâncias de sucessos tão estranhos. Voltou alfim o celestial Ibraim, sempre mais amável, e pareceu-lhes não ter sido penosa a sua viagem. O novo amo seguiu um modo de proceder tão oposto ao do outro, que todos os seus vizinhos estavam pasmados. Despediu todos os eunucos, abriu a sua casa a toda a gente, e nem sequer quis consentir que as suas mulheres usassem véu. Coisa singular era vê-las nos banquetes, tão livres como os homens e no meio deles, crendo com razão Ibraim que um homem como ele não devia ser escravo dos costumes do seu país. Entretanto não se poupava a despesas, esbanjando com as suas imensas prodigalidades os haveres do cioso, o qual, quando voltou, ao cabo de três anos, dos remotos países para onde fora transportado, se achou pobre, com as suas mulheres e com trinta e seis filhos".

De Paris, 26 da lua de Gemmadi 1, 1720.

CARTA CXLII
Rica a Usbek
*Em ****

Remeto-te uma carta que ontem recebi de um sábio e que te parecerá mui estranha:

"Senhor,

Recebi há seis meses a herança de um tio riquíssimo, que me deixou quinhentas ou seiscentas mil libras, e uma casa soberbamente mobiliada. Coisa muito agradável é ter a gente riquezas quando sabe empregá-las bem. Eu não sou nem ambicioso nem dado aos prazeres, e quase sempre estou encerrado no meu gabinete, onde levo a vida de sábio. Aqui é onde reside um curioso amante da venerável antiguidade.

Quando meu tio passou a melhor vida, teria eu tido infinita satisfação em que o houvessem enterrado com o cerimonial que observavam os antigos gregos e romanos. Faltavam-me, porém, lacrimatórios e não tinha urnas nem lâmpadas antigas. Verdade é que depois adquiri todas estas raras preciosidades. Poucos dias há que me desfiz da minha baixela de prata para comprar uma lamparina de barro que pertencera a um filósofo estóico. Também vendi todos os espelhos com que cobrira meu tio quase todas as paredes dos seus aposentos para adquirir um espelhinho, um pouco rachado, que foi do uso de Virgílio, e tenho a satisfação de ver refletido nele o meu rosto, em vez do do cisne mantuano. Além disto, comprei por cem luíses de oiro cinco ou seis moedas de cobre que corriam há dois mil anos. Atualmente não sei que haja em minha casa um único móvel fabricado depois da decadência do Império romano. Possuo uma coleçãozinha de manuscritos preciosíssimos e caríssimos, e, se bem que estrago a vista lendo-os, todavia antes quero servir-me deles que dos exemplares impressos, que não são tão corretos, e andam nas mãos de toda a gente. Posto que raras vezes saio de casa[1], nem por isso tenho menos

[1] Nas orações concessivas de *ainda que*, *posto que*, *bem que*, *conquanto*, etc., os nossos clássicos hesitavam no emprego do indicativo ou do subjuntivo, preferindo ordinariamente aquele:

paixão de conhecer todos os caminhos antigos que existiam no tempo dos romanos. Um há perto de minha casa, mandado fazer por um procônsul das Gálias há coisa de mil e duzentos anos; e quando vou à minha casa de campo, sempre passo por ele, conquanto seja muito incômodo, e me alongue o caminho mais de uma légua; mas o que me enraivece é que tenham posto nele postes de madeira de trecho em trecho, para indicar a distância das cidades próximas, e dou-me ao desespero por ver estes mesquinhos indícios em vez das colunas miliárias que havia outrora; mas estou resolvido a fazer que as restabeleçam os meus herdeiros, deixando este legado no meu testamento.

Se o senhor tem algum manuscrito persa, assinalada mercê me fará se mo quiser vender, e pagar-lhe-ei o que me pedir, dando-lhe, ainda por cima do que ajustarmos, algumas obras da minha lavra, que lhe provarão que não sou um membro inútil da República das letras. Notará o senhor, entre outras, uma dissertação onde faço ver que a coroa que levavam os antigos capitães quando triunfavam era de carvalho, e não de loiro, e o encherá de pasmo outra em que provo, com as mais doutas conjeturas tiradas dos mais graves autores gregos, que Cambises foi ferido na perna esquerda e não na direita, e outra em que demonstro que uma fronte pequena era uma formosura muito apreciada dos romanos. Também lhe enviarei um tomo em quarto, em forma de comentário, de um verso do livro sexto da Eneida de Virgílio. Tudo isto o receberá o senhor daqui a alguns dias; por agora, limito-me a remeter-lhe o seguinte trecho de um antigo mitólogo grego, que até agora não se tinha publicado, e que eu descobri num canto de uma biblioteca. Por aqui me cerro, porque tenho que terminar um negócio importante: trata-se de restabelecer uma formosa passagem

---

Posto que tudo pouco lhe PARECE,
Cos poucos de seu reino se aparelha.
(Lus., IV, 12.)

A gente que esta terra possuía,
Posto que todos Etiópes ERAM,
Mais humana no trato parecia
Que os outros, que tão mal nos receberam.
(Ibid., V, 62.)

"Foi tal o alarido, que o Arcebispo, inda que VINHA muito atrás, o ouviu claramente,..." (Fr. Luís de Sousa, *Vid. do Arceb.*, liv. III, cap. 5.)

de Plínio o Naturalista, desfigurada lastimosamente pelos copistas do quinto século. Sou, etc.".

Fragmento de um mitólogo antigo

"Em uma ilha perto das Órcadas[2] nasceu um menino[3] cujo pai foi Éolo, deus dos ventos, e sua mãe uma ninfa de Caledônia[4]. Dizem que aprendeu sozinho a contar pelos dedos e que, na idade de quatro anos, distinguia já tão bem os metais, que, tendo-lhe dado a mãe um anel de latão por um de oiro, reconheceu o engano, e atirou-o ao chão.

Assim que cresceu, ensinou-lhe o pai[5] o segredo de encerrar em odres os ventos e vendê-los depois aos viajantes; mas como apreciavam pouco esta mercadoria no seu país, abandonou-o e foi correr mundo acompanhado do cego deus do acaso.

Nas suas viagens soube que na Bética[6] reluzia o oiro por toda parte, pelo que se encaminhou a toda pressa para este país. Saturno[7], que por então reinava nele, recebeu-o muito mal. Tendo, porém, este deus deixado a terra, ocorreu-lhe ir gritando por todas as encruzilhadas com rouca voz: 'Povos da Bética, imaginais que sois ricos por terdes oiro e prata: o vosso engano causa-me dó. Crede-me, e deixai o país desses vis metais; vinde ao império da imaginação, e prometo-vos riquezas que vos deixarão atônitos'.

Dizendo assim, abriu muitos dos odres que trazia, e repartiu a sua mercadoria por quem lha quis comprar[8]. No dia subseqüente voltou às mesmas encruzilhadas, e começou a gritar deste feitio: 'Povos da Bética, quereis ser ricos? Imaginai que eu sou riquíssimo; que se vos meta todas as manhãs na cabeça que dobrou a vossa riqueza durante

---

[2] Um arquipélago perto da costa setentrional da Escócia, chamado dos ingleses *Orkney islands*.

[3] João Law, nascido em Edimburgo em 1671. Desde muito moço mostrara raras disposições para o cálculo o banqueiro que causou grande dano à França.

[4] Nome dado pelos romanos à parte set. da Grã-Bretanha. Tomou o nome de Escócia no séc. V.

[5] Seu pai, ourives, enriquecera no câmbio e no desconto.

[6] A França.

[7] Luís XIV.

[8] Esta mercadoria são as notas de banco.

a noite; levantai-vos depois, e se tiverdes credores, pagai-lhes com os juros que tiverdes imaginado, e dizei-lhes que os imaginem também eles'.

Alguns dias depois tornou a aparecer, e falou nestes termos: 'Povos da Bética, bem vejo que não está tão viva a vossa imaginação como nos primeiros dias. Deixai-vos guiar pela minha; todas as manhãs exporei aos vossos olhos um cartaz onde achareis um manancial nunca exausto de riquezas. Este cartaz conterá apenas quatro palavras, mas que significarão muito, pois por elas regulareis o dote de vossas mulheres, a legítima de vossos filhos e o número de vossos criados. E quanto a vós', disse aos que estavam mais perto dele no grupo, 'quanto a vós, meus queridos filhos (que bem posso chamar-vos assim, pois de mim recebestes segundo nascimento), o meu cartaz prescreverá a magnificência das vossas carruagens, a esplendidez dos vossos banquetes, o número e a pensão das vossas mancebas'.

Dali a poucos dias chegou à encruzilhada, todo esbaforido; e encolerizadíssimo exclamou: 'Povos da Bética, eu tinha-vos aconselhado que imaginásseis, e vejo que o não fazeis; pois agora ordeno que o façais'. Nisto os deixou de improviso; mas a reflexão fê-lo voltar. 'Soube que se acham entre vós pessoas tão detestáveis que guardam o seu oiro e a sua prata. Quanto à prata; vá; mas o oiro!... o oiro!... Ah, isso causa-me tal indignação!... Por meus sagrados odres juro que, se não mo vêm trazer, lhes darei um castigo exemplar.' Depois acrescentou com um ademã muito persuasivo: 'Pensais talvez que quero eu esses miseráveis metais para guardá-los? A prova da minha boa-fé é que, quando mos trouxestes há poucos dias, restituí-vos logo a metade'.

No dia seguinte, deixou-se ver de longe, e com melíflua e lisonjeira voz falou desta arte: 'Povos da Bética, sei que tendes parte dos vossos tesoiros em país estrangeiro; peço-vos que mos mandeis trazer, que nisso receberei mercê, e vos ficarei eternamente agradecido'.

O filho de Éolo falava com gente que pouca vontade tinha de rir. Não puderam, porém, reprimir o riso, com o que ficou muito confuso. Mas, cobrando ânimo, aventurou-se a suplicar-lhes outra frioleira: 'Sei que possuís pedras preciosas. Desfazei-vos delas em nome de Júpiter, que não há coisa que tanto empobreça como ter rubis e diamantes; desfazei-vos deles, repito-vos. Se não podeis consegui-lo por vós mesmos, proporcionar-vos-ei excelentes corretores. Que torrentes de riquezas vão inundar-vos se fizerdes o que vos aconselho! Sim; prometo-vos tudo quanto nos meus odres há de mais puro’.

Subiu enfim a um tablado, e com voz mais forte disse: ‘Povos da Bética, confrontei a venturosa situação em que vos achais com o estado em que estáveis quando aqui cheguei. Vejo que sois o povo mais opulento da terra; mas, para que chegue ao mais alto grau a vossa riqueza, permiti-me que vos tire a metade dos vossos bens’. Ao pronunciar estas palavras, desapareceu, em rápido vôo, o filho de Éolo, deixando o auditório em indizível consternação: pelo que tornou ao outro dia, e falou assim: ‘Ontem notei que vos desagradou em extremo a minha arenga. Pois bem: o dito por não dito. Verdade é que a metade dos vossos bens é demais. Combinemos outras medidas para chegar ao fim que me propus[9]. Juntemos as nossas riquezas num mesmo lugar, que facilmente o poderemos executar, pois não fazem grande volume’. Imediatamente desapareceram as três quartas partes delas.”

De Paris, 9 da lua de Chahban, 1720.

---

[9] Em bons escritores da nossa língua temos encontrado a construção sintática em que o pronome reflexivo é complemento indireto (dativo) como em francês: *Le but que je me suis proposé; elle s'est arrogé un droit qui ne lui appartient pas*, etc. Aqui estão, em português, alguns exemplos da construção referida: “... nem menos, como ele, o viram, por haver bem-merecido da Pátria, arrogar-*se* o jus de afrontar a rude simplicidade do seu tempo,...” (A. F. de Castilho, *Quadros hist. de Port.*, vol. IV, p. 63); “Pouco satisfeito da supremacia que o estranho *se* arrogava, o alferes esteve quase soltando um dito picante, ...” (Rebelo da Silva, *De noite todos os gatos são pardos*, cap. II, p. 40); “Como seria de mau gosto inventar este episódio, impondo-*me* o dever de afirmar que estas notícias me foram transmitidas por um ilustrado cavalheiro da Póvoa de Lanhoso, ...” (Camilo, *A brasileira de Prazins*, cap. IV, p. 48); “Quando *me* proponho um programa de vida nova, o meu primeiro pensamento é casar.” (*id.*, *Estrelas propícias*), cap. XIII, p. 131); “O que eu *me* propus fazer, quando me veio às mãos o projeto da câmara, é mesmissimamente o mesmo que com esse projeto, antes de mim, fizera o dr. Bevilaqua.” (Rui Barbosa, *Réplica*, núm. 28, p. 54.)

Carta CXLIII
Rica a Natanael Levi, médico judeu
Em Livorno.

Perguntas-me a minha opinião acerca da virtude dos amuletos e da eficácia dos talismãs. Por que te diriges a mim, sendo tu judeu e eu maometano, isto é, sendo ambos muito crédulos?

Sempre trago comigo mais de duas mil passagens do sagrado Alcorão, e uma nômina ao braço com os nomes de mais de duzentos daroeses; os de Ali, de Fátima e todos os puros estão metidos em mais de vinte lugares das minhas roupas.

Mas nem por isso desaprovo os que não aceitam a virtude que a certas palavras se atribui, e muito mais difícil nos é rebater os seus argumentos que a eles rebater as nossas experiências.

Trago estes trapos benditos por hábito antigo e para me conformar com a prática universal: creio que, se não têm mais virtudes que os anéis e os outros adornos com que nos enfeitamos, também não têm menos. Tu depositas, porém, uma confiança cega em certos caracteres misteriosos, e, sem esta salvaguarda, viverias em contínuo pavor.

Que desventurados são os homens! Sem cessar flutuam entre enganosas esperanças e risíveis temores, e, em vez de se abordoarem à razão, forjam monstros que os intimidam ou fantásticas sombras que os enganam.

Que efeito queres tu que produza a colocação de certas letras? Que efeito queres que possa impedir a deslocação delas? Que relação têm com os ventos para aplacar as tempestades; com a pólvora para fazer frente e oposição ao seu esforço; com o que chamam os médicos *humor pecante* e *causa morbífica* das enfermidades para as guarecer?

O que é estranho é que os que cansam a razão para se persuadirem de que certos sucessos dependem de virtudes ocultas não têm menor esforço que fazer para não verem as verdadeiras causas dos mesmos acontecimentos.

Dir-me-ás que certos encantamentos fizeram ganhar-se uma batalha, e eu te direi que forçoso é que estejas cego se não achas na situação do terreno, na multidão ou no valor dos soldados e na perícia dos capitães razões para produzir o efeito, cuja causa te obstinas em ignorar.

Concedo por um instante que haja encantos. Concede-me tu, por um instante, que os não haja, pois não é coisa impossível. O que me permites não obsta a que possam pelejar dois exércitos. Em tal caso, queres que nenhum dos dois possa alcançar a vitória?

Pensas que ficará indecisa a sorte deles, até que a venha determinar um poder invisível; que se errarão todos os tiros, que será vã toda perícia militar, e todo valor, inútil? Pensas que a morte que, de mil formas, se apresenta nestes lances, não pode produzir nas almas os terrores pânicos cuja explicação te parece tão difícil? Queres que, num exército de cem mil homens, não haja um só medroso? Crês que o desânimo deste não pode produzir desânimo em outro, nem estoutro, abandonando o terceiro, fazer-lhe abandonar o quarto? Não é preciso mais para que a desesperação de vencer se apodere subitamente de todo um exército, e tanto mais facilmente quanto mais numeroso ele for.

Toda a gente sabe e sente que, como todas as criaturas que procuram conservar a sua existência, os homens amam apaixonadamente a vida. E sabendo-se isto em geral, averiguamos por que em certa ocasião particular tiveram medo de a perder!

Se bem estejam cheios de semelhantes pânicos ou sobrenaturais os livros sagrados de todas as nações, penso que não há coisa mais frívola, pois, para nos certificarmos de que um efeito que pode provir de cem mil causas naturais é sobrenatural, forçoso é averiguarmos primeiro se não atuou sobre nenhuma das ditas causas: coisa impossível de se saber.

Não me estendo mais, Natanael, por me parecer que a questão não merece ser discutida com tanta seriedade.

De Paris, 20 da lua de Chahban, 1720.

Postscriptum — Quando punha ponto final nesta, ouvi apregoar na rua uma carta de um médico da província a um de Paris (porque aqui todas as ninharias se imprimem, publicam e vendem). Pareceu-me conveniente enviar-ta, porque tem conexão com a matéria desta. Muitas coisas há nelas que não entendo. Tu, porém, que és médico, entenderás a língua dos teus confrades.

Carta de um médico da província a um de Paris

Em nossa cidade havia um enfermo que não pregava olho havia trinta e cinco dias. O seu médico receitou-lhe o ópio, mas ele não se podia resolver a tomá-lo, e já tinha a taça na mão e estava mais indeciso que nunca. Alfim disse ao médico: "Senhor doutor, peço-lhe quartel só até amanhã, porque conheço um sujeito que não exercita a medicina, mas que tem em sua casa um sem número de triagas contra a insônia. Permita que o mande chamar, e, se esta noite eu não dormir, prometo-lhe que amanhã tomarei esse remédio". Despedido o médico, mandou o doente fechar as cortinas, e disse a um lacaiozinho: "Rapaz, anda, vai a casa do Sr. Anis, e diz-lhe que me venha ver". Chega o sr. Anis, e diz-lhe o enfermo: "Meu caro senhor, estou para morrer, não consigo dormir. Não terá o senhor na sua livraria, o *C. do G*[1], ou algum outro livro de devoção composto por um reverendo padre jesuíta, de que se não tenha podido desfazer porque não raro os remédios mais velhos são os mais eficazes?".

"Senhor", respondeu o livreiro, "em casa tenho, às suas ordens, a *Corte santa* do padre Caussin[2], em seis volumes; vou mandar-lha, e desejo que lhe aproveite. Se quer as obras do reverendo padre Rodriguez, jesuíta espanhol[3], disponha delas. Mas, creia-me, fique-se com o padre Caussin; espero que, com a ajuda de Deus, seja mais eficaz um só período do padre Caussin que uma folha inteira do *C. do G.*". Isto dito, foi-se embora o Sr. Anis a buscar o remédio à sua loja. Chega, pois, a *Corte santa*; sacodem-lhe a poeira, e um estudantinho, filho do doente, começa a lê-la. Foi o primeiro que lhe sentiu o efeito, porque, à segunda página, já não podia articular bem as palavras, e toda a companhia bocejava e cabeceava. Dali a um instante, todos roncavam, menos o enfermo, o qual, depois de ter estado mais tempo desperto, ficou adormecido por fim.

Veio o médico no outro dia, de manhã cedo, perguntou se o enfermo tinha tomado o ópio, mas ninguém lhe respondeu: a mulher, a filha e o rapazito, não cabendo na pele de contentes, mostram-lhe o padre Caussin. Pergunta que é aquilo, e dizem-lhe: "Viva o padre Caussin! É necessário mandá-lo encadernar. Quem o diria? Quem o creria? Milagre, milagre! Olhe, senhor doutor, veja o padre Caussin: foi esse livro que fez dormir meu pai". E em seguida contaram-lhe o sucedido.

---

[1] *La Connaissance du Globe* (?).

[2] *La Cour sainte*, ou *Institution chrétienne des Grands*, pelo P. Nicolau Caussin (1627).

[3] *Os exercícios de perfeição e virtudes religiosas*, do P. Rodriguez, publicados em 1615, traduzidos em francês em 1621 e muitas vezes reimpressos.

O médico era homem de sutil engenho, versado nos mistérios cabalísticos e nas palavras mágicas e esconjuros dos espíritos, e, depois de largas reflexões, deliberou-se a mudar de método nas suas curas. "Este caso é muito extraordinário", disse. "Fizemos uma experiência; é preciso que a levemos avante."

Por que não há de poder um espírito transmitir a uma obra sua as suas próprias qualidades? Todos os dias o estamos vendo: pelo menos bem merece a matéria que façamos a prova. Estou cansado de boticários, que com os seus xaropes, os seus julepos e todas as suas drogas galênicas acabam com a bolsa e com a vida dos doentes. Mudemos de método, e experimentemos as virtudes dos espíritos. Com esta idéia compôs uma nova, como o senhor verá pela descrição dos principais remédios que inventou e que lhe remeto.

Tisana purgativa. — Tomem-se três folhas da *Lógica* de Aristóteles em grego, duas de um tratado de teologia escolástica, muito agudo, como, por exemplo, do sutil Escoto; quatro de Paracelso, uma de Avicena, seis de Averroes, três de Porfírio, três de Plotino e três de Jâmblico. Ponha-se em infusão durante vinte e quatro horas, e bebam-se quatro doses no dia.

Vomitivo. — Tomem-se seis arengas, uma dúzia de orações fúnebres à vontade, contanto que não sejam as de Fléchier, bispo de Nimes; uma coleção de óperas novas, cinqüenta romances, trinta dissertações acadêmicas. Ponham-se num alambique e distilem-se.

Remédio simplicíssimo para curar a asma. — Leiam-se todas as obras do reverendo padre Maimburgo, ex-jesuíta, tomando cuidado de não parar até o fim de cada período, e sentirá o asmático ir-lhe voltando a pouco e pouco a faculdade de respirar, sem haver necessidade de repetir o remédio.

Para preservar da sarna, rabuge, tinha, mormo. — Tomem-se três categorias de Aristóteles, dois graus metafísicos e uma distinção. Escreva-se tudo num pedaço de papel, dobre-se e ate-se com uma fita ao pescoço.

Miraculum chymicum, de violenta fermentatione cum fumo, igne et flamma. — Misce Quesnellianam infusionem cum infusione Lallemaniana; fiat fermentatio cum magna vi, impetu et tonitru, acidis pugnantibus, et invicem penetrantibus alcalinos sales: fiet evaporatio ardentium spirituum. Pone liquorem fermentatum in alambico: nihil inde extrahes, et nihil invenies, nisi caput mortuum.

Lenitivum. — Recipe Molinae anodyni chartas duas; Escobaris relaxativi paginas sex; Vasquii emollientis folium unum: infunde in aquae communis libras iiij. Ad consumptionem dimidiae partis colentur et exprimantur; et in expressione dissolve Bauni detersivi et Tamburini abluentis folia iij. Fiat clyster.

In chlorosim quam vulgus pallidos colores aut febrim amatoriam appellat. — Recipe Aretini figuras quatuor; R. Thomae Sanchii de matrimonio folia ij. Infundantur in aquae communis libras quinque. Fiat ptisana aperiens.

Estas foram as drogas que usou o nosso médico com inimaginável bom êxito[4]. Para não ser muito dispendioso aos seus enfermos dizia não querer usar remédios raros, e que quase não se encontram, por exemplo uma epístola dedicatória que não tenha feito bocejar o leitor; um prefácio demasiado curto, uma pastoral composta por um bispo, e uma obra jansenista criticada por outro jansenista, ou elogiada por um jesuíta. Asseverava que semelhantes remédios só serviam para alimentar os charlatães, aos quais tinha aversão insuperável.

Carta CXLIV
Usbek a Rica

Há poucos dias encontrei, numa casa de campo, dois sábios que aqui são muito célebres, e pareceram-me de maravilhosa índole. Bem avaliada a conversação de um, reduzia-se a isto: “O que eu disse é certíssimo, porque o digo eu”. A do segundo significava estoutra coisa: “O que eu não disse é falso, porque não o digo eu”.

O primeiro não me desagradava, porque não me importa que seja teimoso um homem, mas sim muito me importa que não seja impertinente! O primeiro defende as suas opiniões, que são o seu

[4] Na primeira edição, 1721, e na de 1754, que foi a última publicada em vida do autor, lê-se *imaginable*. Parece aqui preferível *inimaginable*.

cabedal próprio. O outro combate as alheias, que são o cabedal de toda a gente.

Que mal que serve a vaidade, meu caro Rica, aos que a têm em maior dose que a necessária para a conservação da natureza! São pessoas que querem causar maravilha, à força de infundir aborrecimento, e, afetando supremacia, nem sequer conseguem igualar-se com os demais.

Homens modestos, vinde, que eu vos abrace! Sois o encanto da vida; credes não possuir nada, e eu vos digo que tudo possuís. Pensais não humilhar a ninguém, e humilhais a toda a gente. E quando em minha imaginação vos comparo com os homens absolutos que vejo por toda parte, apeio-os do seu tribunal, e ponho-os aos vossos pés.

De Paris, 22 da lua de Chahban, 1720

Carta CXLV
Usbek a Redi

Em Veneza.

Há muito tempo que disseram que a alma de um grande ministro era a boa-fé.

Um mero particular pode gozar da obscuridade em que vive, e só com algumas pessoas se desacredita, conservando o seu disfarce com os demais; um ministro, porém, que peca contra a probidade, tantas testemunhas tem e tantos juízes quantas são as pessoas a quem governa.

Sim, atrevo-me a dizê-lo, o maior mal que pode fazer um ministro sem probidade não é desservir a seu príncipe e arruinar o povo; outro prejuízo ocasiona, mil vezes mais grave, a meu ver, e é o mau exemplo que dá.

Sabes que viajei muito pela Índia[1]. Ali vi uma nação, naturalmente generosa, pervertida em um instante, desde o último dos indivíduos até os mais opulentos, só pelo mau exemplo de um ministro.

Vi um povo inteiro, em quem se reputaram qualidades ingênitas em todos os tempos a generosidade, a probidade, a candura e a boa-fé, converter-se de súbito no último dos povos; propagar-se a enfer-

[1] Quer dizer *em França* e expõe as conseqüências do sistema de Law.

midade, sem perdoar nem aos membros mais santos; cometerem infâmias os homens mais virtuosos, e violarem a justiça com o fútil pretexto de que a tinham violado com eles; invocarem leis odiosas em amparo das mais cobardes ações, e qualificarem de necessidade a injustiça e a perfídia.

Vi desterrada a fé dos contratos, aniquilados os mais sagrados pactos, derribadas todas as leis das famílias. Vi devedores cobiçosos, ufanos com uma insolente pobreza, indignos instrumentos do furor das leis e do rigor dos tempos, fingirem um pagamento em vez de o efetuarem, e enterrarem um punhal no peito dos seus benfeitores.

Vi outros, inda mais infames, comprarem por quase nada, ou antes levantarem do chão folhas de carvalho, para as porem em lugar da substância das viúvas e dos órfãos.

Vi atear-se de repente nos corações uma insaciável sede de riquezas. Vi formar-se, num momento, uma detestável conjuração para se enriquecerem, não com um honroso trabalho e uma generosa indústria, senão por meio da ruína do príncipe, do Estado e dos concidadãos.

Vi, naqueles desgraçados tempos, deitar-se um cidadão honrado dizendo: "Hoje arruinei uma família; amanhã arruinarei outra".

"Vou", dizia outro, "com um homem negro que leva um tinteiro na mão e um ferro pontiagudo no bolso assassinar todos aqueles a quem devo obrigações".

"Vejo", dizia outro, "que os meus negócios vão de vento em popa; verdade é que, quando fui, há três dias, efetuar um pagamento, deixei chorando uma família inteira; que desperdicei o dote de duas raparigas honestas, e impedi que dessem educação a um rapazinho: o pai morrerá de desgosto, a mãe já morreu de tristeza; mas outra coisa não fiz que o que me permite a lei".

Que crime maior que o que perpetra um ministro derrancando a moral de uma nação inteira, envilecendo as almas mais generosas, empanando o brilho das dignidades, obscurecendo a própria virtude, e manchando a mais ilustre linhagem com o universal desprezo?

Que dirá a posteridade quando tiver de se envergonhar da desonra de seus pais? Que dirá a geração nascente quando comparar o ferro de seus avós ao oiro daqueles a quem deveu o ser? Não duvido que os nobres arranquem dos seus escudos de armas um grau indigno de nobreza que os desonra, e que deixem a atual geração sepultada no horroroso abismo do nada, em que ela própria se precipitou.

De Paris, 11 da lua de Rhamazan, 1720.

CARTA CXLVI

O principal eunuco a Usbek

Em Paris.

A tal ponto chegaram as coisas, que não é possível agüentar mais. As tuas mulheres cuidaram que com a tua ausência tinham faculdade para tudo, e estão sucedendo aqui coisas tão horrorosas, que eu mesmo tremo ao contar-te tão triste história.

Há alguns dias, indo Zélis à mesquita, deixou cair o véu, e mostrou a toda a gente a cara quase descoberta.

Encontrei Zachi deitada com uma das suas escravas; coisa com tão graves penas vedada pelas leis do serralho.

Pelo mais raro acaso do mundo, interceptei uma carta que te remeto; não pude, porém, averiguar a quem era endereçada.

Ontem à noite foi encontrado um rapaz dentro do jardim do serralho, e fugiu saltando os muros.

Ajunta a tudo isto o que não chegou ao meu conhecimento; porque é certo que as tuas mulheres não te guardam fieldade. Aguardo as tuas ordens, e até o momento em que as receber viverei em mortais inquietações; mas, se não dás autoridade absoluta nas tuas mulheres, por nenhuma respondo, e cada dia terás novas não menos infaustas que hoje.

Do serralho de Ispahan, 1º da lua de Rhegeb, 1717.

CARTA CXLVII

Usbek ao primeiro eunuco

No serralho de Ispahan.

Recebe com esta um poder absoluto em todo o serralho; manda com tanta autoridade como eu próprio; faze que te precedam o medo e o terror; corre de aposento em aposento impondo penas e castigos; infunde em todo esse recinto a consternação; inunda-o todo de lágrimas. Faze pesquisas em todo o serralho; começa pelos escravos. Não te detenha o meu amor; compareça tudo ante o teu tremendo tribunal; põe claros os mais escondidos segredos. Purifica esse lugar infame, e faze voltar a ele a virtude desterrada, porque, desde este momento, me respondes com a vida pelas mais leves faltas que se nele cometerem. Presumo que era endereçada a Zélis a carta que interceptaste. Examina isso com olhos de lince.

De ***, 11 da lua de Zilhagé, 1718.

Carta CXLVIII
Narsit a Usbek
Em Paris.

Magnífico senhor: O principal eunuco acaba de falecer, e, sendo eu o mais velho dos teus escravos, tomei o seu posto, até que me faças saber a quem te dignas escolher em seu lugar.

Dois dias depois da morte dele, trouxeram-me uma carta que lhe dirigias, e não tive o ousio de abri-la: envolvi-a com respeito e guardei-a até que me informes da tua sagrada vontade.

Ontem à meia-noite um escravo veio avisar-me que tinha encontrado um mancebo no serralho: levantei-me, examinei o fato e vi que era engano seu.

Beijo-te os pés, sublime senhor; e peço-te que confies no meu zelo, na minha idade e na minha experiência.

Do serralho de Ispahan, 5 da lua de Gemmadi 1, 1718.

Carta CXLIX
Usbek a Narsit
No serralho de Ispahan.

Desgraçado! Tens nas tuas mãos cartas que contêm ordens prontas e violentas; a menor dilação pode custar-me todo o meu sossego, e ficas tranqüilo com um vão pretexto!

Passam-se coisas horrorosas; talvez que a metade dos meus escravos tenha merecido a morte. Envio-te a carta que me escreveu o meu primeiro eunuco pouco antes de passar desta vida para a outra. Se tivesses aberto o maço de cartas que lhe dirigi, terias visto as minhas sangrentas ordens. Lê sem detença essas ordens, e morrerás se as não cumprires.

De ***, 25 da lua de Chalval, 1718

Carta CL
Solim a Usbek

Se mais tempo eu guardasse silêncio, seria tão culpado como todos os criminosos que tens no teu serralho.

Eu era confidente do principal eunuco, o mais fiel dos teus escravos, e quando este se viu em artigo de morte, mandou-me chamar, e disse-me estas palavras: "Estou a ponto de morrer, e o único desgosto que levo, ao deixar esta vida, é que os meus derradeiros olhares foram testemunhas dos delitos das mulheres de meu amo. Livre-o o céu de quantas desditas estou prevendo! E oxalá que, depois da minha morte, venha a minha sombra ameaçadora infundir temor a essas tredas, e admoestá-las de seus deveres. Aí estão as chaves deste tremendo lugar; vai e leva-as ao mais velho dos negros. Mas se, depois da minha morte, ele não guardar as mulheres com a vigilância que se requer, trata de avisar o teu amo". Concluídas estas palavras, expirou-me nos braços.

Pouco tempo antes de morrer, sei que te escreveu dando-te conta do proceder das tuas mulheres, e há no serralho uma carta tua que as teria atemorizado a todas, se a tivessem aberto. A que depois escreveste, subtraíram-na a três léguas daqui. Não sei por que tudo sai mal. Entretanto as tuas mulheres não guardam consideração alguma: desde que morreu o primeiro eunuco, a tudo se atrevem. Roxana é a única que se não esqueceu das suas obrigações e vive com modéstia. Cada dia se derrancam mais os costumes. O semblante das tuas mulheres já não retrata aquela severa e varonil virtude de outrora; uma não conhecida alegria, derramada nestes lugares, é, a meu parecer, prova irrefragável de escondidas satisfações. Nas mais pequenas coisas noto liberdades até agora ignoradas. Entre os teus mesmos escravos reina certa indolência no desempenho das suas obrigações e na observância das regras que me espanta; perderam aquele ardente zelo do teu serviço que dantes parecia animar todo o serralho.

Tuas mulheres estiveram oito dias no campo, numa das tuas quintas mais distantes e mais ermas. Dizem que se deixou peitar o escravo que cuida dela, e que, na véspera do dia em que elas chegaram, escondera dois homens numa cavidade de pedra que há na parede do principal aposento, e que saíam de seu escondedoiro, à noite, quando nos retirávamos. O eunuco velho que está agora à nossa frente é um parvo a quem fazem crer tudo quanto querem.

Ferve-me no peito vingativa cólera contra tantas perfídias; e se, para bem do teu serviço, permitisse o céu que me julgasses capaz de governar, dou-te a minha palavra que as tuas mulheres seriam, senão virtuosas, ao menos fiéis.

Do serralho de Ispahan, 6 da lua de Rebiab 1, 1719.

Carta CLI
Narsit a Usbek
Em Paris.

Roxana e Zélis desejaram ir ao campo, e pareceu-me que não lho devia negar. Feliz Usbek! tens mulheres fiéis e escravos vigilantes, e eu mando em lugares que parecem o asilo que a virtude escolheu. Fica certo de que não sucederá neles coisa que os teus olhos não possam presenciar.

Ocorreu uma desgraça que me causa muito pesar. Uns mercadores armênios, recém-chegados a Ispahan, traziam uma carta tua para mim; mandei um escravo buscá-la, mas, ao voltar, roubaram-no, e perdeu-se a carta. Escreve-me, pois, quanto antes, porque suponho que, nesta mudança, terás coisas de vulto que me comunicar.

Do serralho de Fátima, 6 da lua de Rebiab 1, 1719.

Carta CLII
Usbek a Solim
No serralho de Ispahan.

Ponho-te na destra o ferro, fio de ti o que mais amo neste mundo, que é a minha vingança. Toma posse do teu novo cargo, mas sem entranhas humanas, sem compaixão. Escrevo às minhas mulheres que te obedeçam cegamente. Confusas com tantos crimes, prostrar-se-ão ante os teus olhos. E' mister que eu te deva a minha ventura e o meu descanso. Torna-me o meu serralho qual o deixei. Mas começa expiando-o: extermina os culpados, e faze tremer os que se proponham sê-los. Como vai premiar teu amo tão assinalados serviços! De ti depende subires a um grau mais eminente que a tua condição, e gozares de todas as recompensas que poderias desejar.

De Paris, 4 da lua de Chahban, 1719.

Carta CLIII
Usbek às suas mulheres
No serralho de Ispahan.

Caia em meio de vós esta carta como o raio entre relâmpagos e trovões. O vosso primeiro eunuco é Solim, não para vos guardar, mas para vos castigar. Prostre-se ante ele todo o serralho. Julgará as vossas passadas ações, e, para o diante, far-vos-á viver debaixo de tão rigoroso jugo, que, se não vos arrependeis de ter perdido a virtude, vos arrependais ao menos de ter perdido a liberdade.

De Paris, 4 da lua de Chahban, 1719.

Carta CLIV
Usbek a Nessir
Em Ispahan.

Ditoso aquele que, conhecendo quanto vale uma vida serena e sossegada, descansa o coração no seio da sua família, e não conhece mais terra que a em que abriu os olhos à luz!

Vivo num bárbaro clima, presente a quanto me incomoda, ausente de quanto me interessa. Apodera-se de mim uma negra melancolia[1], esmaga-me um peso insuportável; parece-me que me vou aniquilando; e só me encontro a mim próprio quando se inflama em mim o negro ciúme, e produz na minha alma o terror, as suspeitas, o ódio e os pesares.

Bem me conheces, Nessir, e lês no meu coração como no teu próprio. Mover-te-ia a compaixão, se soubesses o meu deplorável estado. Às vezes estou esperando por espaço de seis meses notícias do serralho, contando todos os instantes que passam, e fazendo-os mais longos minha impaciência; e quando está prestes a chegar o momento tão almejado, opera-se-me no peito súbita revolução: a

[1] Em *melancolia* entra o adjetivo grego *melana*, negro. Na linguagem ordinária a cada passo usamos palavras que nem suspeitamos o que dizem etimologicamente. — "Et le pauvre malade, seul au coin du feu, ses pâles et maigres mains cripées au bras de son fauteuil, s'enfonçait, s'abimait dans sa *noitre mélancolie*." (F. Coppées, *Contos rápidos*, Paris, Lemerre ed., p. 42.) — E o pobre doente, só, ao lado do fogão, com as mãos pálidas e magras crispadas no braço da poltrona, engolfava-se na sua negra melancolia.

mão treme-me ao abrir a fatal carta. A inquietação que me tinha tão desesperado afigura-se-me o estado mais feliz em que me poderia achar, e receio sair dela por um golpe mais cruel para mim que mil mortes.

Mas ainda que tão poderosos motivos me tenham obrigado a sair da minha pátria, e ainda que deva a vida à minha ausência, não posso agüentar mais, Nessir, este horrível desterro. Da mesma maneira morreria de tristeza e pesadume. Mil vezes instei Rica a deixar esta terra estranha, mas opõe-se a todas as minhas resoluções e me retém aqui com mil pretextos: parece que se esqueceu da pátria ou antes que se esqueceu de mim, tão pouca impressão lhe fazem os meus dissabores.

Quão desventurado sou! Anseio voltar à minha pátria onde seria quiçá mais desgraçado ainda. Ah! que vou lá fazer? Apresentar a cabeça aos meus inimigos. Inda não é tudo: entrarei no serralho, onde pedirei contas do funesto tempo que vivi ausente. E se encontrar culpados, que será de mim? Se a imaginação só desde tão longe me atormenta, que será quando a avivar a minha presença? Que será se tenho de ver, se tenho de ouvir o que nem sequer me atrevo a imaginar sem tremer? Que será, enfim, se os castigos que eu próprio ordenar hão de ser eternos testemunhos da minha desesperada confusão?

Irei encerrar-me dentro de paredes para mim mais tremendas que para as mulheres que nelas se guardam. Levarei comigo para lá todas as minhas suspeitas; nada me encobrirão as suas carícias; no meu leito, nos braços delas, somente gozarei das minhas inquietações; e, no tempo menos propício para as reflexões, as farão os meus ciúmes. Escória indigna da natureza humana, vis escravos cujo coração se fechou para sempre a todos os sentimentos do amor, se conhecêsseis toda a desgraça da minha sorte, não vos lamentaríeis da vossa.

De Paris, 4 da lua de Chahban, 1719.

Carta CLV
Roxana a Usbek
Em Paris.

No serralho reinam o horror, a noite e o espanto; cerca-o um horroroso luto, e um tigre exercita a cada instante toda a sua sanha. Condenou ao suplício dois eunucos brancos, que só confessaram a sua inocência; vendeu parte de nossas escravas, e obrigou-nos a trocar entre nós as que nos ficaram. Zachi e Zélis, na escuridão da noite, foram indignamente maltratadas no seu aposento, e não temeu o sacrílego pôr nelas as suas vis mãos. Tem-nos encerradas a cada uma em sua câmara, e, conquanto estejamos sós, faz-nos viver debaixo do véu. Não nos permite falarmo-nos; fora crime escrevermo-nos: a única coisa que nos fica livre são os prantos.

No serralho entrou uma multidão de eunucos novos que nos assediam continuadamente e nos interrompem sem cessar o sono com as suas desconfianças verdadeiras ou fingidas. O que só me consola é que isto não pode durar muito, e que terão fim as minhas penas com a minha vida, que não será longa, cruel Usbek, nem te dará tempo para que cesses de me agravar.

Do serralho de Ispahan, 2 da lua de Maharram, 1720.

Carta CLVI
Zachi a Usbek
Em Paris.

Oh, céus! um bárbaro ultrajou-me até no modo de me castigar, infligindo-me um castigo que alarma o pudor, um castigo que é o mais alto grau da ignomínia, um castigo que nos faz voltar, por assim dizer, à infância.

Aniquilada primeiro a minha alma com a ignomínia, começava a indignar-se quando a dor me arrancou gritos que fizeram ressoar as abóbadas dos meus aposentos, e ouviram-me pedir perdão ao mais vil de todos os humanos, e requerer a sua compaixão, à proporção que ele se mostrava mais inexorável.

Desde então a sua alma insolente e servil tomou domínio na minha. Todas as desditas me caem em cima quando o vejo, quando olha para mim, quando me fala. Quando estou só, tenho ao menos o consolo de derramar lágrimas; mas, quando ele se me põe diante, a raiva apodera-se de mim, conheço que esta é impotente, e desespero-me cada vez mais.

Este tigre tem a audácia de me dizer que és tu o autor de tanta barbaridade. Quereria ele tirar-me o meu amor, e profanar até os sentimentos do meu coração. Quando profere o nome daquele a quem temo, já não sei queixar-me e só o que posso é morrer.

Suportei a tua ausência, e conservei o amor com a força de meu mesmo amor. Minhas noites, meus dias, meus momentos, tudo foi teu. Ufana com o meu próprio amor, o teu me fazia respeitar nestes lugares. Mas agora... Não, não posso suportar a afronta em que vivo sumida. Se sou inocente, volta para amar-me; se sou culpada, para que expire a teus pés.

Do serralho de Ispahan, 2 da lua de Maharram, 1720.

CARTA CLVII
Zélis a Usbek

Em Paris.

A mil léguas de distância de mim, julgas-me culpada, e a mil léguas de mim me castigas!

Se um eunuco desapiedado põe em mim as suas vis mãos, executa as tuas ordens, e o tirano é quem me ultraja, e não o instrumento da tirania.

A teu talante podes continuar a maltratar-me. Está sereno o meu coração desde que te não pode amar. Tua alma envilece-se, e tornas-te cruel. Fica certo de que nunca serás feliz. Adeus.

Do serralho de Ispahan, 2 da lua de Maharram, 1720.

CARTA CLVIII
Solim a Usbek

Em Paris.

Compadeço-me de mim, magnífico senhor, e compadeço-me de ti: nunca jamais se viu um servo fiel na horrível desesperação em que me acho. Lê a triste narração das tuas desgraças e das minhas, que te escrevo a tremer.

Juro-te, por todos os profetas do céu, que, desde que me confiaste as tuas mulheres, as guardei vigiando-as noite e dia, sem suspender um só instante o curso das minhas inquietações. Comecei o meu ministério com castigos, e quando estes cessaram, não abandonei a minha natural austeridade.

Mas que digo? Para que é encarecer uma fidelidade que de nada serviu? Esquece-te de todos os meus passados serviços, trata-me como a um traidor, e castiga-me por todos os crimes a que não pude obstar.

Roxana, a altiva Roxana... Oh, céus! De quem se há-de fiar a gente de ora em diante? Tinhas tu suspeitas de Zélis, e inteira confiança em Roxana, mas a severidade da sua virtude era um horrendo embuste, era a capa da sua perfídia... Surpreendi-a nos braços de um mancebo, que, tanto que se viu descoberto, se atirou contra mim, e me deu duas punhaladas: aos gritos acudiram os eunucos e cercaram-no; ele defendeu-se largo espaço, feriu a muitos deles, e queria voltar para o quarto de Roxana, a fim de morrer, dizia, à sua vista; mas, enfim, acometido por tantos, caiu morto aos nossos pés.

Não sei, sublime senhor, se deva aguardar as tuas severas ordens. Em minhas mãos encomendaste a tua vingança, e não devo dilatá-la.

Do serralho de Ispahan, 8 da lua de Rebiab 1, 1720.

Carta CLIX
Solim a Usbek

Em Paris.

Tomei uma resolução; vão desaparecer os teus agravos, e vou castigar.

Já experimento secreto júbilo; a tua alma e a minha vão-se apaziguar: vamos extirpar o crime, e atemorizar até a inocência.

Ó vós que pareceis destinadas a não conhecer nem os vossos gostos sensuais, e indignar-vos até com os vossos próprios desejos, eternas vítimas do pudor e da vergonha, oxalá pudesse eu introduzir-vos de tropel neste desafortunado serralho, para que vos assombrásseis dos rios de sangue que nele vão correr por minha mão!

Do serralho de Ispahan, 8 da lua de Rebiab 1, 1720.

Carta CLX
Roxana a Usbek
Em Paris.

Enganei-te, sim: subornei os teus eunucos; zombei dos teus ciúmes, e o teu horroroso serralho converti-o em mansão de delícias e prazeres.

Vou morrer: o veneno vai correr-me pelas veias: e que hei de fazer quando já não existe o único homem que me fazia amar a vida? Morro, sim, mas a minha sombra vai bem acompanhada: acabo de mandar para o outro mundo os sacrílegos satélites teus que derramaram o sangue mais puro do mundo inteiro.

Como presumias que fosse eu tão crédula que me julgasse no mundo só para adorar os teus caprichos, e que pensasse que enquanto te entregas a todos os teus gostos, tinhas direito a frustar todos os meus desejos? Não; se pude viver no cativeiro, fui sempre livre. Reformei as tuas leis segundo as leis naturais, e sempre o meu espírito conservou a sua independência.

Deverias ainda agradecer-me o sacrifício que te fiz, por me haver abaixado até fingir que te guardava fidelidade, por haver escondido cobardemente dentro do peito o que eu teria devido manifestar à terra inteira; finalmente por haver profanado a virtude, consentindo que qualificassem de tal a minha submissão às tuas fantasias.

Muito te espantavas de não ver em mim os arrebatamentos do amor. Se me tivesses conhecido bem, terias visto toda a veemência do ódio.

Por muito tempo, porém, tiveste a jactância de crer que se avassalava um coração como o meu. Ambos éramos felizes; tu por creres que me enganavas, e eu por enganar-te.

Sem dúvida que te parece novo este modo de falar.

Seria possível que, depois de te haver causado mil tormentos, ainda te forçasse a admirar o meu valor? Mas está acabado tudo: o veneno me consome, abandonam-me as forças, e cai-me a pena das mãos; até o ódio que te tenho o sinto desmaiar, e morro.

De serralho de Ispahan, 8 da lua de Rebiab 1, 1720.

Apêndice das Cartas Persas*

Usbek a ***

Um homem de talento quase nunca é bem-visto nas sociedades. Pouca gente lhe agrada; aborrece-se com muitíssimas pessoas que se empenha em ter por grosseiras e incultas; é impossível que não dê a conhecer que o incomodam, e assim grangeia outros tantos inimigos.

Certo de agradar quando quiser, descuida-se muitas vezes de ser agradável.

E' inclinado à critica, porque vê mais coisas que outro e melhor as discerne.

Gasta quase sempre o que tem, porque para isto lhe sugere o seu talento mais meios que a outro. Sai-se mal nas suas empresas, porque arrisca muito. A sua vista, que alcança sempre longe, mostra-lhe objetos que estão muito remotos, sem levar em conta que, quando concebe um plano, lhe fazem menos impressão as dificuldades que procedem da coisa, que os remédios que são dele e que tira da sua inteligência própria.

Descura os pormenores, dos quais depende o resultado de quase todos os negócios importantes.

Pelo contrário, um homem medíocre procura aproveitar-se de tudo, conhecendo que não pode deixar perder nada por suas negligências.

Geralmente a aprovação universal consegue-a o homem medíocre. Toda a gente se compraz em dar a este, e tirar àquele. Enquanto se

* No texto original francês, esta carta é a de nº 145. (N. do E.)

ceva a inveja em um, e nada lhe perdoa, suprimos tudo em benefício do outro, declarando-se em seu abono a nossa vaidade.

E se a tantos inconvenientes está sujeito o homem de talento, que diremos da sorte desgraçada dos sábios? Sempre que penso nela, lembro-me da carta de um sábio a um dos seus amigos, a qual rezava assim:

"Senhor,

Sou um homem que desvelo as noites a observar, com óculos de trinta pés, esses vastos corpos que giram sobre as nossas cabeças, e quando quero tomar descanso, pego nos meus microscópios, e contemplo um oução, um mosquito, ou outro bichinho tamanino.

Não sou rico, e só tenho um aposento, onde não me atrevo a acender lume, por causa do meu termômetro, que subiria com o calor artificial. No inverno passado quase que morri de frio; mas, inda que o meu termômetro, que havia descido muito, me advertisse de que se me iam gelar as mãos, não fiz caso algum, e assim tenho a consolação de saber precisamente as mais insensíveis mudanças de tempo do ano passado.

Sou pouquíssimo comunicativo, e não conheço nem um sequer de todos os meus vizinhos. Há, porém, um sujeito em Estocolmo[1], outro em Lípsia[2] e outro em Londres que nunca vi, e que sem dúvida nunca verei, com os quais mantenho correspondência tão seguida, que jamais deixo passar correio sem lhes escrever.

Mas, posto não trate com ninguém no meu bairro, tenho em todo ele tão ruim reputação, que por fim me verei forçado a mudar-me. Há cinco anos que me cobriu de impropérios uma vizinha, por eu haver dissecado um cão que ela dizia era seu. A mulher de um carniceiro, que estava presente, pôs-se da sua parte; e, enquanto uma me colmava de injúrias, a outra me desancava a pedradas, a mim e ao doutor ***, que estava comigo e que recebeu uma tremenda pancada no osso frontal e ocipital; por sinal que, em conseqüência disso, se lhe moveu algum tanto o siso do seu assento.

---

[1] *Estocolmo* é forma preferível a *Stockholmo*, cap. da Suécia.

[2] *Lípsia* é o nome português da cidade alemã, no reino de Saxe, designada no estrangeiro, e até entre nós, por *Leipsicú* ou *Leipzig*. As formas portuguesas são sempre preferíveis. Diga-se isto aos que nos livros franceses aprendem a dizer *Bâle*, *Bordeaux* e *Mayença* por Basiléia, Bordéus e Mogúncia.

Desde então, assim que vai um cão a outra rua, decidem logo que me passou pelas mãos. Uma boa vizinha que perdera um cachorrinho fraldeiro, a que dizia querer mais que aos próprios filhos, veio outro dia desmaiar ao meu quarto; e, não o achando, citou-me a comparecer ante o magistrado. Creio que nunca me verei livre da importuna malícia destas mulheres que me atordoam continuamente com os seus guinchos, fazendo-me a oração fúnebre de todos os autômatos que morreram de dez anos a esta parte.

Sou, etc.".

Antigamente acusavam a todos os sábios de mágicos, e isso não me admira. Cada um dizia de si para si: "Tenho tanto talento natural quanto é possível; não obstante, certo sábio me leva vantagens: força é, pois, que tenha pacto com o demônio".

Agora que se desprezam semelhantes acusações, tomaram outro caminho, e um sábio quase não pode evitar que o acusem de irreligião ou heresia. Pouco importa que o absolva o povo: a chaga fez-se, e nunca ficará bem cicatrizada. Sempre a parte ferida é a mais fraca. Trinta anos depois, dir-lhe-á com muita hipocrisia um inimigo: "Não permita Deus que eu diga ser certa a argüição que ao senhor lhe faziam; o que sei é que se viu necessitado a justificar-se". Deste modo a sua própria justificação vem a ser-lhe prejudicial. Se escreve uma história e tem ânimo elevado, e o coração reto, suscitam-lhe mil perseguições. Irritarão contra ele o Magistrado por acontecimento sucedido há mil anos, e quererão que a sua pena, se não é cativa, seja venal.

Apesar de tudo isto é mais feliz que esses entes cobardes que abandonam a verdade por uma mesquinha pensão; que, se se contam uma por uma as suas imposturas todas, as vendem a menos de dez réis cada uma; que destroem a constituição do Império, diminuem os direitos de um poder, e aumentam os do outro, dão aos príncipes, tiram aos povos, ressuscitam direitos fósseis, lisonjeiam as paixões mais em voga na época em que escrevem, e os vícios dos que reinam, enganando a posteridade, tanto mais indignamente quanto menos meios terá para contradizer o seu testemunho.

Mas não param os trabalhos de um autor em sofrer todos os insultos de que falei; não param em ter vivido em contínuos temores acerca da aceitação da sua obra; por fim vem a lume o livro que tanto lhe deu que fazer e lhe ocasiona descontentamentos por todas as partes. E como os há de evitar? Era de uma opinião, e sustentou-a nos seus escritos, sem saber que outro, que vive a duzentas léguas dele, sustentara a contrária, e temos a guerra ateada.

Se aos menos pudesse esperar alguma consideração! Mas não: quando muito, apreciam-no os que se consagraram ao mesmo gênero de ciências que ele. Um filósofo despreza soberanamente um homem que tem a cabeça atulhada de fatos, e este paga-lhe tendo-o por um doido que sonha absurdidades.

Quem lhe falta uma habilidade desforra-se fazendo alarde de a desprezar, e, removendo este estorvo que se encontrava entre ele e o mérito, acha-se de nível com aquele cujos trabalhos o atemorizam.

Finalmente é preciso que os sábios se resignem a uma reputação equívoca, a privar-se dos prazeres e a perder a saúde.

De Paris, 20 da lua de Chahban, 1720.

Sumário

Cartas Persas

Relação dos Volumes Publicados

1. **Dom Casmurro** *Machado de Assis*
2. **O Príncipe** *Maquiavel*
3. **Mensagem** *Fernando Pessoa*
4. **O Lobo do Mar** *Jack London*
5. **A Arte da Prudência** *Baltasar Gracián*
6. **Iracema / Cinco Minutos** *José de Alencar*
7. **Inocência** *Visconde de Taunay*
8. **A Mulher de 30 Anos** *Honoré de Balzac*
9. **A Moreninha** *Joaquim Manuel de Macedo*
10. **A Escrava Isaura** *Bernardo Guimarães*
11. **As Viagens - "Il Milione"** *Marco Polo*
12. **O Retrato de Dorian Gray** *Oscar Wilde*
13. **A Volta ao Mundo em 80 Dias** *Júlio Verne*
14. **A Carne** *Júlio Ribeiro*
15. **Amor de Perdição** *Camilo Castelo Branco*
16. **Sonetos** *Luís de Camões*
17. **O Guarani** *José de Alencar*
18. **Memórias Póstumas de Brás Cubas** *Machado de Assis*
19. **Lira dos Vinte Anos** *Álvares de Azevedo*
20. **Apologia de Sócrates / Banquete** *Platão*
21. **A Metamorfose/Um Artista da Fome/Carta a Meu Pai** *Franz Kafka*
22. **Assim Falou Zaratustra** *Friedrich Nietzsche*
23. **Triste Fim de Policarpo Quaresma** *Lima Barreto*
24. **A Ilustre Casa de Ramires** *Eça de Queirós*
25. **Memórias de um Sargento de Milícias** *Manuel Antônio de Almeida*
26. **Robinson Crusoé** *Daniel Defoe*
27. **Espumas Flutuantes** *Castro Alves*
28. **O Ateneu** *Raul Pompéia*
29. **O Noviço / O Juiz de Paz da Roça / Quem Casa Quer Casa** *Martins Pena*
30. **A Relíquia** *Eça de Queirós*
31. **O Jogador** *Dostoiévski*
32. **Histórias Extraordinárias** *Edgar Allan Poe*
33. **Os Lusíadas** *Luís de Camões*
34. **As Aventuras de Tom Sawyer** *Mark Twain*
35. **Bola de Sebo e Outros Contos** *Guy de Maupassant*
36. **A República** *Platão*
37. **Elogio da Loucura** *Erasmo de Rotterdam*
38. **Caninos Brancos** *Jack London*
39. **Hamlet** *William Shakespeare*
40. **A Utopia** *Thomas More*
41. **O Processo** *Franz Kafka*
42. **O Médico e o Monstro** *Robert Louis Stevenson*
43. **Ecce Homo** *Friedrich Nietzsche*
44. **O Manifesto do Partido Comunista** *Marx e Engels*
45. **Discurso do Método / Regras para a Direção do Espírito** *René Descartes*
46. **Do Contrato Social** *Jean-Jacques Rousseau*
47. **A Luta pelo Direito** *Rudolf von Ihering*
48. **Dos Delitos e das Penas** *Cesare Beccaria*
49. **A Ética Protestante e o Espírito do Capitalismo** *Max Weber*
50. **O Anticristo** *Friedrich Nietzsche*
51. **Os Sofrimentos do Jovem Werther** *Goethe*
52. **As Flores do Mal** *Charles Baudelaire*
53. **Ética a Nicômaco** *Aristóteles*
54. **A Arte da Guerra** *Sun Tzu*
55. **Imitação de Cristo** *Tomás de Kempis*
56. **Cândido ou o Otimismo** *Voltaire*
57. **Rei Lear** *William Shakespeare*
58. **Frankenstein** *Mary Shelley*
59. **Quincas Borba** *Machado de Assis*
60. **Fedro** *Platão*
61. **Política** *Aristóteles*
62. **A Viuvinha / Encarnação** *José de Alencar*
63. **As Regras do Método Sociológico** *Emile Durkheim*
64. **O Cão dos Baskervilles** *Sir Arthur Conan Doyle*
65. **Contos Escolhidos** *Machado de Assis*
66. **Da Morte / Metafísica do Amor / Do Sofrimento do Mundo** *Arthur Schopenhauer*
67. **As Minas do Rei Salomão** *Henry Rider Haggard*
68. **Manuscritos Econômico-Filosóficos** *Karl Marx*
69. **Um Estudo em Vermelho** *Sir Arthur Conan Doyle*
70. **Meditações** *Marco Aurélio*
71. **A Vida das Abelhas** *Maurice Materlinck*
72. **O Cortiço** *Aluísio Azevedo*
73. **Senhora** *José de Alencar*
74. **Brás, Bexiga e Barra Funda / Laranja da China** *Antônio de Alcântara Machado*
75. **Eugênia Grandet** *Honoré de Balzac*
76. **Contos Gauchescos** *João Simões Lopes Neto*
77. **Esaú e Jacó** *Machado de Assis*
78. **O Desespero Humano** *Sören Kierkegaard*
79. **Dos Deveres** *Cícero*
80. **Ciência e Política** *Max Weber*
81. **Satíricon** *Petrônio*
82. **Eu e Outras Poesias** *Augusto dos Anjos*
83. **Farsa de Inês Pereira / Auto da Barca do Inferno / Auto da Alma** *Gil Vicente*
84. **A Desobediência Civil e Outros Escritos** *Henry David Toreau*
85. **Para Além do Bem e do Mal** *Friedrich Nietzsche*
86. **A Ilha do Tesouro** *R. Louis Stevenson*
87. **Marília de Dirceu** *Tomás A. Gonzaga*
88. **As Aventuras de Pinóquio** *Carlo Collodi*
89. **Segundo Tratado Sobre o Governo** *John Locke*
90. **Amor de Salvação** *Camilo Castelo Branco*
91. **Broquéis/Faróis/Últimos Sonetos** *Cruz e Souza*
92. **I-Juca-Pirama / Os Timbiras / Outros Poemas** *Gonçalves Dias*
93. **Romeu e Julieta** *William Shakespeare*
94. **A Capital Federal** *Arthur Azevedo*
95. **Diário de um Sedutor** *Sören Kierkegaard*
96. **Carta de Pero Vaz de Caminha a El-Rei Sobre o Achamento do Brasil**
97. **Casa de Pensão** *Aluísio Azevedo*
98. **Macbeth** *William Shakespeare*
99. **Édipo Rei/Antígona** *Sófocles*
100. **Lucíola** *José de Alencar*
101. **As Aventuras de Sherlock Holmes** *Sir Arthur Conan Doyle*
102. **Bom-Crioulo** *Adolfo Caminha*
103. **Helena** *Machado de Assis*
104. **Poemas Satíricos** *Gregório de Matos*

105. **Escritos Políticos / A Arte da Guerra**
Maquiavel

106. **Ubirajara**
José de Alencar

107. **Diva**
José de Alencar

108. **Eurico, o Presbítero**
Alexandre Herculano

109. **Os Melhores Contos**
Lima Barreto

110. **A Luneta Mágica**
Joaquim Manuel de Macedo

111. **Fundamentação da Metafísica dos Costumes e Outros Escritos**
Immanuel Kant

112. **O Príncipe e o Mendigo**
Mark Twain

113. **O Domínio de Si Mesmo Pela Auto-Sugestão Consciente**
Émile Coué

114. **O Mulato**
Aluísio Azevedo

115. **Sonetos**
Florbela Espanca

116. **Uma Estadia no Inferno / Poemas / Carta do Vidente**
Arthur Rimbaud

117. **Várias Histórias**
Machado de Assis

118. **Fédon**
Platão

119. **Poesias**
Olavo Bilac

120. **A Conduta para a Vida**
Ralph Waldo Emerson

121. **O Livro Vermelho**
Mao Tsé-Tung

122. **Oração aos Moços**
Rui Barbosa

123. **Otelo, o Mouro de Veneza**
William Shakespeare

124. **Ensaios**
Ralph Waldo Emerson

125. **De Profundis / Balada do Cárcere de Reading**
Oscar Wilde

126. **Crítica da Razão Prática**
Immanuel Kant

127. **A Arte de Amar**
Ovídio Naso

128. **O Tartufo ou O Impostor**
Molière

129. **Metamorfoses**
Ovídio Naso

130. **A Gaia Ciência**
Friedrich Nietzsche

131. **O Doente Imaginário**
Molière

132. **Uma Lágrima de Mulher**
Aluísio Azevedo

133. **O Último Adeus de Sherlock Holmes**
Sir Arthur Conan Doyle

134. **Canudos - Diário de Uma Expedição**
Euclides da Cunha

135. **A Doutrina de Buda**
Siddharta Gautama

136. **Tao Te Ching**
Lao-Tsé

137. **Da Monarquia / Vida Nova**
Dante Alighieri

138. **A Brasileira de Prazins**
Camilo Castelo Branco

139. **O Velho da Horta/Quem Tem Farelos?/Auto da Índia**
Gil Vicente

140. **O Seminarista**
Bernardo Guimarães

141. **O Alienista / Casa Velha**
Machado de Assis

142. **Sonetos**
Manuel du Bocage

143. **O Mandarim**
Eça de Queirós

144. **Noite na Taverna / Macário**
Álvares de Azevedo

145. **Viagens na Minha Terra**
Almeida Garrett

146. **Sermões Escolhidos**
Padre Antonio Vieira

147. **Os Escravos**
Castro Alves

148. **O Demônio Familiar**
José de Alencar

149. **A Mandrágora / Belfagor, o Arquidiabo**
Maquiavel

150. **O Homem**
Aluísio Azevedo

151. **Arte Poética**
Aristóteles

152. **A Megera Domada**
William Shakespeare

153. **Alceste/Electra/Hipólito**
Eurípedes

154. **O Sermão da Montanha**
Huberto Rohden

155. **O Cabeleira**
Franklin Távora

156. **Rubáiyát**
Omar Khayyám

157. **Luzia-Homem**
Domingos Olímpio

158. **A Cidade e as Serras**
Eça de Queirós

159. **A Retirada da Laguna**
Visconde de Taunay

160. **A Viagem ao Centro da Terra**
Júlio Verne

161. **Caramuru**
Frei Santa Rita Durão

162. **Clara dos Anjos**
Lima Barreto

163. **Memorial de Aires**
Machado de Assis

164. **Bhagavad Gita**
Krishna

165. **O Profeta**
Khalil Gibran

166. **Aforismos**
Hipócrates

167. **Kama Sutra**
Vatsyayana

168. **O Livro da Jângal**
Rudyard Kipling

169. **De Alma para Alma**
Huberto Rohden

170. **Orações**
Cícero

171. **Sabedoria das Parábolas**
Huberto Rohden

172. **Salomé**
Oscar Wilde

173. **Do Cidadão**
Thomas Hobbes

174. **Porque Sofremos**
Huberto Rohden

175. **Einstein: o Enigma do Universo**
Huberto Rohden

176. **A Mensagem Viva do Cristo**
Huberto Rohden

177. **Mahatma Gandhi**
Huberto Rohden

178. **A Cidade do Sol**
Tommaso Campanella

179. **Setas para o Infinito**
Huberto Rohden

180. **A Voz do Silêncio**
Helena Blavatsky

181. **Frei Luís de Sousa**
Almeida Garrett

182. **Fábulas**
Esopo

183. **Cântico de Natal/ Os Carrilhões**
Charles Dickens

184. **Contos**
Eça de Queirós

185. **O Pai Goriot**
Honoré de Balzac

186. **Noites Brancas e Outras Histórias**
Dostoiévski

187. **Minha Formação**
Joaquim Nabuco

188. **Pragmatismo**
William James

189. **Discursos Forenses**
Enrico Ferri

190. **Medéia**
Eurípedes

191. **Discursos de Acusação**
Enrico Ferri

192. **A Ideologia Alemã**
Marx & Engels

193. **Prometeu Acorrentado**
Ésquilo

194. **Iaiá Garcia**
Machado de Assis

195. **Discursos no Instituto dos Advogados Brasileiros / Discurso no Colégio Anchieta**
Rui Barbosa

196. **Édipo em Colono**
Sófocles

197. **A Arte de Curar pelo Espírito**
Joel S. Goldsmith

198. **Jesus, o Filho do Homem**
Khalil Gibran

199. **Discurso sobre a Origem e os Fundamentos da Desigualdade entre os Homens**
Jean-Jacques Rousseau

200. **Fábulas**
La Fontaine

201. **O Sonho de uma Noite de Verão**
William Shakespeare

202. **Maquiavel, o Poder**
José Nivaldo Junior

203. **Ressurreição**
Machado de Assis

204. **O Caminho da Felicidade**
Huberto Rohden

205. **A Velhice do Padre Eterno**
Guerra Junqueiro

206. **O Sertanejo**
José de Alencar

207. **Gitanjali**
Rabindranath Tagore

208. **Senso Comum**
Thomas Paine

209. **Canaã**
Graça Aranha

210. **O Caminho Infinito**
Joel S. Goldsmith

211. **Pensamentos**
Epicuro

212. **A Letra Escarlate**
Nathaniel Hawthorne

213. **Autobiografia**
Benjamin Franklin

214. **Memórias de Sherlock Holmes**
Sir Arthur Conan Doyle

215. **O Dever do Advogado / Posse de Direitos Pessoais**
Rui Barbosa

216. **O Tronco do Ipê**
José de Alencar

217. **O Amante de Lady Chatterley**
D. H. Lawrence

218. **Contos Amazônicos**
Inglês de Souza

219. **A Tempestade**
William Shakespeare

220. **Ondas**
Euclides da Cunha

221. **Educação do Homem Integral**
Huberto Rohden

222. **Novos Rumos para a Educação**
Huberto Rohden

223. **Mulherzinhas**
Louise May Alcott

224. **A Mão e a Luva**
Machado de Assis

225. **A Morte de Ivan Ilicht / Senhores e Servos**
Leon Tolstói

226. **Álcoois**
Apollinaire

227. **Pais e Filhos**
Ivan Turguêniev

228. **Alice no País das Maravilhas**
Lewis Carroll

229. **À Margem da História**
Euclides da Cunha

230. **Viagem ao Brasil**
Hans Staden

231. **O Quinto Evangelho**
Tomé

232. **Lorde Jim**
Joseph Conrad

233. **Cartas Chilenas**
Tomás Antônio Gonzaga

234. **Odes Modernas**
Anntero de Quental

235. **Do Cativeiro Babilônico da Igreja**
Martinho Lutero

236. **O Coração das Trevas**
Joseph Conrad

237. **Thais**
Anatole France

238. **Andrômaca / Fedra**
Racine

239. **As Catilinárias**
Cícero

240. **Recordações da Casa dos Mortos**
Dostoiévski

241. **O Mercador de Veneza**
William Shakespeare

242. **A Filha do Capitão / A Dama de Espadas**
Aleksandr Púchkin

243. **Orgulho e Preconceito**
Jane Austen

244. **A Volta do Parafuso**
Henry James

245. **O Gaúcho**
José de Alencar

246. **Tristão e Isolda**
Lenda Medieval Celta de Amor

247. **Poemas Completos de Alberto Caeiro**
Fernando Pessoa

248. **Maiakósvski**
Vida e Poesia

249. **Sonetos**
William Shakespeare

250. **Poesia de Ricardo Reis**
Fernando Pessoa

251. **Papéis Avulsos**
Machado de Assis

252. **Contos Fluminenses**
Machado de Assis

253. **O Bobo**
Alexandre Herculano

254. **A Oração da Coroa**
Demóstenes

255. **O Castelo**
Franz Kafka

256. **O Trovejar do Silêncio**
Joel S. Goldsmith

257. **Alice na Casa dos Espelhos**
Lewis Carrol

258. **Miséria da Filosofia**
Karl Marx

259. **Júlio César**
William Shakespeare

260. **Antônio e Cleópatra**
William Shakespeare

261. **Filosofia da Arte**
Huberto Rohden

262. **A Alma Encantadora das Ruas**
João do Rio

263. **A Normalista**
Adolfo Caminha

264. **Pollyanna**
Eleanor H. Porter

265. **As Pupilas do Senhor Reitor**
Júlio Diniz

266. **As Primaveras**
Casimiro de Abreu

270. **Cancioneiro**
Fernando Pessoa

271. **A Dama das Camélias**
Alexandre Dumas (filho)

272. **O Divórcio / As Bases da Fé / e outros textos**
Rui Barbosa

273. **Pollyanna Moça**
Eleanor H. Porter

274. **O 18 Brumário de Luís Bonaparte**
Karl Marx

275. **Teatro de Machado de Assis**
Antologia

276. **Cartas Persas**
Montesquieu

277. **Em Comunhão com Deus**
Huberto Rohden

278. **Razão e Sensibilidade**
Jane Austen

279. **Crônicas Selecionadas**
Machado de Assis

280. **Histórias da Meia-Noite**
Machado de Assis

Série Ouro
(Livros com mais de 400 p.)

1. **Leviatã**
Thomas Hobbes

2. **A Cidade Antiga**
Fustel de Coulanges

3. **Crítica da Razão Pura**
Immanuel Kant

4. **Confissões**
Santo Agostinho

5. **Os Sertões**
Euclides da Cunha

6. **Dicionário Filosófico**
Voltaire

7. **A Divina Comédia**
Dante Alighieri

8. **Ética Demonstrada à Maneira dos Geômetras**
Baruch de Spinoza

9. **Do Espírito das Leis**
Montesquieu

10. **O Primo Basílio**
Eça de Queirós

11. **O Crime do Padre Amaro**
Eça de Queirós

12. **Crime e Castigo**
Dostoiévski

13. **Fausto**
Goethe

14. **O Suicídio**
Émile Durkheim

15. **Odisséia**
Homero

16. **Paraíso Perdido**
John Milton

17. **Drácula**
Bram Stocker

18. **Ilíada**
Homero

19. **As Aventuras de Huckleberry Finn**
Mark Twain

20. **Paulo – O 13º Apóstolo**
Ernest Renan

21. **Eneida**
Virgílio

22. **Pensamentos**
Blaise Pascal

23. **A Origem das Espécies**
Charles Darwin

24. **Vida de Jesus**
Ernest Renan

25. **Moby Dick**
Herman Melville

26. **Os Irmãos Karamazovi**
Dostoiévski

27. **O Morro dos Ventos Uivantes**
Emily Brontë

28. **Vinte Mil Léguas Submarinas**
Júlio Verne

29. **Madame Bovary**
Gustave Flaubert

30. **O Vermelho e o Negro**
Stendhal

31. **Os Trabalhadores do Mar**
Victor Hugo

32. **A Vida dos Doze Césares**
Suetônio

34. **O Idiota**
Dostoiévski

35. **Paulo de Tarso**
Huberto Rohden

36. **O Peregrino**
John Bunyan

37. **As Profecias**
Nostradamus

38. **Novo Testamento**
Huberto Rohden

39. **O Corcunda de Notre Dame**
Victor Hugo

40. **Arte de Furtar**
Anônimo do século XVII

41. **Germinal**
Émile Zola

42. **Folhas de Relva**
Walt Whitman

43. Ben-Hur — Uma História dos Tempos de Cristo
Lew Wallace

44. Os Maias
Eça de Queirós

45. O Livro da Mitologia
Thomas Bulfinch

47. Poesia de Álvaro de Campos
Fernando Pessoa

48. Jesus Nazareno
Huberto Rohden

49. Grandes Esperanças
Charles Dickens

50. A Educação Sentimental
Gustave Flaubert

51. O Conde de Monte Cristo (Volume I)
Alexandre Dumas

52. O Conde de Monte Cristo (Volume II)
Alexandre Dumas

53. Os Miseráveis (Volume I)
Victor Hugo

54. Os Miseráveis (Volume II)
Victor Hugo

55. Dom Quixote de La Mancha (Volume I)
Miguel de Cervantes

56. Dom Quixote de La Mancha (Volume II)
Miguel de Cervantes

58. Contos Escolhidos
Artur Azevedo